KB046421

**분노는 어떻게
삶의 에너지가 되는가**

Envy

Jealous

Guilt

하루가 편안해지고
인생이 달라지는
15가지 분노 수업 10

분노는
어떻게
삶의
에너지가
되는가

황미구 지음

Fear

Anger

Disgust

Resentment

세종

일러두기

1. 단행본은 겹화살괄호(《 》)로, 언론 매체와 논문, 통계자료 등은 홑화살괄호(〈 〉)로 표기했습니다.
2. 이 책에 등장하는 도서 중 국내에 소개된 작품은 한국어판 제목을 따랐으며, 발표되지 않은 도서는 원서명을 병기했습니다.
3. 국립국어원의 외래어 표기법을 원칙으로 했으나, 국내에 널리 알려진 일부 인명은 관례를 따랐습니다.
4. 이 책에 담긴 사례는 모두 저자의 실제 상담을 바탕으로 썼으며 내담자나 등장인물의 개인 정보를 보호하기 위해 성별, 나이를 비롯한 세부 내용은 모두 각색했습니다.

우리는 다른 사람과 같아지기 위해
인생의 4분의 3을 빼앗기고 있다.

쇼펜하우어
독일 철학자

차
례

1부   우리는 분노를 너무 모른다

2부 지금부터 분노 수업을 시작합니다

4부   분노를 제대로 관리하는 법

인물 사전

레온 사울Leon J. Saul, 1901~1983

펜실베이니아 대학교 의과대학 정신과 명예교수이자 필라델피아 정신분석학회Philadelphia Psychoanalytic Society와 미국 신체화학회American Psychosomatic Society 회장이며 스워스모어 대학교의 정신과 컨설턴트였다. 미국 정신분석협회American Psychoanalytic Association 이사를 역임했다.

레온 페스팅거Leon Festinger, 1919~1989

인지부조화Cognitive Dissonance 이론, 사회비교 이론Social Comparison, 근접성 효과 등의 개념을 최초로 제시한 미국의 사회심리학자이자 인지부조화 이론, 사회비교 이론의 대표 주자다. 그의 이론은 인간 행동에 대한 자극과 반응을 보여주었고, 이를 통해 많은 사람들이 사회심리학을 행동주의적 관점에서 해석하는 데 많은 관심을 가지게 되었다.

로버트 플루치크Robert Plutchik, 1927~2006

미국 사우스플로리다 대학교 교수이자, 감정 이론의 선구자. 심리학에서 플루치크의 영향력은 매우 강력한데, 감정에 관한 연구가 심리학 분야뿐 아니라 생물학, 사회과학, 정신의학, 심지어 인문학에서도 주요 관심사로 확산되는 데 커다란 영향을 미쳤다.

멜라니 클라인Melanie Klein, 1882~1960

오스트리아 출신으로 영국에서 활동한 정신분석가이자 대상관계 이론의 창시자 중 한 명이다. 아이들의 놀이와 상호작용을 관찰하고 분석함으로써 아동의 정신치료에 놀이치료를 최초로 도입했다. 유아의 무의식에 대한 그녀의 탐구는 초기 오이디푸스 콤플렉스 연구와 초자아 연구에 영향을 미쳤다. 어린이를 관찰해 분열과 통합에 대한 이론을 주장했으며, 편집-분열자리, 우울자리 등의 새로운 개념을 제안했다.

마사 누스바움Martha Nussbaum, 1947~

미국의 철학자이자 시카고 대학교의 에른스트 프로인트 법학 석좌교수로 재직 중이다. 고대 그리스와 로마 철학, 정치 철학, 실존주의, 페미니즘, 동물권을 포함한 윤리에 깊은 관심을 가지고 있다.

마샤 리네한Marsha M. Linenhan, 1943~

미국의 심리학자이자 변증법적 행동치료의 창시자. 워싱턴 대학교의 심리학 명예교수이자 정신의학 및 행동과학 겸임 교수이며 행동연구 및 치료센터의 책임자이기도 하다. 주요 연구는 경계선 성격장애, 자살 행동, 약물 남용 등이며 미국의 유명 정신과 의사이자 정신건강 진단 분야의 대가인 앨런 프랜시스Allen Frances는 리네한을 일컬어 인지치료의 대가인 아론 벡Aaron Beck과 더불어 정신건강 분야의 가장 영향력 있는 '임상혁신가'이라고 칭송한 바 있다.

산드라 토마스Sandra Thomas, 1940~

미국 테네시 대학교의 녹스빌 캠퍼스 간호대학 교수. 현상학적 접근에 중점을 두고 교육과 연구를 하고 있으며, 연구 분야는 여성의 정신건강 문제와 학대에서의 회복이다.

지그문트 프로이트Sigmund Freud, 1856~1939

오스트리아의 신경과 의사이자 '현대 심리학의 아버지'라 불리고 있으며, 20세기 심리치료학계의 가장 영향력 있는 대가다. 마음이 어떻게 작용하는지에 관한 이론이자 정신적 고통에 처한 사람들을 돕는 심리치료 방법인 정신분석학을 창시했다. 또한 꿈, 농담, 실수와 같은 행동을 연구해 '무의식' 개념을 확립하고, 인간의 성적 본능에 관심을 가지고 유아 성욕과 오이디푸스 콤플렉스에 대한 새로운 개념을 제시해 커다란 반향을 불러일으키기도 했다. 그가 창시한 정신분석학은 현대 심리학과 정신의학은 물론이고 인류학, 기호학, 예술적 창의성, 감상을 포함한 다양한 분야에도 엄청난 영향을 미쳤다.

앨버트 엘리스Albert Ellis, 1913~2007

미국의 대표적인 심리학자 중 한 사람으로, 심리치료 분야에서 인지적 접근에 대한 아주 중요한 역할을 했으며, 인지 행동치료에서도 지대한 영향을 미쳤다. 1956년, 합리적 심리치료Rational Psychotherapy라고 불렀던 자신의 접근법을 처음 제시했다.

심리치료에 대한 보다 직접적이고 적극적인 접근 방식을 강조했으며, 상담자가 내담자의 정서적, 심리적 고통을 초래하는 근본적인 비합리적 신념을 이해해야 한다고 강조했다. 그의 이론은 오늘날 합리적 정서적 행동 치료REBT, Rational Emotive Behavior Therapy로 발전했다.

에리히 프롬Erich Fromm, 1900~1980

미국의 정신분석학자이며 사회심리학자. 독일 프랑크푸르트 암마인 출신으로 유대인 가정에서 태어나 프랑크푸르트 대학교, 하이델베르크 대학교에서 사회학과 심리학을 전공했다. 이후 베를린 정신분석 연구소, 프랑크푸르트 연구소 등에서 활동하다가 독일에서 나치즘이 대두되자 1933년 미국으로 망명했다. 컬럼비아 대학교, 예일 대학교 교수로 재직하면서 마르크스와 프로이트를 비판적으로 계승하며 사회심리학이라는 새로운 장을 열었다. 세계적인 베스트셀러 《사랑의 기술》, 《소유냐 존재냐》, 《자유로부터의 도피》 등을 남겼다.

에이브러햄 해럴드 매슬로Abraham Harold Maslow, 1908~1970

미국의 철학자이자 심리학자이며 인본주의 심리학의 창설을 주도했다. 1943년에 인간의 욕구에는 단계별 위계가 있다는 '욕구 5단계

설'을 주장한 것으로 유명하다. 그가 주장한 욕구 5단계설에서 '자아
실현'을 최상위 단계에 자리한 가장 중요한 가치로 소개한 이후 이
개념이 널리 알려지게 되었다.

윌리엄 글래서William Glasser, 1925~2013

미국 정신과 의사이자 심리학자이며 현실치료와 선택이론Reality Thera-
py and Choice Theory이라는 상담이론을 창시했다. 현실치료란 내담자들
이 자신의 욕구와 소망을 분명하게 인식하고, 현실적인 욕구를 잘 충
족시킬 수 있는 구체적인 계획과 행동을 돕는 치료법이다. 그는 인간
이 생존, 사랑, 성취, 자유, 즐거움이라는 5가지 기본적인 욕구를 충
족시키기 위해 자신의 생각, 감정, 행동, 생리적 반응 등을 선택한다
고 가정했다.

토마스 고든Thomas Gordon, 1918~2002

미국의 임상심리학자이자 반영적 경청과 나-전달법, 무패 방법이라
는 효과적인 의사소통 기술을 통해 부모-자녀, 교사-학생, 직원 간
에 빚어지는 갈등을 효과적으로 해결하는 방법을 개발했다. 그는 이
러한 의사소통 기술을 통해 가정, 학교, 직장에서 좋은 관계를 유지
하거나 향상시키고 갈등을 해결할 수 있는 기술을 구체적으로 제시
했다. 1997년, 1998년, 1999년에 노벨 평화상 후보로 추천되었으며
1999년에는 미국 심리학회로부터 심리학 분야에서 탁월한 기여를
한 사실을 인정받아 금메달을 수상했다.

폴 에크먼Paul Ekman, 1934~

미국의 심리학자이자 샌프란시스코 캘리포니아 대학교 명예교수. 감정과 표정의 관계에 대한 연구의 선구자로서 20세기 심리학자 100인 중 59번째로 학술지에 많이 인용된 심리학자이기도 하다. 에크먼은 특정한 감정의 특정한 생물학적 상관관계에 대한 연구를 획기적으로 수행해 감정의 보편성과 불연속성을 입증하려고 노력했다.

하인츠 코헛Heinz Kohut, 1913~1981

오스트리아계 미국 정신분석학자이자 정통 프로이트 학파에서 정신분석 훈련을 받은 탁월한 분석가로 독창적인 자아심리학Self Psychology을 창시했다. 그의 주요 관심사는 나르시시즘 환자의 치료로, 나르시시즘의 정신역동을 이해하는 데 큰 공헌을 했다. 그는 프로이트의 개념과는 다르게 오이디푸스 이전에 유아가 어머니와의 양육 과정에서 결핍이 생겼을 때 정신병리가 생기는 것으로 주요 원인으로 보았으며, 가장 중요한 치료 요인으로 공감을 꼽았다.

용어 사전

내재화 Internalization

다른 개인이나 집단의 특성, 신념, 감정, 태도가 자아에 동화되어 자신의 것으로 통합되는 무의식적 정신 과정

무의식 Unconsciousness

지그문트 프로이트는 마음에는 의식Consciousness, 전의식, 무의식이라는 세 부분이 있다고 제안했다. 의식적인 마음은 우리가 하는 모든 생각, 감정, 인지, 기억을 포함하는 반면 무의식은 의식적인 마음이 쉽게 사용할 수 없는 더 깊은 정신 과정으로 구성되어 있다.

무의식은 개인이 의식하지 못하는 감정, 생각, 충동을 저장하는 마음의 일부라고 볼 수 있으며 우리가 무의식의 존재를 알지 못하더라도 종종 의식적 경험에 영향을 미친다.

방어기제Defense Mechanisms

사람들이 불안한 생각이나 감정으로부터 자신을 보호하는 무의식적 전략과 같으며, 지그문트 프로이트와 그의 딸 안나의 연구에서 비롯되었다.

방어기제는 본질적으로 나쁜 것이 아니며, 사람들이 고통스러운 경험을 헤쳐 나가거나 에너지를 더 생산적으로 사용할 수 있게 도와주기도 한다. 방어기제의 종류에는 억압, 전치, 반동형성, 합리화, 주지화, 취소, 신체화, 전환, 해리, 투사, 공상, 수동공격성, 행동화, 분열, 이상화와 평가절하 등이 있다.

변증법적 행동치료DBT, Dialectical Behavior Therapy

인지행동치료를 기반으로 하는 심리치료의 일종이며, 감정을 매우 강렬하게 경험하는 사람들을 위해 1970년대에 미국 심리학자인 마샤 리네한이 개발했다. '변증법적'이라는 말은 서로 양립할 수 없는 아이디어를 결합하는 것을 의미한다. 사람들이 자신의 현실을 받아들이도록 돕고, 도움이 되지 않는 행동을 포함해 자신의 삶을 변화시키는 법을 배우도록 돕는 데 치료적 목표를 둔다.

분열Splitting

자신과 타인에 대해 좋은 부분과 나쁜 부분으로 양극화된 견해가 발생하는 미성숙한 방어기제를 말한다. 분열을 사용하는 사람은 한 번만에 누군가를 이상화했다가(전적으로 좋은 사람으로 평가하기), 다음에는 그 사람을 평가절하할 수 있다(전적으로 나쁜 사람으로 평가하기).

사람과 사물의 좋은 면과 나쁜 면을 조화시킬 수 없을 때 발생하며, 성격적인 측면에서 다양하게 나타날 수 있다.

성격장애Personality Disorder

성격은 개인이 가진 고유한 생각, 감정, 행동 방식으로 경험, 주변 환경, 주어진 상황, 유전적 특성의 영향을 받는다. 인간의 성격은 시간이 지나도 거의 동일하게 유지된다.

성격장애 또는 인격장애라고 불리며 한 사람의 생각, 감정, 행동 방식이 사회적, 문화적 기준에서 지속적이고도 극단적으로 벗어나 문제를 일으키는 장애를 가리킨다. 주로 청소년 후기 또는 성인기 초기에 발생하며 성격장애를 겪는 사람들은 아주 오랫동안 고통스러운 경험을 하게 된다.

성격장애는 크게 3가지 영역으로 구분할 수 있는데, A군(기이하고 괴상한 행동 특성)에는 편집성 성격장애, 조현성 성격장애, 조현형 성격장애, B군(극단적이고 변덕스러운 행동 특성)에는 반사회성 성격장애, 경계선 성격장애, 연극성 성격장애, 자기애성 성격장애, C군(불안하고 두려워하는 행동 특성)에는 회피성 성격장애, 의존성 성격장애, 강박성 성격장애가 포함된다.

심리적 외상Trauma

트라우마란 사고, 범죄, 자연재해, 신체적·정서적 학대나 방치, 폭력 또는 목격, 사랑하는 사람의 죽음, 전쟁 같은 충격적인 사건에 대한 정서적 반응을 의미한다.

사건 직후에는 충격으로 부정Denial이 전형적으로 드러나며, 장기적으로는 예측할 수 없는 감정, 회상, 긴장, 심지어 신체 증상도 동반될 수 있다. 트라우마 때문에 오랫동안 자신의 삶을 살아가는 데 커다란 어려움을 겪기도 한다.

억압Repression

억압은 바람직하지 않은 생각, 도덕적으로 불쾌한 충동, 고통스러운 기억과 같은 불쾌감을 유발하는 정신 과정이 의식 단계에서 인식되는 것을 적극적으로 막는 방어기제다. 고전적 정신분석의 핵심 개념이기도 하며 무의식적 정신 과정, 갈등, 방어기제의 관점에서 정신병리학을 설명하기 위한 기초 개념을 제공한다.

억제Suppression

고통스럽거나 바람직하지 않은 생각을 의도적으로 잊거나 생각하지 않으려고 노력하는 것을 말한다. 방어기제의 또 다른 유형인 억압과 자주 혼동하는 경우가 있는데, 억압이 원치 않는 생각이나 충동을 무의식적으로 차단하는 것을 의미한다면 억제는 전적으로 의도적이며 자발적이라는 특징이 있다.

욕구Need

인간 내면의 무엇인가 결핍된 상태일 때 무의식적으로 그 결핍을 채우기 위해 어떤 행동을 하게 만드는 것을 의미한다.

이드Id, 자아Ego, 초자아Superego

정신분석이론의 대가인 프로이트가 제시한 개념으로, 그는 인간의 성격이 이드, 자아, 초자아의 세 요소로 구성된다고 설명했다. 이드는 우리의 기본적인 필요와 욕구를 즉각 만족시키고자 하는 원시적이고 본능적인 부분을 일컫는다. 자아는 이드와 외부 세계를 중재하는 정신의 이성적 부분이다. 초자아는 내면화된 가치와 기준을 나타내는 정신의 도덕적, 윤리적 부분을 의미한다.

인지왜곡Cognitive Distortion

자기 자신을 비롯해 특정 상황이나 관계, 또한 타인을 바라보는 방식을 왜곡하는 부정적이거나 비합리적인 사고 패턴을 의미한다. 인지왜곡은 우울증, 불안과 같은 정신건강에 영향을 미칠 수 있으며 흑백사고(이분법적인 사고), 과잉일반화, 임의적인 추론, 라벨링, 과잉해석, 축소해석, 개인화 등을 주로 사용한다.

적개심Hostility

상대방을 적으로 규정하고 그와 싸우고자 하는 마음으로, 상대방에게 느끼는 분노와 증오가 포함되어 있다. 또한 적개심에는 복수심이 내재되어 있다.

전위공격성Displaced Aggression

대개 다른 사람에게 해를 끼치려는 의도가 있는 행동을 공격성이라고 정의한다. 특히 전위공격성은 자신을 화나게 한 상황과는 전혀 상관이 없는 대상에게 분노를 표출할 때 발생한다. 분노는 정상적이고 흔한 감정이며 바람직하지 않은 상황에서 자동적으로 나타나는 반응이지만 때때로 해당 사건과 아무 관련이 없는 사람에게 분노를 표출하기도 하는데, 이것을 '전위된 분노'라고 한다.

정신분석Psychoanalysis

마음, 성격, 심리적 장애 및 심리치료에 대한 이론으로 20세기 초 지그문트 프로이트가 처음 개발했다. 정신분석에서는 인간의 행동이 무의식적인 성적 본능과 공격적 본능에 의해서 결정되며 인간의 행동을 깊이 이해하려면 행동 기저에 있는 무의식적 의미를 해석해야 한다고 가정한다. 정신분석은 주로 억압된 충동, 내적 갈등, 어린 시절의 트라우마와 같은 무의식적 힘이 개인의 정신생활과 적응에 미치는 영향에 초점을 맞춘다. 정신분석적 심리치료는 주로 무의식적으로 억압된 감정과 경험을 통찰시키는 데 목적을 둔다.

정신질환 진단 및 통계 매뉴얼DSM-5, Diagnostic and Statistical Manual of Mental Disorders

미국정신의학협회에서 2013년에 발행한 5번째 개정판으로 정신질환에 대한 분류 및 진단 절차를 제시한다. 정신질환을 진단하는 데 있어 가장 널리 사용되고 있다.

정신역동Psychodynamics

정신역동이란 무의식이 행동에 미치는 영향에 초점을 두는 심리치료의 관점으로, 정신질환을 무의식적 갈등과 어린 시절 미처 해결하지 못한 문제의 결과라고 바라본다. 정신역동 치료의 목표는 이러한 문제를 의식적으로 통찰하고 해결하려는 데 있다.

정신역동적 접근법은 칼 융Carl Jung, 멜라니 클라인, 알프레드 아들러Alfred Adler, 안나 프로이트Anna Freud, 에릭 에릭슨Erik Erikson을 포함한 프로이트와 프로이트 학파가 개발한 이론을 모두 포함한다.

직면Confrontation

상담 기법 중에 하나로 내담자가 생각과 행동, 감정 간의 상호 모순이나 불일치를 식별할 수 있도록 통찰시켜 긍정적으로 변할 수 있는 계기를 마련하는 기법이다.

조적방어Manic Defense

죄책감, 슬픔, 우울감에 대한 방어이자 쾌락 추구, 흥분, 의기양양함, 조증 탐닉 등으로 불편한 생각이나 감정을 접했을 때 일부러 반대되는 생각이나 감정으로 돌리려는 방어를 의미한다. 멜라니 클라인, 도널드 우즈 위니컷Donald Woods Winnicott과 같은 대상관계 이론가들이 이 이론을 논의해왔다.

투사 Projection

자신에게 불리하거나 위험하다고 생각하는 특성, 충동, 감정을 부정하면서 다른 사람에게서 동일한 특성을 찾으려 하고, 이를 통해 자신의 자존감을 보호하고자 하는 심리적 특징이다. 투사는 거의 항상 무의식적으로 행해지는데, 그 이유는 온전히 감당하기 힘든 특성, 충동, 감정이 너무 고통스러워서 의식적인 상태에서는 다룰 수 없기 때문이다.

투사적 동일시 Projective Identification

멜라니 클라인이 제안한 개념으로 유아와 엄마의 상호작용에 대한 관찰을 통해 발견했다. 개인이 무의식적으로 거부된 감정, 욕망, 또는 자아의 어떤 측면을 상대방에게 투사하고, 상대방이 투사된 감정이나 행동을 하도록 관계 맥락을 조작하는 일련의 과정을 의미한다. 다른 사람들을 조종해 상상에서만이 아니라 현실에서도 그러한 특성을 발현하도록 만든다.

글을 시작하며

분노는 마치 압력밥솥과 같다. 압력이 계속 올라가다가 일정 수준에 도달하면 터져버린다. 수증기를 내뿜기 시작하면 가라앉힐 방법은 거의 없다. 분노도 마찬가지다. 이 정도 단계에 이르면 개인이 통제할 수 있는 범위를 벗어났다고 봐야 한다.

분노는 무려 그리스 로마 시대에도 문제라고 지적되는 감정이었다. 분노에 휩싸인 사람들은 그 순간 자신이 얼마큼 화를 내는지, 이 분노가 어떤 결과를 가져올지 스스로도 알지 못한다. 그래서 여러 감정 중에서도 유독 분노는 사회적으로 문제가 될 수 있다.

분노는 마음가짐을 긍정적으로 바꾼다고 쉽게 해결할 수 있는 문제가 아니다. 요즘은 가정, 학교, 직장, 식당, 카페, 대중교통 등 모든 공간에서 분노가 폭발하고 있다.

스스로 조절하지 못하는 분노는 다양한 폭력으로 이어지기 쉽고 자해, 자살, 살인으로까지 연결된다. 실제로 최근 몇 년 사이 온 나라를 떠들썩하게 한 사건들을 보면, 형태와 대상은 모두 달라도 개인이 느낀 분노가 매우 위험한 공격으로 드러났다는 공통점이 있다. 각 분야 전문가들은 취약해진 경제 상황, 가정의 위기, 인터넷의 익명성, 국민들이 공감하기 어려운 법률과 규칙, 상대적 박탈감 등을 원인으로 꼽는다.

세상이 멀쩡해도 누구나 수만 가지 이유로 언제든지 분노할 수 있다. 톨스토이는 소설 《안나 카레니나》에서 "행복한 가정은 모두 비슷한 이유로 행복하지만, 불행한 가정은 저마다의 이유로 불행하다"라고 썼다. 만약 자신이 불공정하고 불공평한 대우를 받았다고 느낀다면 화가 나는 특별한 이유를 찾을 필요가 없다. 그 분노는 당연하고 정당하기 때문이다.

한국이 점점 분노 사회가 되어가고 있는 시점에서, 이제는 현실적이고 실제적인 해결책을 찾아야 한다. '한국인은 왜 이렇게 분노가 많은가'를 두고 K-민족의 특징이라느니 그래서 다이나믹 코리아니 하는 정도로 치부할 때가 아니다. 이제 분노를 조절하는 문제는 가정과 사회, 나아가 국가 유지의 문제가 되었다. 우리 사회는 이미 '고장 난 시계'가 되었고 머지않아 멈춰버린 시계가 될 가능성이 없다고 할 수 없다.

솔직히 나쁜 상황에서 살면서 삶이 풍요롭고 행복할 수는 없다. 하루하루 생존하는 것만으로도 너무 힘든데다, 세상이 얼마나 불공정하고 불공평한지 매일 절감하고 있다. 이런 세상을 살면서 어디서든 나를 정당하게 대우해주기를 요구해도 소용이 없다. 쌓여가는 좌절감과 박탈감 속에서 달궈질 대로 달궈진 분노는 사소하지만 결정적인 계기로 매우 강력하게 돌변해, 자신과 주변에 파괴적인 결과를 가져온다. 물론 정당한 분노는 필요하다. 그저 체념하거나 무관심한 태도로 일관한다면 어떠한 세상도 더 나아지지 않을 것이다. 그러나 계속 화만 내고 있어도 달라지는 것은 없다.

분노는 때로 정의롭고 때로는 파괴적이다. 내면에서 뭔가 불편한 감정이 올라오면 일단 회피하는 사람들이 있다. 실제로 분노는 두려움과 밀접한 관련이 있는데, 분노로 자기 통제력을 잃는 상황을 두려워하는 마음은 당연하다. 그런데 분노를 회피하는 사람들은 '가급적 서로 좋은 게 좋은 거다'라고 인식한다. 이러한 생각 때문에 문제를 정확하게 바라보지 못하면, 무언가 잘못되었을 때 개선할 수 없다. 모든 분노가 나쁜 것도 아니다. 분노를 회피하는 사람들은 자신이 원하는 것을 직접 말하거나 요구할 때 죄책감을 느끼거나 주저하는 경우가 많은데, 감정을 적절하게 표현하는 것도 인생을 잘 살아가는 데 매우 중요한 일이다.

분노라는 키워드 하나로 아주 많은 내용을 다루었다. 그러고도 아직 해야 할 이야기가 많이 남아 있다. 분노는 여러 가지 요인이 매우 복잡하게 얽혀 있는 까다로운 감정 에너지다. 연기처럼 어딘가로 분출한다고 원만하게 해소되거나 사라지지도 않는다. 아마 당신은 분노가 자신에게 건네는 의미가 무엇인지 잘 알아차리고 스스로에게 도움이 되는 방향으로 나아가고 싶다는 마음으로 이 책을 집었을 것이다. 이 책을 통해 분노를 정확하게 이해하고 어떻게 대처하면 좋을지 다양한 전략을 얻을 수 있기를 바란다.

먼저, 이 책에서는 분노의 특성과 인간관계에 미치는 영향, 분노가 초래하는 사회적인 문제들을 살펴보았다. 이어 유형별 분노와 각각의 대처법을 제시했다. 마지막으로 일상에서 활용하기 좋은 다양한 솔루션을 담았다.

우리 모두는 누군가의 화풀이 대상이 될 수도 있고, 공격하는 주체가 될 수도 있다. 더 늦기 전에 분노를 이해함으로써 스스로를 위로하고 타인을 이해하려는 노력을 해야 한다. 만약 나에게 상처 준 누군가에게 복수하려는 마음으로 가득 차 있다면, 지금 바로 정답을 찾아야 한다.

내가 근무하는 심리센터는 분당 서현역 근처에 자리하고 있다. 불과 1년 전, 이곳에서 엄청난 칼부림 사건이 벌어졌는데 지금은 언제 그런 일이 있었냐는 듯 수많은 사람들이 서현역을 바쁘게 오고 간다.

가끔 생각해본다. 우리가 많은 일을 너무 빨리 잊어버리는 것은 아닌지. 이런 일이 우리 사회에서 또다시 발생하지 않기를 바라지만, 누구도 장담할 수 없다. 아직 살아본 적 없는 오늘 하루를, 분노로 시작해서 분노로 마무리하는 일이 없기를 간절히 바란다.

2024년 8월
분당에서 황미구

1부

우리는 분노를
너무 모른다

어떤 사람이 복종할 줄만 알고
반항할 줄 모른다면 그는 노예다.
만약 반항할 줄만 알고
복종할 줄 모른다면 그는 반역자다.

노예나 반역자는
분노, 실망, 원한 때문에 행동하지만
신념이나 원리의 이름으로 행동하지 않는다.

에리히 프롬
정신분석학자이자 사회심리학자

1장

천만 명이
시한폭탄인 나라

일상에서 흔히 하는 말 중에 '너 죽고 나 죽자', '이판사판'이 있다. 지금 우리 사회에서는 이 말이 '너 죽고 나부터 살자'로 바뀌어가고 있는 것 같다. 예전에는 "씨발, 어쩌라고?", "입 닥쳐", "지랄하네" 같은 거친 말을 아무렇지 쓰는 사람은 일부 청소년이나 소위 '날라리'였지만 지금은 지하철, 길거리, 회사와 학교, 식당과 카페를 가리지 않고 어디서든 쉽게 들을 수 있는 표현이 되었다. 욕설까지는 아니어도 누군가 무엇을 제안하거나 요청하면 "이걸요? 제가요? 왜요?"라고 곧장 되받아치라는 주장들이 사회생활 조언이랍시고 포장되어 SNS에서 퍼져 나가고 있다.

물론 한국은 다른 나라에 비하면 상당히 안전한 국가에 속한다. 카페에 물건을 두고 화장실에 가거나 잠시 자리를 비워도 가져가는 사람이 없다며 외국인들이 놀라워하는 반응을 유튜브에서 쉽게 볼 수 있다. 택배도 마찬가지다. 세계에서 유일한 분단국인데도 치안 상태가 상당히 좋아서 밤에 산책해도 안전한 나라에 속한다. 하지만 이런 모습은 어디까지나 외국인들의 눈에 비친 모습일 뿐, 지금 우리 사회는 점점 피폐해져가고 있다. 그 증거가 불특정 다수 혹은 일면식도 없는 타인을 공격하는 행위가 점점 빈번해진다는 점이다.

매일 쏟아지는 강력범죄를 보고 있으면 조폭도, 깡패도, 날라리도 아닌 지극히 평범한 사람도 순간적인 분노로 엄청난 파국을 초래할 수 있다는 점에서 고민이 깊어진다. 수많은 사건이 단지 감정 조절을 제대로 못해서 발생한 것은 아니겠지만, 분노의 관점에서 좀 더 깊게 생각해볼 필요는 있다. 사실 친한 친구가 농담처럼 지나가는 말로 툭 던지는 핀잔이나 비아냥거림, 택배 배송 오류, 직장에서 듣는 잔소리나 질책, 운전 중 새치기, 층간소음, 연인이나 배우자와의 다툼 등으로 화가 나는 것은 지극히 당연하다. 문제는 점점 많아지는 각종 강력범죄의 상당수 동기가 일상적인 갈등에서 비롯된다는 점이고, 더 심각한 문제는 누구나 이런 이유로 범죄 가해자가 되는 경우가 점점 많아진다는 점이다.

분노가 우리 사회에 보내는 신호

과거의 기억을 떠올리다가 화가 날 수도 있다. 그런데 어떤 경우에는 자신이 화가 났다는 사실도 인식하지 못한 채 습관적, 충동적으로 일단 공격성을 드러낼 때도 있다. 그런데 공격적 행동과 충동을 조절하기 어려워하는 사람들 중에는 내면의 분노를 자각하기도 전에 일단 말과 행동으로 드러내는 경우가 많다는 점이다. 원하는 장난감을 사주지 않으면 아이들이 부모에게 화를 내고 떼를 쓰는 것과 비슷한 상황이다.

우리는 어떤 경우에 화가 나느냐는 질문을 받으면 상대방에게 또는 어떤 상황에서 '거절이나 무시를 당해서', '존중받지 못해서', '나를 차별해서'라고 인지하는 경우가 많다. 이때 우리는 감정을 표출해서라도 지금 당장 나를 보호해야겠다고 생각한다.

끓어오르는 분노는 특정한 행동을 하게 만들거나 현재 상황을 변화시켜주기도 한다. 더욱이 그 순간이 생존이나 안전과 직결된다면 누구라도 분노를 통제하기가 쉽지 않을 것이다. 가파르게 오르는 물가, 홍수나 폭염 같은 자연재해를 보면서 화를 내는 것도 결국은 생존 본능인 것이다.

따라서 분노는 우리의 삶에서 생각보다 중요한 역할을 한다는 점을 먼저 이해해야 한다. 그래서 화가 날 때 무조건 참고 조절하는 것은 능사가 아니다. 우리 사회에 지나치게 분노하는 사람이 점점 많아진다는 것은 지금 뭔가가 단단히 잘못되어가고 있으며, 그래서 무엇이든 해야 할 시기라는 신호라고 보아야 한다. 더 이상 미적거릴 시간이 없다는 뜻이기도 하다.

사회의 많은 영역이 양극화될수록 경쟁에서 밀려나는 개인이 소속될 수 있는 곳은 줄어든다. 이런 상황이 계속될수록 스스로를 고립시키는 사람들도 점점 많아진다. 사회의 어떤 집단에 소속되어 그곳에서 안정감과 연대감을 느끼는 것은 모든 인간에게 반드시 필요한 요인이다. 이러한 공간과 상황에서 느끼는 다채로운 감정이 주변과 소통하고 사회에 기여하고 싶은 건강한 욕구를 심어주는 원동력이 되기 때문이다.

그러니 사회가 불공정하고 불평등해질수록 취약계층의 소외감, 절망감, 분노감이 커지는 것은 당연한 결과다. 친구와 이웃, 학교와 회사, 지역과 국가를 신뢰할 수 없으니 '함께' 행복한 모습을 상상하는 것도, 그럴 희망을 품는 것도 불가능하다. 더욱이 지금의 2030 세대는 무엇이든 혼자 하는 데 너무 익숙하다. 인생은 '각자도생'이고 '타인은 지옥'이다, 가족에게도 함부로 돈 빌려주지 마라, 잘해주다가 호구 된다, 이유 없이 잘해주면 일단 의심해라, 항상 도망갈 퇴로를 만들어둬라…… 2030 세대들이 인간관계의 교훈으로 삼는다는 이른바 SNS 명언들을 보고 있으면, 이제는 나부터 잘사는 것이 가장 중요한 세상이 된 듯하다.

물론 시간이 지나면 젊은이들도 기성세대가 될 것이다. 하지만 그때는 그다음 세대와 더 큰 간극을 느낄 것이다. 이것이 역사의 흐름이고 거부할 수 없는 현실이라면 지금부터라도 '차이와 다름'을 '차별과 불공평'으로 받아들이고 부정적 감정을 여과 없이 표출하기보다, 어떻게 하면 차이와 다름을 성숙하게 받아들여야 할지 고민해야 한다.

왜 모르는 사람에게 화가 날까

"우리나라 백수 애들은 착해. TV에서 보니까 프랑스 백수 애들은 일
자리 달라고 다 때려 부수고 하던데, 우리나라 백수 애들은 다 지 탓
인 줄 알아. 지가 못나서 그러는 줄 알고. 취직 안 된다고 니 탓이 아
니니까 당당하게 살아."

오래전 개봉한 영화 〈내 깡패 같은 애인〉에 등장하는 대사다. 상담
실에서 젊은이들을 만나다 보면 자연스레 이 대사가 떠오른다. 면접
자리에서 성적 모멸감을 느끼면서도 포기하지 않고 열심히 취업 준
비를 하고, 불합격 통보를 받을 때마다 자기 탓을 했던 여주인공에게
서 지금도 별반 다르지 않은 청년들의 모습을 본다. '대체 우리는 왜
내 탓부터 하는 걸까?'

이런 심리 기제와 관련해 뉴욕대학교 신경정치학과 존 조스트John
Jost 교수와 하버드대학교 심리학과 마자린 바나지Mahzarin R. Banaji 교
수가 흥미로운 이론을 주장했다.◆ 사람들은 자신이 살고 있는 세상이
정당하고 사회체제 또한 합리적이라고 믿고 싶어 하는 동기가 있다
는 것이다. 이를 체제정당화 이론System Justification Theory이라고 한다.

이 이론에 따르면, 인간은 어떤 거대한 구조적 문제가 발생하면
그 원인을 작고 구체적으로 생각할 수 있는 요소에서 찾아내어 자신

◆　　　Jost & Banaji, 1994

이 직접 문제를 해결할 수 있다는 이른바 '희망회로'를 돌리고 싶어한다. 이러한 사고방식은 명시적으로는 인지 과정에서 일어나지만, 무의식적으로도 일어날 수 있다. 취직이 안 되는 원인을 우리 사회의 구조 탓이라고 생각하기보다 '내가 덜 열심히 준비해서', '나보다 빡세게 준비한 사람들이 훨씬 많아서'라고 받아들이는 것이 대표적인 예다. 만약 취업을 못하는 원인을 국가나 사회, 대기업의 조직 구조 때문이라고 생각하면 평범한 개인은 오히려 더 큰 무력감과 불안을 느낄 수밖에 없다. 이 경우 자신을 탓하면서 조금만 더 노력하면 이 어려움을 금방 해결할 수 있을 것이라고 믿는다.

그러면 왜 어떤 경우에는 자신이 실패하는 원인을 남 탓으로 돌리는 걸까? 무력감과 불안을 크게 느낄수록 세상의 불공정과 불평등을 사회적 약자 탓으로 돌리고 현 체제를 옹호하려는 경향이 강해지기 때문이다.

이와 관련해서 정신분석학자 프로이트와 그의 딸 안나 프로이트가 정리한 방어기제도 하나의 답을 제시한다. 극도의 불안감을 느낄 수 있는 고통스러운 감정과 기억으로부터 자신을 보호하려는 기제가 바로 방어기제다. 방어기제는 특히 무의식과 현실 사이의 갈등으로 불안을 느낄 때 무의식중에 생겨나 저절로 작동하는 일종의 생존 전략이 되기도 한다. 일상에서 받는 스트레스를 관리하기 위해 의식적으로 사용하는 대처 전략과 달리 방어기제는 완전히 무의식 상태에서 작동한다.

여러 방어기제 중 대표적인 것으로 전치Displacement를 꼽을 수 있다. 전치란 부정적인 감정을 불러일으키는 두려움이나 분노, 긴장이나 불안을 위협적이지 않은 대상에게 방출함으로써 자신을 보호하려는 것이다. 직장 상사에게 꾸중을 듣고 나서 연인에게 "왜 요즘 나한테 이렇게 소홀해?" 하며 화를 내는 것이 대표적인 전치다.

전치 중에서 대표적인 예로는 전위공격성을 꼽을 수 있다. 나에게 부정적 감정을 불러일으킨 바로 그 대상이 아니라 이 일과 아무 상관없는 제3자에게 분노를 표출하는 공격성을 의미한다. 자신이든 타인이든 눈앞에 있는 구체적인 누군가를 비난할 때 일시적으로나마 불안을 통제할 수 있기 때문에, 자신보다 취약한 사람에게 분노를 쏟아내게 된다. 자신을 화나게 하는 인물에게 공격적으로 대하고 싶은 욕구를 억지로 통제하려 할 때는 심리적 에너지가 고갈되기 마련인데, 그러다 보니 그 일과 아무 상관없는 사람에게 분노를 폭발시키는 것이다.◆

전위공격성이 강한 사람들은 대개 충동조절능력이 부족하고 공격성이 높은 경향이 있다. 범죄학자 마이클 고트프레드슨Michael R. Gottfredson과 트레비스 허쉬Travis Hirschi ■ 는 저서 《범죄의 일반 이론A General Theory of Crime》에서 자기조절능력 결핍이 범죄의 가장 강력한 예측인자라고 주장했다. 자기조절능력이 떨어지면 공격적 충동이 증가하는 것이 아니라 공격적 충동을 무시할 수 있는 능력이 제한되기 때문이다. 따라서 자기조절능력이 떨어지면 낯선 사람에 대한 공격

◆　　　DeWall et al., 2011
■　　　Gottfredson & Hirschi, 1990

성이 증가하고, 이 능력을 강화시키면 공격성이 감소한다.[◆] 결국 자기조절능력 실패의 결과로 무고한 사람들이 엉뚱한 공격을 받는 피해자가 대상이 될 수 있다는 것이다.[■]

그러나 무고한 사람을 공격하는 이유가 단지 전위공격성 때문만은 아니다. 오하이오 주립대학교 브래드 부시먼Brad J Bushman 교수와 하버드 대학교 로이 바우마이스터Roy F. Baumeister 교수[●]의 연구에 따르면 낮은 자존감이 폭력을 유발한다는 주장도 있지만 관련성은 아주 미미하며, 오히려 공격적인 사람들은 자신에게 자긍심을 가진다고 주장했다. 자존감은 공격성과 관련이 없으며 전위공격성에도 큰 영향을 미치지 않았고 오히려 위협적인 이기주의가 공격성의 중요한 원인으로 지목됐다는 것이 두 교수의 견해였다.

기본적으로 나르시시즘은 부정적인 평가나 거절을 받았을 때 드러나는 직접적인 공격성과 관련이 있는데, 이러한 측면을 '위협적인 이기주의 이론'으로 설명할 수 있다.[▲] 바우마이스터 교수는 '공격성은 매우 긍정적인 의견을 무시하거나 불신하려는 사람에 대한 방어수단'이라고 제안했다.[★] 위협적인 이기주의 이론에 따르면, 높은 자존감이 반드시 폭력성을 유발한다거나, 높은 자존감과 폭력성 사이에

◆   DeWall et al., 2011

■   Marcus-Newhall et al., 2000

●   Bushman & Baumeister, 1998

▲   Martinez et al., 2008

★   Baumeister et al., 2000

직접적인 관계가 있다는 것을 의미하지는 않는다. 많은 폭력 범죄자, 왕따, 테러리스트가 자신을 높게 평가하는 경향이 있다는 증거도 존재하지만, 높은 자존감을 가진 대부분의 사람들은 절대 폭력적이지 않다. 이 이론은 '불안정하고 지나치게 부풀려진 자존감'을 가진 일부 사람들에게 폭력성이 드러난다는 점을 강조한다.

실제로 자기애적 성향을 가진 사람은 자신을 향한 부정적인 피드백에 맞서 자아를 회복하거나 부정적 피드백을 막기 위한 수단으로 공격성을 드러낼 수 있다. 또한 자기애적 성향이 강한 사람은 자신의 우월감이 상처를 받거나 이 상처가 지속될 것 같을 때 무고한 타인을 공격할 가능성이 높은 것이 사실이다.◆

개인이 무책임하게 휘두르는 공격 행위에는 엄청난 사회적 비용이 뒤따른다. 2011년 한국형사정책연구원이 발표한 〈범죄의 사회적 비용 추계〉 보고서에 따르면, 2008년 강력범죄와 재산범죄의 총 사회적 비용은 158조 7,293억 원으로 2008년 GDP 대비 약 16.2퍼센트에 해당한다. 좀 더 구체적으로는 국민 한 사람이 약 326만 원을 사회적 비용으로 부담했다는 것을 의미한다. 더군다나 피해자는 비용으로 환산할 수 없을 정도의 정신적, 신체적 피해를 받는다.

단지 사회적 비용이 엄청나게 들기 때문에 분노를 잘 조절해야 하는 것이 아니다. 한순간의 감정으로 누군가가 억울하게 건강과 생명

◆　　　Martinez et al., 2008

을 잃고, 사회를 불신하고, 그 결과 스스로를 고립시키거나 심지어 세상을 등지는 일까지 발생한다면 이러한 현실이 주변에 미치는 여파를 과연 돈 몇 푼으로 계산할 수 있을까. 이것이 자기조절능력의 중요성을 인식하고 분노를 관리해야 하는 이유다. 최소한의 자기방어조차 못하는 사람이 없는 사회, 어떤 자리에서 어떤 삶을 살든 자신의 생각과 의견을 안전하게 낼 수 있는 사회가 되어야 적어도 억울한 공격으로 하루아침에 인생이 망가지는 사람들이 조금이라도 줄어들지 않을까.

나의 분노 대응 방식 알아보기

분노에 대해 본격적으로 소개하기 전에 먼저 자기보고식 질문지를 통해서 자신은 화가 날 때 어떤 방식으로 대응하는지 이해해보자. 평범한 사람들이 감정, 인지, 행동 측면에서 분노에 대응하는 방식을 측정하는 것으로, 크게 5개 하위척도로 구분되어 있다. 각 문항에 점수를 매기면서 자신의 대응 방식이 어떤지 평가해보면 큰 도움이 될 것이다. 평균 점수가 가장 높은 방식이 자신의 주요 대응 방식이라 할 수 있다. 검사 결과를 토대로 앞으로 소개할 분노 유형을 살펴보자.

No.	질문	전혀 그렇지 않다	약간 그렇나	웬만큼 그렇다	상당히 그렇다	매우 그렇다
1	상대방의 행동이 옳았는지 생각해본다.					
2	상대방과 말다툼을 한다.					
3	유머로 웃어넘긴다.					
4	누구에게도 말하지 않고 참는다.					
5	상대방과 몸싸움을 한다.					
6	주변 사람들과 상의하고 조언을 구한다.					
7	상대방에게 화나 짜증을 낸다.					
8	운동을 한다.					
9	화나게 만드는 상대방을 피하려고 한다.					
10	물건을 던지거나 부순다.					
11	내 자신의 행동이 옳았는지 생각해본다.					
12	제3자에게 화풀이를 한다.					
13	화가 나면 목욕을 한다.					
14	화가 나면 잊으려고 애쓴다.					
15	상대방을 때린다.					
16	문제의 원인을 찾아 당사자와 대화로 해결하려고 한다.					
17	소리를 지른다.					
18	명언(성경, 불경, 속담 등)을 떠올리며 감정을 조절한다.					
19	상황을 긍정적으로 받아들이려고 노력한다.					

분노 대응방식	문항 번호
행동적 공격성	5, 10, 15
문제해결적 대응	1, 6, 11, 16, 19
언어적 공격성	2, 7, 12, 17
긴장완화적 대응	3, 8, 13, 18
분노 억압	4, 9, 14

전혀 그렇지 않다 ·· 0점
약간 그렇다 ·· 1점
웬만큼 그렇다 ·· 2점
상당히 그렇다 ·· 3점
아주 그렇다 ·· 4점

점수를 측정했다면 아래 표를 통해 결과를 살펴보자. 유형별로 약간의 차이가 있지만 평균 분포 안에 속한다면 걱정하지 않아도 된다. 만약 평균의 최대치보다 높다면 자신에게 해당하는 대응 방식을 뒤에서 자세히 살펴보자.

분노 대응방식	평균 분포	
행동적 공격성	0점~5점	5점 이상이면 높은 편
문제해결적 대응	6점~14점	14점 이상이면 높은 편
언어적 공격성	2점~8점	8점 이상이면 높은 편
긴장완화적 대응	3점~9점	9점 이상이면 높은 편
분노 억압	3점~8점	8점 이상이면 높은 편

2장
감정과 정서는 다르다

인간에게는 여러 감정이 존재한다. 때로는 감정의 지배를 받는 것 같다가도 어떤 경우에는 아무 감정이 느껴지지 않는 것 같기도 하다. 그러나 인식을 하든 못하든, 감정은 우리가 어떤 선택을 내리거나 행동하는 모든 순간에 영향을 미친다.

좀 더 구체적으로 설명해보자. 만약 우리 기분을 좋게 해주는 것과 나쁘게 하는 것의 차이를 잘 알고 있다면, 대다수 사람들은 아마도 기분을 좋게 해주는 무언가에 더 쉽게 끌릴 것이다. 자신의 감정을 잘 이해하고 있다면 살면서 필연적으로 맞닥뜨리는 위기에도 쉽게 당황하거나 압도되거나 짓눌리지 않고, 그 상황에서 느끼는 감정을 통해 많은 것을 배우고 자신을 잘 보살필 것이다. 실제로 자신의 감정을 잘 인식하는 사람들은 더 많은 기쁨과 성취감을 느끼는 경향이 있다. 반면, 감정을 잘 인식하지 못할 경우 본인의 내면이 어떤 상태인지 쉽게 알아차릴 수가 없고, 그래서 자신의 감정을 스스로 다스리기를 어려워한다. 자신의 감정을 파악하는 데 서투르니 다른 사람의 마음을 이해하기도 어렵다. 그래서 감정을 잘 알아차리는 일은 생각보다 훨씬 중요하다.

우리는 감정, 정서, 기분, 마음 등 내면의 상태를 의미하는 단어를 뭉뚱그려서 쓰는 경향이 있는데, 각자는 엄연히 다른 개념이다. 감정을 잘 이해하기 위해서는 먼저 감정이 무엇인지 정확하게 알아둘 필요가 있다. 정서보다는 감정이 보다 구체적이고 직접적인 반응으로 드러나기 때문이다.

먼저, 감정Feeling은 개인이 특정한 상황에서 느끼는 일시적인 마음 상태를 말한다. 화가 난다, 슬프다, 기쁘다 같은 표현이 바로 감정이다. 좀 더 구체적으로는, 외부 자극이나 내적 요인으로 일어나는 쾌감이나 불쾌감의 미분화된 흥분 상태이자 외부 자극이나 내적 요인인 욕구, 마음 상태, 사고방식 등과 관련해 마음속으로 느끼는 주관적 의식 상태를 일컫는다.

그러면 감정은 왜 행동을 유발시킬까? 우리가 무엇을 느끼는지를 다른 사람에게 알리는 것이 감정의 가장 중요한 기능이기 때문이다. 감정을 행동으로 표현하는 것은 개인의 신체적 건강과 행복에 영향을 미친다. 어느 연구에 따르면, 실험 참가자들이 감정을 자극하는 영화를 보는 동안 감정 상태를 드러내지 못하도록 억제시켰더니 참가자들의 심혈관계 교감신경이 활성화되면서 심장박동수가 증가하는 부정적 결과가 측정되었다. 이러한 결과는 긍정적이든 부정적이든 감정이 자극을 받았을 때 행동을 하는 것이 마음속에 담아두고 있는 것보다 신체 건강에 더 좋다는 사실을 의미한다.◆ 건강한 방법으로 표현할 수만 있다면 긍정적이든 부정적이든 자신의 감정을 드러내는 것은 분명 이점이 있다.

반면 정서Emotion는 분노, 공포, 희열 등 보다 세분화된 감정 상태다. 좀 더 구체적으로는 정서적으로 자극받은 상황에서 대처하기 위해 활성화된 행동을 수반하는 것을 의미한다. 한마디로 정서는 의식이 신체 변화를 동반해 객관적으로 관찰할 수 있는 상태를 지칭한다. 미국심리학회에 따르면 "정서란 특정 대상을 향한 강렬한 감정 때문에 주관적으로 경험하는 의식적 정신 반응이며 신체 반응 및 행동 변화를 동반한다"라고 정의했는데, 정서의 대표적인 예시가 분노와 두려움이다.

정서는 '인지적 요소, 생리적 반응, 행동표현 반응'의 세 가지 요인으로 구성된다. 이 세 가지는 주관적인 경험을 통해 어떤 자극을 기억, 기대, 해석하는 데 영향을 미친다.

우선 인지적 요소부터 살펴보자. 좋아하는 음식이나 옷차림 같은 사소한 요인에서 연애와 이별, 취업과 실직, 결혼과 이혼 같은 엄청난 사건에 이르기까지, 우리는 하루에도 수십 번씩 매우 다양한 공간에서 자신만의 경험을 한다. 그런데 아무리 강렬한 경험을 했어도 각

◆　　　Gross & Levenson, 1997

자가 느끼는 정서는 모두 다를 수 있다. 배우자가 사망했을 때 느끼는 감정을 어떤 사람은 분노라고 부를 수 있고, 다른 사람은 상실감에서 오는 깊은 슬픔이라고 말할 수도 있다.

두 번째 요인인 생리적 반응은 각자가 경험하는 정서에 대한 자율신경계의 반응 결과라 할 수 있다. 생리적 반응은 우리 삶 전반에 걸쳐 진화하며 생존에도 강력한 영향을 미치는데, 이때 자율신경계는 신체 반응을 자동적으로 조절하며 투쟁-도피 반응Fight-or-Flight Response에 영향을 미친다.

마지막 요인인 행동표현 반응은 정서를 실제로 표현하는 방식이다. 미소 짓기, 얼굴 찡그리기, 소리 내어 웃기, 한숨 쉬기, 격앙된 목소리 등이 여기 포함되며 사회적, 문화적 규범과 특성에 따라 다양한 반응이 나타날 수도 있다.

세 가지 요인이 조금씩 다르지만, 우리가 기본적으로 정서를 표현한다고 할 때는 언어와 비언어로 자신의 마음을 상대방에게 정확하게 전달하고, 개인이 느낀 감정과 욕구를 이해시키는 과정이라 할 수 있다.◆

이러한 이유 때문에 정서적으로 유능한 사람에게는 많은 장점이 있다. 즉, 주변 사람들과 관계를 잘 맺고 그들의 마음을 잘 살피며, 효과적으로 문제를 해결할 수 있는 다양한 기술과 능력을 가지고 있다

◆   Salovey et al., 2004

는 것을 의미한다. 이러한 능력은 행복뿐 아니라 성공에도 크게 기여
한다. 정서적으로 유능한 사람들은 갈등을 건설적으로 처리하는 경
향이 있고, 깊은 인간관계와 우정을 유지하면서 자신을 잘 돌볼 수
있기 때문에 삶에 만족하고 환경에 잘 적응하며 살아갈 수 있다. 특
히 자신의 가치관과 목표대로 인생을 잘 살아가고 있는지 점검하고
이해하는 데 도움이 된다.

아래 내용은 정서적으로 유능한 사람들의 특징을 더 자세하게 설
명한 것이다.◆ 자신의 특성과 비교하면서 나의 정서는 어느 정도 수
준인지 짐작해보는 것도 좋겠다.

- 다양한 정서를 느낄 수 있고, 자신의 상태를 잘 인식할 수 있다.
- 다른 사람의 정서를 잘 식별할 수 있다.
- 자신의 정서 상태를 언어로 잘 설명할 수 있다.
- 공감을 잘하는 편이다.
- 내면의 정서와 정서를 표현하는 방식이 불일치할 수 있다는 점
  을 알고 있다.
- 사회에서 허용되는 정서 표현의 규칙과 범위를 잘 알고 있다.
- 다른 사람의 정서를 평가할 때 개인차를 고려할 수 있다.
- 자신의 표현 방식이 다른 사람에게 영향을 미칠 수 있다는 점
  을 알고 있다.

◆　　　Greenberg et al., 1995

- 불쾌한 정서가 올라올 때 그 강도와 지속 시간을 잘 관리할 수 있다.
- 정서적 친밀감을 통해 깊은 인간관계를 맺을 수 있다.

모두가 알다시피, 인생을 잘 살아간다는 것은 말처럼 쉽지 않다. 때로는 아주 나쁜 일도 당하고, 과거에 받았던 상처가 떠올라 갑자기 불행하다는 감정이 밀려들기도 한다. 그래서 정서적 유능감은 그 부정적이고 불쾌한 감정을 잘 관리해 더 이상 상처받지 않도록 조절해주는 일종의 자기관리능력이기도 하다.

감정에도 1차 감정과 2차 감정이 있다

감정에 대해 좀 더 자세히 알아보자. 감정에도 1차 감정과 2차 감정이 있다는 사실을 혹시 알고 있는지? 먼저 아래 예시를 통해 1차 감정과 2차 감정의 차이점을 알아보자.

D는 퇴근 후 집에만 오면 짜증이 난다. 특히 싱크대에 쌓여 있는 설거지거리를 볼 때 화가 치솟는다. 재택근무를 하는 남편에게 "왜 설거지 안 했어? 내가 해두라고 분명히 말했지!"라고 따질 때마다 목소리가 점점 격양된다. "너는 왜 만날 설거지 하나 가지고 오자마자 화를 내나? 좀 쉬고 나서 하려고 했다니까!"
D도 이 정도 일이 그렇게까지 화를 낼 일이 아니라는 건 알고 있다. 그래

도 싱크대를 보면 자신도 모르게 화부터 난다. 얼마 전 새로운 프로젝트의 리더를 맡은 D는 업무 총괄에 팀원 평가, 성과 발표, 미팅 주도까시 잠시도 쉴 틈이 없다. 퇴근 후에는 육아와 살림도 해야 하니 내 시간은 아예 없는 것 같다.

D는 언제부턴가 일에 압도당하는 느낌을 간간이 받았지만, 매일 반복되는 일상에서 시간에 쫓기다 보니 이 점을 알아차리지 못했을 가능성이 크다. 그러니 깊은 내면에서 느끼는 감정을 거의 인식하지 못했을 것이다. 만약 D가 요즘 유독 불편하고 부정적인 감정이 자주 올라와서 관계에 지장을 준다는 점을 느꼈다면 대책이 필요하다고 생각하고 누군가와 공유했어야 했다.

여기서 D가 표현한 짜증, 분노, 화는 2차 감정이고 이전부터 간간이 받던 압도당하는 느낌이 1차 감정이다. D는 1차 감정을 남편과 공유하지 못해 2차 감정에 통제당한 것이다. D도 자신이 화를 낸다고 해서 평소에 받는 압박감이 사라지지 않는다는 것을 알고 있었다.

그럼 지금부터 D가 느낀 1차 감정을 자세히 살펴보자. 그녀는 아마 일에 압도당하는 느낌을 받을 때 '나는 남편 도움이 필요해. 집에 오면 잠시라도 쉬면서 오늘 회사에서 힘들었던 점들을 이야기하고 남편한테 응원을 받고 싶어'라고 생각했을 것이다. 그런데 왜 이런 의사표현을 하는 대신 짜증이나 화가 먼저 입 밖으로 나온 걸까?

미국 캘리포니아 대학교 명예교수인 폴 에크먼은 1992년 다문화 연구를 통해 6가지 기본 감정을 소개했다. 바로 분노Anger, 혐오감Dis-

gust, 두려움Fear, 행복Happiness, 슬픔Sadness, 놀람Surprise이다. 이 6가지
는 인간이 태어날 때부터 유전적으로 가지고 있는, 매우 보편적인 감
정이다. 폴 에크먼에 따르면 인간은 생후 약 3개월부터 1차 감정인
두려움, 분노, 슬픔, 행복감을 느끼기 시작하는데, 이것을 기초 감정
이라고 구분했다.◆ 보통 1차 감정은 생존을 위협하거나 안전하다고
여기는 순간에 즉시 나타나는 보편적 반응이자 즉각적인 생리 시스
템의 반응이다. 또한 원초적인 감정이기에 쉽게 드러나며 얼굴 근육
을 변화시킨다.

　　반면 사회적 감정이라고도 불리는 2차 감정은 생후 약 2년 이
후에 학습을 통해 발달하는 감정을 말한다.■ 1차 감정을 부정하거
나 억제할 때 드러나는 감정도 2차 감정이다. 주로 죄책감Guilt, 수치
심Shame, 환희, 기쁨Pleasure, 존경Respect, 부러움Envy, 우월감Superiority,
향수Nostalgia 등이 해당되며, 인지적 판단이 포함된 다양한 감정을 포
함하고 있다. 특히 분노와 같은 1차 감정은 원한Resentment, 증오Hate,
질투Jealous, 성냄Annoyed 등의 2차 감정을 유발할 수 있다.

◆　　　　Turner, 2009
■　　　　Turner, 2009

1차 감정 (원초적 감정)	• 생존에 결정적 영향을 미침 • 기능적 감정 • 타고나는 것이며 매우 보편적인 감정 • 뚜렷한 감정 상태를 나타냄 • 뇌의 더 깊은 부분에 뿌리를 두고 있음
2차 감정 (사회적 감정)	• 죄책감처럼 방어적이거나 억제하는 감정 • 반드시 보편적으로 인식하거나 표현하는 것은 아님 • 1차 감정을 느끼고 반응하는 감정이자 사회화 과정을 통해 학습된 반응 • 삶의 목표, 가치관, 사회적 거리감, 단절에 영향을 미치기도 함

2차 감정은 동물에게서는 거의 찾아볼 수 없으며, 1차 감정에 비해 표정을 구별하기 어렵고 고립되어 있을 때는 거의 드러나지 않는다는 특징이 있다. 주로 사회문화적 요인의 영향을 받는 복잡한 관계 속에서 유발되기 때문에 인지적 측면을 가진다고 볼 수도 있다.[◆] 죄책감, 수치심, 존경심 등은 특정 사건이나 인물을 긍정 또는 부정함으로써 느끼는 감정이기 때문이다.[■]

예를 들어보자. 화가 나면 누구나 불안해질 수 있다. 시간이 좀 더 지나면 우울로 바뀌기도 한다. 만약 어린 시절 화를 낼 때마다 부모에게 야단을 맞았거나 "화를 내면 나쁜 사람이야", "너, 자꾸 이렇게 화를 내면 나중에 사회생활 못해"라는 말을 지속적으로 들으면서 자

◆   Turner, 2009

■   Lazarus, 1991

랐다면, 성인이 된 후 화가 나는 상황에서 분노가 아닌 두려움을 느낄 수 있다. 화를 내면 나쁜 사람, 감정 조절도 제대로 못하는 다혈질 내지는 분노 조절 못하는 사람으로 낙인찍힐 것이 두려워지기 때문이다.

몇 년 전 큰 인기를 끌었던 드라마 〈동백꽃 필 무렵〉은 어린 시절의 낙인이 개인의 삶에 어떻게 부정적인 영향을 미치는지 잘 보여준다. 소풍날, 주인공 동백이는 1,000원짜리 김밥을 사서 간다. 자녀의 소풍을 따라온 학부모들은 아이들과 떨어져 김밥을 먹는 동백이와 향미를 '마리아', '물망초'라고 부른다. "쟤들이랑 친해지면 골치만 아파. 한 반에 마리아랑 물망초가 다 있을 게 뭐야", "마리아는 엔젤 마리아원 고아. 물망초는 거기 공단 뒷골목 창문 없는 술집 딸이잖아. 알지? 저런 애들이 더 독하고 영악한 거." 동백이와 향미가 이 대화를 들었는지는 모르겠으나, 담임 교사도 학부모와 다르지 않은 시선으로 두 아이를 바라본다. "우리 반 결손가정 애들 알지? 그런 애들 특유의 음침한 거. 하나는 소 죽은 귀신 씐 애처럼 음침하고, 하나는 싹수가 노랗지 뭐."

자신에게 새겨진 낙인 때문에 이미 고통받고 있는데 주변의 시선까지 더해진다면, 그 삶의 무게를 버티기가 쉽지 않을 것이다. 낙인은 생각보다 깊은 상처를 낸다. 그들을 제대로 알기도 전에 거리를 두기 때문에 고립될 수밖에 없다. 사회적 동물인 인간이 감당하기에는 너무나 가혹한 형벌이다.

분노라는 거대한 감정 에너지

우리는 주로 성장 과정에서 감정을 다스리고 대처하는 방법을 배운다. 양육자 중에는 결과와 상관없이 감정 표현을 허용하는 이들이 있는가 하면, 어떠한 감정 표현도 허용하지 않는 양육자도 있다. 가족 내에서도 누구는 감정 표현을 해도 되지만 누구에게는 허용되지 않는 경우도 있다. 특히 자녀에게 "뭘 잘했다고 울어?", "뭐가 좋다고 만날 실실대?", "어디서 감히 큰 소리를 내? 눈에 보이는 게 없어?"처럼 비난하거나 핀잔을 주는 경우가 많다.

그런데 살면서 마주하는 다양한 갈등 상황에서 중심 역할을 하는 분노는, 어린 시절부터 맺어온 다양한 인간관계와 지역 특성의 영향을 많이 받는다. 분노와 격노Rage는 증오, 경쟁심, 원한, 경멸, 시기, 질투, 소유욕 등으로 더 세밀하게 구분할 수 있는데 이러한 감정은 특히 사회의 영향을 크게 받는다.◆

아주 전통적인 견해에서 보면, 분노의 핵심에는 보복심리가 있다. 누스바움■은 분노에 의한 보복이 '전통적 견해'라고 규정했다. 이러한 관점은 고대 그리스 철학자들, 특히 아리스토텔레스의 주장에서도 찾아볼 수 있다. 아리스토텔레스는 분노를 '자신 또는 가까운 사람에게 정당한 이유 없이 가하는 명백히 사소한 일로, 정신적 신체적

◆　Parens, 2008; Williams, 2017
■　Nussbaum, 2015

고통이 수반되는 보복을 하고자 하는 욕망'이라고 했다.[*] 또한 분노는 상대방에게 자신의 고통을 되돌려주고자 하는 욕망이어서, 복수에 성공하면 분노가 사라진다고도 언급했다.

그동안 복수나 처벌은 종종 분노의 정의로운 구성 요소로 간주되었고[■] 특히 누스바움은 분노가 야기하는 징벌의 목적이 감정의 중요한 구성 요소라고 생각했다. 아마 많은 사람들이 분노를 부정적인 감정이라고 생각하는 이유는, 기본적으로 보복을 지향하는 상태라고 느끼기 때문일 것이다. 물론 분노는 그 자체로 매우 징벌적 성격을 띠기 때문에 적대적 감정이라는 인식과 잘 부합하는 것이 사실이다.

분노는 경미하게 드러나는 노여움Fury이나 불쾌감Unpleasant에서 격분Outrage, 격노에 이르기까지 다양한 층위로 이루어진 감정 상태라 할 수 있다. 어떤 이에게는 생존을 좌우하는 감정일 수도 있다. 분노는 교감신경계의 투쟁-도피반응과 관련이 있는데, 이 반응에는 적으로부터 나를 지키도록 돕는 기능이 있다.[*] 어떤 사건이 발생해서 스트레스를 받으면 그에 상응하는 감정이나 정서가 올라오는데, 분노역시 그 사건을 인지하고 평가하고 대처하는 일련의 과정에 걸쳐서 지속적으로 생겨난다.

분노는 매우 흔하고 평범하며, 때로는 합리적이고 정서적인 반응이다. 누군가의 잘못과 부당함을 알리고 상황을 개선하기 위해 표현

◆   Aristotle, 2007
■   Berkowitz & Harmon-Jones, 2004; Frijda, 1994
●   Berkowitz n& Harmon-Jones, 2004

하는 분노는 긍정적이고 건설적이다. 다만, 분노 자체는 나쁜 감정이 아니지만 우리 자신과 다른 사람들에게 끼치는 영향이 매우 크고 심지어 해로울 수도 있다는 점은 주의해야 한다.

미국의 연구 결과, 상황에 맞지 않거나 너무 강렬하거나 잘 통제되지 않는 분노장애의 전반적인 유병률은 7.8퍼센트였다. 남성과 젊은 성인에게 매우 흔하게 드러났으며 심리사회적 기능 감소, 양극성 장애, 약물 의존성, 정신질환 장애, 경계선 성격장애, 분열형 성격장애와도 강한 연관이 있는 것으로 밝혀졌다.◆

우리나라 성인의 분노 관련 유병률은 명확하게 제시된 것이 없으나 국민건강보험공단에 따르면 2022년 '분노조절장애(질병분류코드 F63.8)'로 1차 진단을 받은 진료 건수는 1만 869건으로 2018년의 9,455건보다 15퍼센트 증가했다. 우리는 흔히 분노조절장애라고 부르지만 공식 명칭은 '기타 습관 및 충동장애'이고 '간헐적 폭발성 장애'라고도 부르는데, 이 질환은 '지속적, 반복적으로 표출되는 비적응성 행동'을 보인다는 특징이 있다. 문제는, 현재의 증가 추세로 보면 앞으로 우리 사회에 분노 관련 사건사고가 점점 증가할 것이라는 점이다. 그나마 현재 치료를 받는 사람들은 스스로 문제의식을 가지고 있지만 상담이나 치료를 거부하거나 인식조차 하지 않는 사람들은 사각지대에 놓일 수밖에 없다.

◆   Okuda et al, 2015

아래 그림에서 보듯 분노조절 문제로 가장 많이 치료를 받는 연령대는 20대다. 물론 사회생활 경험이 부족하고 실수나 실패에 대한 내인력이 낮으며 많은 시행착오와 좌절을 경험하는 20대의 특성

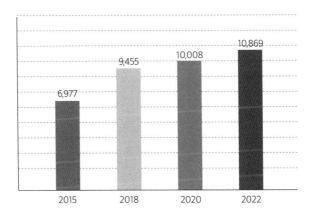

연도별 분노조절 장애의 총 진료 건수

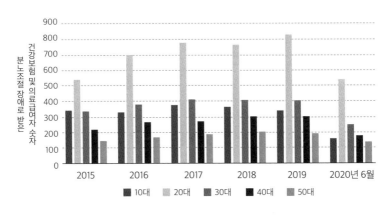

나이대별 치료 건수

* 자료 출처: 국민건강보험공단 및 최혜영 의원실

이 반영된 결과겠지만, 현실의 장벽을 절감하면서 느끼는 무력감이 쌓일수록 이들의 분노가 더욱 커질 수 있다는 섬은 우려하지 않을 수 없다.

건강하지 않은 분노를 가진 사람들은 짜증을 많이 낸다. 사소한 불편함도 그냥 넘기지 못하고 쉽게 감정을 드러내기 때문이다. 어떤 사람들은 자신의 기대에 미치지 못하는 타인의 행동에 실망하면 좌절한다. 일부 사람들은 자신이 세상과 싸우고 있다고 느끼며, 또 어떤 이들은 사회적 권위나 다른 사람의 지시를 따르는 것을 어려워한다. 분노는 생리적 지각을 바탕으로 합리적이거나 비합리적인 신념, 과거의 상처, 특정한 사건 간의 상호작용을 통해 조절되기 때문에 어떤 사람은 분노가 올라오면 참으려 하고, 어떤 사람은 무슨 수를 써서라도 티를 내려고 한다. 분노는 며칠 길게는 몇 주씩 지속될 수 있으며, 의식의 상당 부분을 차지하고 많은 시간과 에너지를 소모시키기도 하는데, 환경에 따라 저마다 차이를 보이기도 한다.

분노는 우리 삶의 일부이고 인간은 누구나 분노를 느낀다. 부정적인 말을 듣거나 불공평한 대우를 받아서, 갑작스레 공격당했을 때 느끼는 무력감과 당혹감, 두려움에 대처하기 위해서 분노하는 것은 힘의 원천이 된다. 지나친 분노가 폭력적인 언행을 할 가능성을 증가시키기도 하지만, 잘만 활용하면 좌절된 욕구를 충족시키기 위한 자기표현의 수단이자 좋은 동기부여가 될 수도 있다. 그래서 분노는 무조건 없애거나 억눌러야 할 대상이 아니다.

학자/기관	분노에 대한 정의
심리학 사전	• 특정인 또는 고의적으로 잘못을 저질렀다고 느끼는 대상에게 적대감을 가지는 감정이다.
앨버트 엑스 Albert F. Ax, 1953	• 생리적 각성이다.
제임스 애버릴 James R. Averill, 1982	• 생물학적 차원에서는 공격적인 시스템, 사회생활, 상징적 의미, 반성적인 자기인식 능력에 관한 갈등 감정이다. • 심리적 차원에서는 잘못된 평가를 교정하는 것을 목표로 하며, 사회문화적 차원에서는 수용된 행동 기준을 유지하는 기능을 한다.
폴 에크먼	• 보편적으로 인식하는 기본 감정이다.
레오나르드 버코위츠 Leonard Berkowitz, 1993	• 특정 대상에게 공격적 경향성을 수반하는 정서다.
레이먼드 노바코 Raymond W. Novaco, 2000	• 혐오 사건을 초래한 사람이나 사물을 부정적인 감정으로 적대시하는 정서 경험이다.
레오나르드 버코위츠 & 에디 하먼-존스 Leonard Berkowitz & Eddie Harmon-Jones, 2004a	• 어떤 대상을 공격하고 싶은 충동과 연관되어 나타나는 특정한 감정, 인지적 반응 및 생리적 반응이다.
미국심리학회	• 좌절감, 부당함, 마음의 상처 때문에 발생하는 기본적인 감정이다.
메리언 웹스터 사전	• 대개 강한 불쾌감과 적대감으로 정의된다.
미셸 시오타 & 제임스 칼라트 Michelle N. Shiota & James W. Kalat, 2012	• 상처를 받거나 불쾌감을 느끼는 것과 관련된 감정 상태로, 불쾌감을 준 사람을 위협하거나 해치려는 욕구다.

좋은 분노, 나쁜 분노, 이상한 분노

감정은 우리가 어떻게 생각하고 행동하는가에 중요한 영향을 미친다. 어떤 행동을 하도록 돕고, 의사결정을 내릴 때도 크고 작은 역할을 한다. '무엇을 좋아하고 싫어하는지, 어떤 것이 상처가 되는지, 무엇을 바라거나 필요로 하는지, 어떻게 살아가고 싶은지'를 알려주는 것이 바로 감정이다. 살면서 경험하는 일부 강렬한 사건에는 그 순간 느낀 감정이 더해져 특별한 의미로 오랫동안 기억되기도 한다. 그렇다면 우리는 감정을 얼마나 잘 알고 있는지, 다음 예시를 통해 살펴보자.

B는 업무 스트레스가 쌓일 때마다 친구들과 술자리를 갖거나 여행을 하면서 해소한다. 가끔 남자 친구도 모임에 함께할 때가 있는데, B는 남자 친구의 행동 때문에 짜증이 나거나 화가 날 때가 많다. 남자 친구가 종종 B를 놀리거나 흉을 보기 때문이다. 물론 술자리에서는 모두가 즐겁게 웃고 넘어가지만, 사실 B는 몹시 불쾌하다.

그래도 B는 친구들과 헤어질 때까지 자신의 감정을 숨기려 애쓴다. 아버지가 어머니에게 자주 화를 내는 모습을 지켜봐야 했던 B는 '화'라는 감정 자체에 거부감이 있다. 아버지가 화를 내면 B와 가족들은 숨을 죽이고 아버지의 화가 누그러지길 기다렸는데, 그때마다 B는 엄청난 긴장과 불안을 느꼈다. 성인이 된 지금도 아버지가 불편해서 대화를 잘 하지 않는다. 만약 모임에서 화를 낸다면 틀림없이 친구들이 자신을 매우 나쁜 사람이라고 생각할 것 같아 두렵다.

많은 사람들이 '감정을 드러내는 것은 내가 비이성적이고 유치하며 나약하다는 증거이며, 원하는 것을 성취하는 데 방해가 될 수 있다'고 생각한다. 심지어 '감정을 믿어서는 안 된다'고 생각하는 사람들도 있다. '감정적인 사람보다 이성적인 사람이 훌륭하고 합리적이다'라는 편견이 어느 정도 있는 것도 사실이다.

그러나 감정은 좋은 것도 나쁜 것도 아니다. 싸워서 이겨야 할 적도 아니다. 우리는 태어날 때부터 분노, 두려움, 기쁨, 슬픔, 흥분, 혐오 같은 다양한 핵심 감정을 느끼도록 만들어진 존재다. 핵심 감정은 우리가 다른 사람들을 이해하고 그들과 소통할 수 있게 도와준다. 슬픔이 누군가에게 위로받을 수 있게 도와준다면, 분노는 누군가와 싸우거나 방어할 수 있게 해준다. 슬픔과 두려움, 분노의 폭풍이 지나가면 그 자리에 평온함, 안도감, 행복감, 만족감, 감사, 겸손, 배려, 경이로움이 찾아온다. 특히 고통스러운 상황에서 느꼈던 감정은 자신과 비슷한 경험을 한 사람들에게 깊이 공감하고 관심을 갖도록 도와준다.

사실 죄책감, 불신, 부정, 억제, 수치심, 통제되지 않음, 낮은 자존감, 의존성, 미성숙, 공감 및 책임감 부족 등은 모두 혼란스럽고 불안정한 환경에서 살아남기 위해 발달한 사회심리학적 특성일 수 있다. 이러한 특성들이 나중에 한두 가지로 강화되면서 그 사람의 성격 특성으로 드러나는 것이다.

그런데 몇 가지 감정이 개인의 특성으로 지나치게 고착화되면 문제를 파악하기가 어렵고, 문제를 인식하더라도 쉽게 변화하기 어렵다. 특히 분노를 너무 과하게 사용하다 보면 '폭발'할 정도로 커지고 통제하기도 어려워진다. 분노를 터뜨리면 처음에는 약간의 후련함도 느끼지만 이런 기분은 대개 짧게 지속될 뿐이고, 이후에는 죄책감을 느끼거나 누적된 분노로 인한 파괴적 행동이 더욱 증폭될 수 있다.

만성적인 고통이나 두려움, 슬픔 대신 분노가 올라오는 경우도 있다. 지속적인 분노도 원망과 증오로 변질될 수 있다. 분노와 함께 '적개심'이 자리 잡으면 복수심도 점점 커진다. 하지만 적개심과 복수심은 뒤틀린 방법으로 정의를 추구할 뿐, 그 자체가 불안정하고 불안한 상태이기 때문에 결국은 불행을 자초할 뿐이다. 이러한 결과 때문에 사람들이 '분노는 나쁘다'라고 생각하는 것이다.

살리크루◆는 감정적 분노 반응을 다음과 같이 네 가지로 구분했다.

유형	내용
1차 적응 반응 Primary Adaptive Responses	• 생물학적이고 진화적인 반응으로, 신체적 학대나 피해를 당했을 때 반응하는 적응적, 건설적인 분노 • 공격, 무시, 재산 피해 등을 입었을 때 나타나는 가장 직접적인 반응이자 자신을 보호하는 데 가장 유리한 방향으로 행동함
1차 부적응 반응 Primary Maladaptive Responses	• 운전 중 분노처럼 과도한 공격성을 동반하며, 파괴적이거나 피해를 입히는 분노 반응 • 주로 해결되지 못한 과거의 문제에 뿌리를 두며, 지금의 감정에 영향을 미치기 때문에 매우 부적응적임

◆　　Salicru, 2021

2차 부적응 반응 Secondary Maladaptive Responses	• 2차적이거나 더 복잡한 감정 경험, 분노 표현 등과 관련됨 • 무시, 모욕 등을 당할 때 느끼는 수치심이 대표적이며 이때 공격성이 증가하고 복수, 보복을 위해 2차 부적응 반응을 보임 • 개인이 느끼는 기본 감정은 주로 은폐하는데, 이를 적응 감정으로 전환하려면 깊은 통찰이 필요하다.
도구적 반응 Instrumental Response	• 일부러 타인을 협박, 위협함으로써 뭔가를 보여주려는 고의적인 분노 반응 • 집단에서 개인을 따돌리는 것이 가장 일반적 • 집단 내에서는 매우 적대적이고 파괴적이지만, 개인은 생존을 위해 도구적 반응을 보이기도 함 • 상대방의 공격을 피하기 위해 괴롭힘 피해자가 또 다른 사람을 괴롭히는 것이 대표적임

대다수 사람들은 분노를 느끼면 상대방과의 관계가 불편해질 것 같아서 우선 그 상황을 회피하려고 한다. 그러나 분노를 잘 다스리고 싶다면 자신의 마음에 더욱 집중하면서 어떤 행동을 취해야 할지 신중하게 생각해볼 필요가 있다. 건강한 삶을 살고 싶어도 그렇게 살지 못하게 만드는 고통이나 두려움이 있다면 당연히 분노할 수 있다. 누군가의 잘못 때문에 자신이 죄를 짓게 된다면 마땅히 분노해야 한다. 잘만 활용하면 분노는 우리가 고통과 죄와 두려움에 맞서게 해주는 유용한 도구가 될 수 있다.

2부

지금부터
분노 수업을
시작합니다

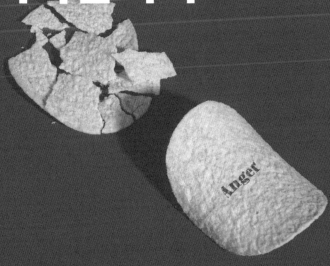

분노의 그림자는 아픔이다.

존 스타인벡
노벨 문학상과 퓰리처상을 수상한 미국의 소설가

3장

화가 날 때 우리의 마음속에서
벌어지는 일들

먼저 한 가지 분명하게 짚고 넘어가자면 쉽게, 자주 분노한다고 해서 자신을 탓할 필요가 없다. 다시는 화를 내지 않겠다, 이제는 정말 차분하고 침착하게 행동하겠다고 여러 번 다짐하고도 매번 어긴다고 해서 수준 낮은 사람이 되는 것도 아니다. 오히려 이런 이유로 죄책감을 느끼는 자신이 가장 고통스러운 사람일 수도 있다.

어쩌면 당신의 분노는 어린 시절 가정에서 받은 상처, 학대, 무시에서 비롯되었을 수 있다. 평소에 화가 많은가? 당신은 그저 오랜 고통을 짊어지고 열심히 살아왔을 뿐이다. 켜켜이 쌓인 고통이 지금껏 마음에 새겨놓은 상처가 너무 깊고 커서 안전함, 안도감, 따뜻한 애정을 느끼기 어려워진 것뿐이다.

사랑받지 못하고, 가치가 없고, 안전하지 않다는 감정이 촉발되는 데는 많은 이유가 필요하지 않다. 오래 참았던 슬픔이나 설움이 분노로 터져 나오기도 한다. 한번 분노가 폭발하면 지금 느끼는 감정을 표현하는 것 외에는 아무것도 중요하지 않은 상태가 되기 때문에 누가 상처받든, 어떤 결과가 생기든 상관없이 일단 감정을 쏟아낸다. 그러나 분노는 일시적인 대처 방식이자 잠시 주변을 통제하는 수단일 뿐이다.

대다수 사람들은 자신이 분노하는 진짜 이유를 모를 수도 있다. 매일 느끼는 수많은 감정을 매번 세세하게 인식할 수 없기 때문이다. 그래서 자주 느끼는 감정을 잘 인식하고 적절하게 관리하는 방법을 안다면 정신건강에 상당한 도움을 받을 수 있다. 그러기 위해서는 먼저 분노가 도움이 되는 경우와 그렇지 않은 경우, 그리고 문제가 되는 경우를 구분할 수 있어야 한다. 당신이 자주 느끼는 분노는 어디에 해당하는지, 그리고 어떻게 반응하면 좋을지 아래 표를 참고하길 바란다.

분노가 도움이 될 때	• 문제의 원인을 파악할 때 • 사회 변화를 촉구하거나 부당한 대우를 받는 사람들을 돕고자 할 때 • 부조리, 차별, 불평등에 저항할 때 • 위험하고 두려운 상황에서 안전을 확보하고자 할 때
분노가 도움이 되지 않을 때	• 나중에 후회할 가능성이 있을 때 • 타인과 갈등을 빚을 가능성이 있을 때 • 죄책감과 수치심을 느낄 때 • 분노가 너무 강해서 다른 감정을 알아차리기 어려울 때 • 자존감에 영향을 미칠 때 • 지나치게 격앙되어 수면과 식욕에 영향을 미칠 때 • 타인을 비난할 때

분노가 심각한 문제가 될 때	• 그 상황을 계속 반추할 때 • 폭력적, 파괴적인 행동으로 사회생활이나 인간관계에 부정적인 영향을 미칠 때 • 끊임없이 자책할 때 • 술이나 약물로 분노를 조절하려 할 때 • 자해나 자살 시도 등으로 자신을 처벌하려 할 때

이번에는 분노를 알아차릴 수 있는 다양한 단서를 살펴보자. 분노는 신체, 행동, 인지, 정서적 단서 등으로 자각할 수도 있다.◆ 아래 내용이 가장 일반적이지만 다른 특별한 경험을 하는 경우도 많다.

분노 단서	내용
신체 단서	• 화가 날 때 신체가 반응하는 방식과 관련이 있음 • 주로 심박수 증가, 가슴 답답함, 열감, 홍조 등으로 나타남
행동 단서	• 분노의 두 번째 신호로, 화가 날 때 하는 행동과 관련이 있음 • 분노가 점점 증폭되고 있다는 신호임 • 주먹 쥐기, 왔다 갔다 하기, 문을 세게 닫기, 목소리 커짐 등이 있음
인지 단서	• 관련 사건을 특정한 방식으로 해석하는 것과 관련이 있음 • 개인의 신념이 반영되기 때문에 분노조절이 어려운 사람일수록 자기대화Self-talk가 매우 비판적이고 적대적임 • 비판, 비하, 모욕, 통제하기 등이 대표적임
정서 단서	• 분노할 때 느끼는 다른 감정들을 포함함 • 버림받거나 무시당했다는 느낌, 두려움, 무례함, 죄책감, 굴욕감, 조바심, 불안감, 질투, 거부감 등

◆   Reilly & Shopshire, 2019

없어도 되는 분노는 없다

우리의 하루가 오케스트라라고 가정해보자. 다양한 사람들이 정해진 시간에 자신의 악기로 연주하는 오케스트라처럼, 하루 동안 여러 감정이 각자의 역할을 하고 사라진다. 어떤 감정은 아침부터 올라와서 하루 종일 이어지고, 어떤 감정은 중간에 불쑥 올라와 짧지만 강렬한 여운을 남긴다. 오케스트라를 연주하는 데 쓸모없는 악기는 없다. 감정도 마찬가지다. 세상에 필요 없거나 나쁘기만 한 감정은 없다. 분노 또한 필요한 시간에 등장해서 자기 목소리를 내고 사라진다면 문제될 것이 없다.

변증법 행동치료의 창시자인 마샤 리네한은 분노가 유발되는 상황을 다음과 같은 6가지 원인으로 분류했다.[*] 1. 고통이 따를 것이라는 기대, 2. 부당한 대우를 받고 있다는 사고, 3. 일이 반드시 다르게 진행됐어야 한다는 사고, 4. "내가 옳아"라는 고정된 사고, 5. 상황이 위법적이고 잘못되었고 불공평하다는 판단, 6. 과거의 분노 유발 상황을 처음부터 다시 반추하려는 사고. 그러나 이 외에도 분노를 유발하는 방식은 거의 무한대에 가깝다. 그만큼 상대방을 온전히 이해한다는 게 쉽지 않은 일이기 때문이다.

고통스러운 상황이 어떤 생각과 결합할 때 분노를 느끼기 쉽다.

---

[*]   Linehan, 1993

분노를 유발하는 생각은 대개 개인의 평가나 추론이나 가정, 또는 특정한 상황에 대한 인지적 해석을 포함한다.◆ 이런 의미에서 보자면 분노는 사회적 감정의 전형일 수밖에 없다. 어떤 사람의 분노가 과연 문제가 되는지, 된다면 왜 문제라고 여기는지에 대한 판단은 결국 그 사람이 느끼는 분노와 그에 따른 행동이 정당하다는 의견에 다른 사람들이 동의하는지 여부에 따라 달라질 수 있다. 분노하는 사람들은 대부분 자신의 분노가 정당하다고 느낀다. 그러나 다른 사람들이 그 의견에 항상 동의하지는 않을 것이다. 어떤 사람의 분노에 대한 사회적 판단은 그 당사자에게 실제적인 결과를 야기한다. 다른 사람들이 그의 분노를 받아들이지 않는다면, 분노한 사람은 그에 상응하는 책임을 질 수밖에 없다.

어떤 사람들은 고통을 느끼는 것보다 화를 내는 것이 더 후련하고 기분이 좋아서, 또는 통제력을 갖기 위해 고통을 분노로 바꾸기도 한다.■ 고통을 분노로 바꾸는 행동은 의식적일 수도, 무의식적일 수도 있다. 고통에 빠진 사람들은 일반적으로 자신의 상황을 생각한다. 그러나 분노하는 사람들은 자신에게 고통을 주는 사람을 어떻게 처리해야 할지 생각한다. 고통을 분노로 대치하면 자신을 향해 있던 초점이 다른 대상으로 전환된다. 그래서 화를 내면 고통스러운 감정을 일

◆　　Wilkowski & Robinson, 2010
■　　Fernandez, 2005

시적으로 피할 수 있다.◆ 또한 분노는 자신의 부족함을 숨기는 데 도움이 된다. 때로는 분노함으로써 정의를 실현하거나 힘을 과시할 수 있으며, 도덕적 우월감을 보여줄 수도 있다.

　최근 연구에 따르면, 분노는 여러 정신질환과 관련된 핵심 감정 중 하나이며, 핵심 감정으로서의 분노는 정신질환의 원인이나 결과로 나타나기도 한다.■ 그러니 자신의 분노 유형과 방식을 잘 파악해두는 것은 정신건강을 지키는 데 매우 유익할 것이다.

　그럼 지금부터는 분노의 일반적인 특징을 소개하겠다. 가장 보편적인 특징이니 잘 기억해두면 도움이 될 것이다.

강도, 빈도, 시간에 따른 분노의 변화 양상

심리학자인 찰스 스필버그Charles D. Spielberger●는 '상태-특성분노' 이론을 통해 분노, 적대감, 공격성의 차이점을 설명했다. 먼저 상태분노State Anger란 어떤 상황이나 시간에 따라 분노 강도가 달라질 수 있는 정서적 상태로, 분노 경험이 일시적으로 드러나는 것을 의미한다. 적대감은 특성분노Trait Anger처럼 개인이 시간, 장소와 관계없이 얼마나 자주 분노를 드러내는지에 관한 성격 특성과 관련이 있다. 공격성은

◆　　　Fernandez, 2005
■　　　Shen et al., 2023
●　　　Spielberger et al., 1988

분노를 표현하는 방식이다. 각각의 차이점을 좀 더 자세히 살펴보자.

먼저 상태 분노는 위협이나 좌절감에 반응하는 일시적인 정서적, 생리적 각성을 말한다. 특정한 상황에서 드러나는 반응으로, 주어진 상황을 개인이 어떻게 인식하고 해석하느냐에 따라 강도와 시간이 달라질 수 있다. 아래 그림은 분노가 공격성으로 드러나는 일련의 과정을 보여준다.◆

특성 분노는 다양한 상황에서 분노하는 일반적인 경향을 나타내는데, 특성 분노가 높은 사람은 특성 분노가 낮은 사람에 비해 더 많이 좌절하거나 상황을 위험하다고 인식해 분노를 표출할 가능성이 높다.

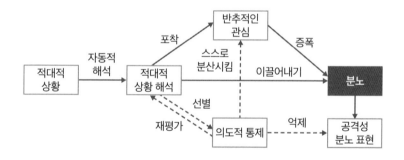

• 실선은 분노와 반응적 공격성이 증가하는 과정을, 점선은 분노와 반응적 공격성이 감소하는 과정을 나타낸다

◆   Wilkowski & Robinson, 2010

이번에는 강도를 살펴보자. 같은 사건을 경험했어도 사람에 따라 분노하는 강도는 다양하게 나타날 수 있으며 지속 시간도 제각각이다. 아래 그림◆에서 보듯 강도가 가장 낮은 상태는 불쾌감이며 좌절감, 격분, 말싸움, 비통함, 복수심, 극대노 상태로 갈수록 강도가 높아진다.

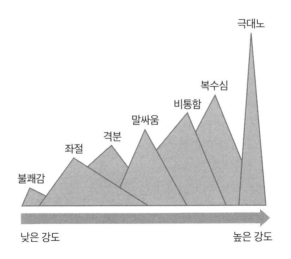

◆   Atlas of Emotions

똑같이 화를 내도 결과는 천차만별

화를 내다 보면 주변에 피해를 줄 것 같은 두려움, 자신의 목표 달성을 방해하는 사람들을 향한 증오심과 혐오감 등을 느끼는 경우가 있다. 만약 어린 시절 감정을 표현했다가 부모나 주변 어른들에게 야단을 맞아 자주 죄책감을 느꼈다면, 이러한 감정을 조금이라도 느끼는 것이 당황스럽거나 수치스러울 수 있다.

하지만 분노가 올라올 때 우리 몸은 우리가 어떤 행동을 할 수 있도록 준비시킨다. 분노는 에너지를 가지고 있기 때문이다. 그 에너지를 좋은 방향으로 사용할지 나쁜 방향으로 사용할지는 전적으로 개인의 선택에 달려 있다. 다음 내용을 통해 분노를 좀 더 자세히 이해해보자.

분노는 자주 경험하는 감정이다

분노는 대부분의 사람들이 자주 경험하는 감정이다. 누군가를 부러워하거나 짜증이 나거나 실망하거나 기분이 상하거나 화가 날 때, 우리는 어떤 형태로든 분노를 경험한다. 분노는 엄청난 에너지를 발휘해 잘못된 상황을 긍정적인 쪽으로 바꾸도록 돕기도 하지만, 주변을 파괴하는 행동으로 이어질 수도 있다.

분노는 핵심 감정이지만, 부차적인 감정이 될 수도 있다

분노는 종종 상처, 좌절, 두려움 같은 1차 감정에 반응하는 2차 감정이 되기도 한다. 분노는 어떤 종류의 고통을 느껴도 거의 자동으로 따라오는 반응이기 때문이다. 중요한 것은, 개인이 어떤 사건으로 분노할 때, 그가 느끼는 감정이 유일하게 분노만 있는 경우는 거의 없다는 점이다. 분노 아래에는 항상 여러 감정이 숨어 있게 마련이다.

아래 그림에서 보듯이 분노는 다른 정서로 촉진되거나 억제될 수 있다. 촉진 관계일 때는 기쁨이 불안을, 불안이 슬픔을, 슬픔이 두려움을, 두려움이 분노를 촉진한다. 억제 관계에서는 기쁨이 슬픔을, 슬픔이 분노를, 분노가 불안을, 불안이 두려움을, 두려움은 기쁨을 억제한다. 그래서 화를 내고 나서 슬퍼지면 공격의 수준이 다소 낮아지고, 두려움을 느끼면 더 높은 수준의 분노가 올라온다.◆

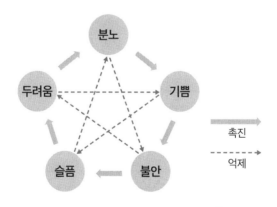

다양한 정서가 불러오는 감정 간의 관계 ▪

◆   Zhan et al., 2015

▪   Zhan et al., 2015

분노는 공격성도, 적대감도 아니다

분노는 느낌이나 감정을, 공격성은 적대적이고 파괴적이고 폭력적인 행동을 의미한다. 상대방에게 피해를 주거나 무언가를 파괴할 목적으로 가하는 모든 행동은 공격성에 해당한다. 폭행, 물건 던지기, 재산상 피해, 자해, 언어적 위협이나 욕설은 모두 공격성을 띤 행동이다. 공격성은 적대적이고 무례하고 강압적, 억압적인 행동이나 특성으로 간주되며 대개 보복 차원에서 발생하지만 구체적 목적 없이 발생할 수도 있다.◆

공격성은 각성 상태에서 벌이는 의도하지 않았던 싸움부터 특정인에게 피해를 끼치려는 계획적, 고의적인 공격에 이르기까지 다양하며 보통 반응적 공격성Reactive Aggression과 능동적 공격성Proactive Aggression으로 구분한다.■

반응적 공격성의 경우 어떤 문제가 발생하거나 누군가가 도발했을 때 방어적인 태도를 취하는 경우가 대표적인데, 자신이 받은 공격에 보복하려는 수단으로 분노를 사용한다. 부정적이거나 불안정한 감정을 보이는 것이 특징으로, 공격 후 충동적인 반응을 일으키기 쉽다. 반면 능동적 공격성의 대표적인 예시는 의도적, 계획적으로 가하는 전투적이고 냉철한 행동으로, 주로 상대방을 공격할 때의 쾌감이나 만족감 혹은 목표 달성을 위해 가하는 경우가 많다.◆ 반응적 공격

◆　　　Shahsavarani & Noohi, 2014

■　　　Dodge, 1991

●　　　Crick, & Dodge, 1996

성이 "화가 나서 공격했다"라면 능동적 공격성은 "누가 위인지 보여주려고 싸웠다"라고 할 수 있다.

물론 모든 공격성이 분노 때문에 나타나는 것은 아니며, 모든 분노가 공격성을 초래하지도 않는다.♦ 하지만 다양한 공격 행동을 하는 데 중요한 역할을 한다는 사실은 분명하다.■ 분노는 성폭력을 발생시키는 주요 요인이 될 수도 있고, 분노조절에 실패할 경우 성인지 왜곡이 발생해 성범죄율이 증가하기도 한다.● 강간 또한 분노를 표출하는 수단이 된다. 분노는 성범죄의 중요한 요인이며,▲ 분노 폭발이 강간범의 재범률을 증가시키기도 한다.★

공격적인 행동을 줄이기 위해서라도 자기조절능력과 분노 관리는 필수적이다. 그러나 분노 관리가 신체적, 언어적 공격성을 완화시키는 데는 긍정적인 영향을 주지만, 애정을 바탕으로 하는 관계에서는 별 도움을 주지는 못한다는 연구 결과가 있다.▼ 따라서 자신에게 내재되어 있는 공격성은 어떤 유형인지 생각해보고 그에 맞는 전략을 세우지 않으면, 아무리 감정 조절을 하더라도 별다른 효과가 없을 수 있음을 기억해야 한다.

- ♦   Averill, 1982
- ■   Liu et al., 2013
- ●   Beech & Ward, 2016
- ▲   Stevens, 2001
- ★   Knight & Thomton, 2007
- ▼   Dewi & Kyranides, 2022

어떤 분노가 폭력으로 이어질까

H는 아내가 평소 가지고 있던 불만을 한꺼번에 쏟아낼 때마다 화가 치민다. 아내는 "당신은 항상 늦게 와. 일부러 늦는 건 아니겠지만", "이제는 당신이 무슨 말을 해도 믿을 수가 없어" 같은 말을 자주 한다. 그런데 H가 아내의 행동을 지적하면 "사람이 바쁘면 그럴 수도 있지" 하고 넘긴다. 아내가 욕설을 하거나 물건을 던지는 것도 아닌데, H는 점점 부부관계가 파국으로 치닫는 것 같다고 느낀다. 어느 날은 아내가 짐을 싸서 친정으로 가버리기까지 했다. H의 입장에서는 아내가 지적하는 것들은 하나하나 기억하기 어려울 정도로 사소한 일인데, 매번 싸우기만 하고 해결되는 건 없다 보니 점점 지쳐간다고 느낀다.

대다수 인간관계가 거친 욕설보다는 소통 방식 때문에 갈등을 빚는다. 상대방이 죄책감을 느끼고 잘못을 인정하기를 바라는 마음, 자신이 옳았음을 확인받고 싶은 마음, 그래서 앞으로는 상대방이 자신의 말을 따라주기를 바라는 마음이 클 것이다. 그러나 진정한 승리는 강제로 얻는 것이 아니다. 이러한 관계는 한쪽이 승리감을 채 느끼기도 전에 망가지기 때문이다. 분노, 공격성, 폭력성은 언뜻 비슷해 보이지만 분명 다르다. 다음 표를 통해 살펴보자.

	특징	주요 원인	강도
분노	강한 불쾌감, 적대감을 나타냄	좌절감, 억울함, 두려움 등으로 주로 발생함	적절히 관리하면 긍정적인 방향으로 사용할 수 있음
공격성	통제하려는 의도가 있으며 물리력을 동반한 행동이나 절차로 나타남 예) 이유 없는 공격	분노, 정신건강 문제 등으로 주로 발생함	파괴적인 행동을 야기할 수 있음
폭력성	상대방을 폭행, 학대하거나 기물을 손상, 파괴하기 위해 물리력을 행사함	분노, 악의적 의도로 주로 발생함	파괴적인 결과를 초래할 수 있음

충동성이 야기하는 강렬한 분노

충동성Impulsivity은 신속하면서 조급한 행동과, 결코 바람직하지 않은 결과가 생길 수 있다는 점을 충분히 고려하지 않는 성향을 말한다.◆ 흔히들 성급하거나 자기조절능력이 부족할 때 충동성이 강해진다고 알고 있는데, 그렇지 않다. 다만 통찰력이 부족하거나 장기적인 이익보다 당장의 이익을 추구할 때 충동성이 강해질 수는 있다. 아마 정신장애 진단 기준에서 충동성보다 더 자주 언급되는 증상은 거의 없을 것이다.■

충동적인 공격은 의사소통 과정에서도 다양한 형태로 나타나며,

◆   Dalley & Robbins, 2017
■   Berlin & Hollander, 2014

파괴적인 대립으로 이어질 수 있다. 상황에 맞지 않은 갑작스럽고 격렬한 행동, 자발적이고 계획되지 않은 반응, 분노나 좌절감을 파괴적인 방식으로 드러내기도 하는데 이를테면 소리 지르기, 거친 욕설, 위협적인 말이나 행동 등이 여기에 해당한다. 특히 조직에서 건강한 의사소통을 하고 싶다면 충동성을 이해하고 관리하는 것이 필수다. 아래 표를 통해 의사소통 과정에서 발생할 수 있는 충동성을 살펴보자.

유형	내용
끼어들기	상대방을 통제하기 위해 말을 가로채거나 목소리를 높이는 행위
사소한 말실수를 비난하기	상대방이 작은 실수를 했을 때 감정을 조절하지 않고 가혹하게 비난 또는 분노하는 행위
말하는 도중에 끼어들어 비판하기	공적인 자리에서 이성적으로 판단하지 않고 적절한 선을 넘는 수준으로 상대방을 비판하는 행위
건설적인 피드백을 거부하기	도움이 되는 아이디어나 제안을 신중하게 검토하지 않고 적대감을 드러내며 거부하는 행위
비아냥거리기	대화 도중 갈등이 벌어졌을 때 비아냥거리는 말투로 긴장감을 고조시키는 행위
소리 지르기	크고 공격적인 목소리를 사용하는 행위
모욕하기	인신공격이나 모욕적인 발언으로 상대방을 공격하는 행위
문을 세게 닫거나 물건 던지기	다른 사람을 위협하기 위해 행동으로 분노를 드러내는 행위
합의 없이 최후통첩 하기	다른 사람의 의견을 듣지 않고 결정을 강요하는 행위
조롱 또는 비하하기	다른 사람의 입장과 의견을 고려하지 않고 무시하거나 조롱하는 행위

충동적으로 결정하기	성급하게 결정하고 나중에 실망스러운 결과를 초래하는 행위
대화 도중에 즉각적 수용을 요구하기	즉시 답변하라고 무리하게 요구함으로써 부족한 인내심을 드러내는 행위
비언어적 표현으로 무시하기	표정, 시선, 몸짓 등으로 비웃거나 무시한다는 태도를 보이는 행위
추측하기	다른 사람의 의도를 확인하지 않고 성급하게 결론을 내리는 행위
의견 불일치 시 위협하기	자신의 의사를 관철하기 위해 협박하는 행위
타협을 거부하기	타협이나 해결책을 고려하지 않는 행위
상대방의 감정을 무시하기	자신의 말이 다른 사람에게 어떤 영향을 미칠지 무감각하거나 무관심한 태도를 보이는 행위
과민 반응하기	사소한 문제에 과도한 분노나 좌절감을 표현하는 행위
비난하는 언어를 불필요하게 사용하기	위협적인 상황이 아닌데도 비난함으로써 적대적인 분위기를 조성하는 행위
변화에 적대적으로 반응하기	새로운 변화나 아이디어를 거부 또는 방어하는 행위

충동성의 주요 원인 중 하나는 감정조절 장애다. 감정조절이 어려운 사람은 분노, 좌절, 불안한 순간에 충동적으로 화를 낼 수 있다. 과거의 트라우마나 건강하지 않은 가정환경에서 성장한 사람들 중에는 '다소 공격적인 행동이 패턴화된 경우'도 있다. 경제적 어려움, 업무 압박, 인간관계 같은 외부 스트레스 요인이 공격성을 유발할 수도 있다. 그래서 적절한 대처법을 아는 것이 중요하다.

높은 충동성은 사회부적응과도 밀접한 관련이 있기 때문에 뇌의 특징을 잘 알아두는 것도 도움이 된다.[◆] 앞서 설명했듯 충동성은 성격이 무례하거나 통제력이 부족해서 나타나는 것이 아니고, 뇌의 반응 결과이기 때문이다.[■]

우리 뇌는 전전두엽 피질에서 의사결정과 추론을 담당하고 전전두피질은 언어, 공간 학습, 의식적 사고, 판단, 의사결정 같은 고차원적인 기능을 수행한다. 즉, 전전두피질이 우리가 합리적이고 건전한 결정을 내리고, 충동성을 자제할 수 있도록 도와준다. 만약 전전두엽 피질이 제대로 기능하지 않으면 그 반대 현상이 발생할 수밖에 없다.

충동적으로 행동하는 경향이 감정의 인식과 표현 방식에 영향을 미친다는 사실은 분명하다.[●] 특히 어떤 충동성은 분노 행동에도 중요한 영향을 미친다.[▲] 예를 들어, 충동조절능력이 낮은 사람은 음식이나 술을 덜 먹거나 욕설을 자제하기가 어렵다.

건강한 분노는 긍정적인 잠재력을 가지고 있다

분노는 부정적인 것, 문제가 되는 것, 제거하거나 해결해야 하는 것이라고 생각하는 사람들이 많지만, 우리에게 큰 기회를 주기도 한다. 《분노의 장점: 분노의 놀라운 이점과 그것이 어떻게 여성의 삶을 바꿀 수 있는지에 관하여The Anger Advantage: The Surprising Benefits of Anger and How

---

◆   Bari & Robbins, 2013
■   Bari & Robbins, 2013
●   Whiteside & Lynam, 2001
▲   Moeller et al., 2001

it Can Change a Woman's Life》를 쓴 심리치료자인 데보라 콕스Deborah Cox 와 동료들은◆ 분노의 장점을 아래와 같이 구체적으로 제시한다.

- 우리가 누구이고 무엇을 원하는지 더 명확한 통찰력을 얻을 수 있다.
- 관계 내에서 건강한 경계를 설정하고 유지하는 방법을 배우고, 깊은 관계를 맺는 법을 알 수 있다.
- 분노를 숨기려 할수록 두통, 우울증 등 여러 가지 신체 질병에 걸릴 위험이 있는 만큼, 분노를 받아들이고 개방적이고 생산적인 방식으로 표현할 때 삶을 긍정적으로 변화시킬 수 있다.
- 불필요한 죄책감, 수치심, 자책으로부터 자신을 보호할 수 있다.

분노는 마음이 보내는 신호다

분노는 우리가 관심을 기울이고, 배우고, 성장하고, 성숙해질 수 있는 기회를 제공한다. 그래서 그 신호를 알아차리고 의미를 이해하는 것이 매우 중요하다.

◆   Cox et al., 2003

4장

화가 날 때 우리의 머릿속에서 벌어지는 일들

감정은 두 개의 아몬드처럼 생긴 뇌의 편도체에서 주로 인지한다. 편도체는 위협을 느끼면 정보를 보내 우리를 보호하도록 조치를 취하는 뇌의 한 부위다. 편도체는 위협에 대한 경고를 매우 효율적으로 전달하기 때문에 이 경고 반응이 합리적인지를 뇌의 피질이 미처 확인하기도 전에 우리가 먼저 반응하는 경향이 있다. 다시 말해, 인간의 뇌는 어떤 결과를 제대로 평가하기 전에 우리가 먼저 행동하도록 서로 연결되어 있다. 즉, 분노를 적절하게 관리하는 방법은 타고나는 것이 아니라, 스스로 배워야 하는 기술인 셈이다.

화가 나면 근육이 긴장하고 뇌에서는 카테콜아민이라는 신경전달물질이 분비되어 몇 분 만에 에너지가 폭발한다. 동시에 심박수가 빨라지고 혈압이 상승하며 호흡수가 증가한다. 팔다리에 혈류가 증가하면서 얼굴이 벌겋게 달아오르기도 한다. 집중력이 흐려져서 분노하는 대상에게만 신경이 집중되기도 한다. 뒤이어 뇌의 신경전달물질과 아드레날린과 노르아드레날린이 분비되면 지속적인 각성 상태가 되는데◆ 여기까지 오면 우리 몸이 싸울 준비를 갖추었다는 뜻이다.

특히 대뇌피질의 섬엽은 불공정하고 불공평한 신호를 감지했을 때 가장 크게 반응을 한다. 섬엽은 전두엽, 측두엽, 두정엽에 둘러싸여 있는데 주로 불쾌한 감정, 분노, 역겨움을 느낄 때 활성화된다. 편도체 옆에는 기억을 담당하는 해마가 있다. 감정을 억제하면 기억신경세포도 일부만 관여하기 때문에 기억력도 자연스럽게 떨어진다.

뇌도 우리와 함께 싸울 준비를 한다

우리가 화를 낼 때는 뇌도 우리와 함께 준비 단계와 이완 단계를 거친다. 준비 단계는 상대방과 싸우기 위해 자원을 동원하는 단계, 이완 단계는 상대방과 더 이상 접촉하지 않거나 즉각적인 위협이 없을 때 휴식 상태로 돌아가 긴장을 푸는 단계다. 그런데 일단 화가 난 상태에서 쉽게 이완하기는 어렵다. 화를 낼 때 분비되는 아드레날린으로 인한 각성은 매우 오랜 시간 지속되는데다 분노 역치를 낮추어 나중에 또다시 쉽게 화를 내도록 만들기 때문이다. 그래서 격렬하게 화를 낸 후 분노가 다소 가라앉았어도 이전의 평온한 상태로 돌아가기

◆　　　Stemmler & Wacker, 2010

까지는 생각보다 오랜 시간이 걸린다.

편도체가 감정을 처리한다면 전전두엽 피실은 판단을 처리하고 상황을 통제한다. 우리가 분노를 통제한다는 것은 전전두엽 피질이 편도체보다 활성화되어, 분노하는 방식을 통제한다는 뜻이기도 하다.[◆] 따라서 평소에 각성 상태를 완화시키거나 편도체 활동을 감소시키는 이완 기법, 상대방이 지나치게 감정적인 반응을 보일 때 무시하는 법 등을 연습해두면 분노를 가라앉히는 데 도움이 된다.

화가 날 때 주의하지 않으면 분노가 점점 증폭되는 이유는 이러한 뇌의 활동 때문이다. 다른 감정들과 마찬가지로 분노도 일단 최고조에 도달하면, 생각하고 자제하기란 거의 불가능해진다.

성취 욕구가 강하고 최고가 되고자 하며 경쟁적인, 시간에 자주 쫓기며 조급함을 느끼는 Type A유형의 사람들은 실제로 심장병이나 뇌혈관장애가 잘 발생한다. 10년에 걸친 연구에 따르면, 자주 분노하는 사람은 관상동맥질환에 걸릴 위험이 더 높은 것으로 밝혀졌으며[■] 신경계, 내분비계, 심혈관계에도 악영향이 생길 수밖에 없다.[●] 특히 자기 자신에게 쉽게 분노하는 사람들은 우울증을 앓을 수도 있다.

분노 표현과 고혈압의 연관성을 조사한 연구도 있다. 연구에 따르면 고혈압은 분노를 적극적으로 표현하는 사람들이 가진 사회 적

◆   Alia-Klein et al., 2020
■   Davidson & Mostofsky, 2010
●   Titova et al., 2022

응 부족과 매우 높은 관련이 있었다.◆ 미국 존스홉킨스 의과대학 교수인 셰리타 힐 골든Sherita Hill Golden과 연구진■이 발표한 연구에 따르면 분노의 정도에 따라 제2형 당뇨병도 예측할 수 있다. 연구진이 48~67세의 비당뇨 성인 1만 1,615명 이상을 대상으로 6년 동안 제2형 당뇨병 발병을 추적한 결과, 특정 분노 점수가 가장 높은 사람들은 다른 사람들에 비해 당뇨병 발병 위험이 34퍼센트 증가했다.

단 한 번의 분노가 심장마비를 유발할 수도 있다. 하버드 대학교 연구진이 심장마비 발생 4일 후 1,623명의 환자를 면담하면서 이들의 분노 수준을 측정하고, 심장마비 직전 26시간 동안 느낀 분노 지수와 지난 1년간 분노를 느낀 에피소드의 강도를 평가했다. 그 결과, 환자의 격렬한 분노가 심장에 부정적인 영향을 미쳤으며 만약 심장마비 전 2시간 동안 분노를 느꼈다면 심장마비 위험이 두 배 이상 증가했다고 보고했다.●

분노가 여성 건강에 특히 문제를 일으키는 경우도 있다. 대표적인 것이 폭식과 구토인데, 이것은 폭식증과 관련이 있다.▲ 드라마를 보면 화가 난 여성 주인공이 큰 양푼에 비빔밥을 만들어 먹는 장면이 종종 등장하는데, 이러한 설정에도 근거가 있는 셈이다.

◆　　Larkin & Zayfert, 2004
■　　Golden et al., 2006
●　　https://www.health.harvard.edu/heart-health/anger-heartbreaking-at-any-age.
▲　　Engel & Boseck, 2007

어느 나라에서 태어났는지 여부가
우리의 분노에 미치는 영향

폴 에크먼 교수는 감정이 유전적으로 결정된다고 주장했다. 대부분의 문화권에서 감정에 따른 얼굴 표정을 동일하게 해석하기 때문이다. 그는 특히 화를 내거나 화가 났음을 알아차리는 방식은 모든 사람에게 보편적이라고 주장한다. 더욱이 분노는 사회적 유대를 방해하고 신체적, 심리적 피해를 야기하고 보복을 초래할 가능성이 있기 때문에 어떤 문화권에서도 위험한 감정으로 해석될 수 있다.

이러한 이유로 분노는 문화 간 차이를 가장 극명하게 보여줄 수 있다. 개별성과 독립성을 중시하는 개인주의 문화권에서는 분노가 어느 정도 용인되지만, 집단주의 문화에서는 연대하고 조화를 이루는 것을 훨씬 중요한 가치로 여기기 때문이다. 연구에 따르면 분노를 제외한 다른 부정적인 감정, 예를 들면 죄책감이나 불안 등에서는 문화 간 차이가 발견되지 않았다고 한다.◆

분노를 표현하는 것이 어떤 면에서는 각 문화권의 영향을 받지만 어떤 점에서는 문화권과 상관없이 보편적인 특성을 지니기도 한다. 일찍이 에크먼과 프리센■은 개인이 느끼는 감정을 '더 많이 증폭시키거나 덜 보여주기, 아무것도 보여주지 않기, 다른 감정과 함께 보여주기, 감정을 감추고 다른 감정으로 보여주기' 등 여러 가지 방식으

◆   Kitayama et al., 2006
■   Ekman & Friesen, 1969

로 관리할 수 있다고 언급했다. 개인에 따라서는 자신의 감정을 있는 그대로 모두 보여줄 수도 있지만 우리의 사회적, 문화적 특성을 감안하면 사실 모든 감정을 다 드러내면서 살기란 불가능한 지점도 있다.

한국인과 미국인이 화를 내는 방식을 연구한 결과를 살펴보면 한국인은 주로 친밀하지 않은 사람들에게서 분노를 느끼거나 자신의 감정을 드러낸 반면, 미국인들은 친밀한 사람들에게 분노를 자주 느끼거나 표현하는 것으로 나타났다.◆ 개인주의는 집단 내에서 각자의 독특하고 독립적인 위치를 인정하지만 집단주의에서는 전반적인 응집력과 서로의 조화를 강조하기 때문에▪ 개인주의가 강한 집단에서는 자신의 감정을 솔직하게 표현하는 것이 자아실현의 방법이 될 수도 있음을 확인할 수 있다.

하지만 우리나라 같은 집단주의 문화권에서는 구성원 간의 관계가 매우 중요해서 상대방에게 화를 냈다가 자신이 매우 부정적인 사람으로 간주될 수 있다. 다른 사람에게 직접 분노를 표현하거나 갈등을 빚는 것이 무례하다는 평가를 받을 수 있기 때문이다. 이러한 특성 때문에 우리나라에서는 상대방을 잘 이해하기가 어렵고, 조직 내에서는 업무상 과실로 이어지는 경우도 많다.

이렇듯 우리만의 고유한 문화적 특성은 조직 내에서의 상하관계를 강화시키고 감정을 표현하는 방식에도 차등을 두어 인간관계에도

◆　　　전겸구 등, 2000

▪　　　Kitayama & Markus, 1994

영향을 미친다. 사람들은 대체로 자신보다 지위가 높은 사람들에게 분노 표현을 최소화할 가능성이 높다.♦ 물론 상사에게 가급적 화를 내지 않는 것은 문화권을 막론하고 보편적이지만, 누가 더 사회적 지위가 높다고 생각하는지와, 어떻게 감정 표현을 최소화하는지 여부는 각 문화권에 따라 달라질 수 있다.■

그렇다면 미국인들과 일본인들이 사회적 지위에 따라 분노를 표현하는 방식에도 차이가 있을까? 박지영 외 연구팀(2013)의 결과에 따르면, 미국인들은 분노 표현이 '주관적'인 사회적 지위의 영향을 받았고, 일본인들은 '객관적'인 사회적 지위의 영향을 받았다. 미국에서는 주관적으로 인지한 부정적인 경험이 분노 표현 방식에 영향을 미쳤지만 일본에서는 '사회적 권력과 지위'를 가진 사람이 분노를 표현하기가 더 쉽다고 느낀다는 것이다. 우리나라도 마찬가지인데 이른바 대한항공 땅콩 회항 사건에서 보듯, 사회적 권력은 개인이 분노를 어디까지 표출할 수 있는지에 대한 매우 중요한 척도로 작용한다.

성별이 우리의 분노에 미치는 영향

흔히 남성이 여성보다 공격적이고 화를 많이 낸다고 생각하는데, 어쩌면 남성이 성장 과정에서 약점을 감추고 당당함과 강인함을 드러

♦　　　Matsumoto & Yoo., 2006

■　　　Matsumoto et al., 2010

내라고 요구받기 때문일 수 있다. 또한 남성이 여성보다 실제로 더 화를 잘 낸다고 단정할 수는 없다. 호주 커틴대학교 심리학과 밀로프체비치 교수와 동료들의 연구에 따르면 성별 차이가 아닌 성 역할의 차이가 분노를 느끼고 표현하고 통제하는 것과 관련이 있다고 밝혀졌다. 특히 분노를 표출하는 대상이 남성이냐 여성이냐에 따라서 양쪽 모두 약간의 영향을 받는 것으로 밝혀졌다.◆

　미국의 대표적인 분노 연구자인 테네시 대학교 녹스빌의 산드라 토마스 교수에 따르면, 여성의 분노는 자신의 권력이나 능력을 거절당하거나 부당한 대우를 받거나 상대방의 무책임으로 인한 문제와 관련이 있다. 이 연구에 참여한 여성들은 분노를 '혼란스러운 감정'이라고 생각했으며 상처, 슬픔, 환멸과 깊은 연관이 있다고 보고했다. 또한 여성은 성장 과정에서 분노를 건강하게 표현하는 법을 거의 배운 적이 없으며, 분노와 관련해 가장 밀접하게 느끼는 문제는 무력감인 것으로 나타났다. 변화나 개선을 바라지만 상대방이 이러한 자신의 생각을 들어주지 않는다고 느낄 때 무력감을 느끼기 때문이다. 또한 여성이 성취하기 위해 누군가와 경쟁할 때 느끼는 분노는 자기 자신을 향하는 경우가 많았다.

　또한 산드라 토마스는 여성의 9퍼센트만이 자신을 화나게 하는 사람에게 분노를 표현한다는 사실을 알아냈다. 실험 참가자 중 건강한 방식으로 분노를 표현하는 여성 '롤 모델'이 있다고 답한 경우는

◆　　　Milovchevich et al., 2001

거의 없었으나 남성은 주먹다짐을 하거나 몸으로 분노를 표출해도 '남성적이거나 남자답다'고 간주되었다.◆

여성이 화가 나면 혼자서 삐치거나 험담을 하는 등 수동공격적인 행동을 하는 경우가 많은 이유도 여성이 화를 내는 것은 불쾌하고 여성스럽지 않다는 의미로 받아들여지기 때문이다. 그러다 보니 여성은 화를 참거나 회피하는 것이 좀 더 바람직하다는 사회적 인식 때문에 분노를 직접 표현하지 않게 된다. 이 과정에서 어쩌면 여성들은 자신이 원하는 것을 얻기 위해 다른 방식을 찾았을 수도 있다. 주목할 것은, 여성의 분노를 유발하는 공격자들은 낯선 사람이 아니라 가장 가까운 사람인 경우가 많다는 점이다.

산드라 토마스의 또 다른 연구■ 결과에 따르면 남성의 공격성은 자주 오해를 받고 있다. 그는 그 이유로 남성들은 뉘앙스가 미묘하게 다른 감정에 관해 깊은 대화를 한 적이 없어서일 수 있다고 지적한다. 특히 이 연구에 참여한 모든 남성들은 분노는 문제가 있고 불편한 감정이라고 지각했으며, 상황을 개선할 수 있다는 장점보다는 위험하고 파괴적이라는 단점을 더 언급했다. 뉴욕 세인트존스 대학교 심리학과의 레이몬드 디주세페Raymond DiGiuseppe 교수팀●도 분노를 경험하는 방식, 지속 시간, 분노하는 대상 등을 연구한 결과 남성과 여성의 총 분노 점수에는 큰 차이가 없었지만, 분노를 경험하는 방식에

◆   Thomas, 2005
■   Thomas, 2003
●   DiGiuseppe & Tafrate, 2004

는 차이가 있음을 발견했다. 남성은 신체적 공격성, 수동공격성, 충동적으로 분노를 표출했던 경험에서 더 높은 점수를 받았고, 분노의 동기가 복수심인 경우가 더 많았으며, 다른 사람에게 강요한다는 점에서 더 높은 점수를 받았다. 여성은 남성에 비해 더 오래 화를 내고 더 억울해하며 감정을 덜 표현하는 것으로 나타났다.

이번에는 영국 더럼 대학교 심리학과의 앤 캠벨Anne Campbell 교수와 동료들◆의 연구 결과를 살펴보자. 그에 따르면 남성과 여성은 자신이 타인에게 드러내는 공격성에 대해 서로 다른 사회적 기대치를 가진다. 남성은 공격성을 사회적 보상을 얻기 위해 권력을 획득하고 행사하는 수단이라고 본 반면, 여성은 일종의 카타르시스를 느끼게 하는 행위라고 여겼다. 캠벨■은 타인에게 자신의 권력을 확인시켜주기 때문에 공격성이 좋은 감정이라고 느꼈지만, 산드라 토마스의 연구에 참여한 모든 남성은 분노가 문제가 있고 불편한 감정이라고 지각했으며 잘못을 바로잡을 수 있다는 잠재력보다는 위험하고 파괴적이라는 점을 더 언급했다. 또한 남성과 여성 모두 화가 났을 때는 명확하고 솔직하게 표현하고 문제해결 기술을 사용하는 것이 중요하다고 강조했지만● 성별과 관계없이 모든 사람은 상대방의 무시, 거절, 무관심에 불편감을 드러내는 것보다 화를 내는 것이 더 쉽게 느껴진

◆ Campbell et al., 1992
■ Campbell, 1993
● Thomas, 2005

다고 답했다. 콕스와 동료들◆은 분노를 조절하는 근본적인 과정에는 성별 차이가 없으며 자신의 감정을 숨기려 하거나 무책임하게 외부로 투사하는 여성들의 경우 불안, 초조, 긴장, 공황발작의 위험이 더 높다고 제언했다.

한편, 여러 선행 연구에 따르면 대개 여성은 공격성을 직접 드러내기보다 의도를 숨기고 상대방에게 해를 가하는 간접적인 방식으로 사용했다.■ 아마 개방된 공간에서 분노를 직접 표현하는 것이 인간관계를 위협한다는 생각에 가급적이면 감정을 숨기도록 영향을 받았기 때문일 것이다.● 그 결과, 여성은 분노를 억제, 회피하거나 간접적인 형태로 전환하는 형태로 감정을 표현하는 경우가 많을 수 있다.▲

지금까지 살펴보았듯, 남성이 항상 여성보다 분노를 적극적으로 드러내는 것은 아니다. 오히려 성별보다는 사회문화적 특성이나 양육자의 훈육 방식, 이를테면 여성은 화를 내면 안 되고 남성은 항상 씩씩해야 한다는 말을 많이 듣고 자라기 때문에 이런 차이가 발생할 가능성이 크다고 볼 수 있다. 특히 한국 여성들은 분노가 부적절하고 부정적인 감정이라고 생각해 억제하는 경우가 많은데 이런 생각이 화병, 우울증, 불안을 증폭시킨다.

◆   Cox et al., 2003
■   Archer & Coyne, 2005
●   Hatch & Forgays, 2001
▲   Cox et al., 2004

나이가 우리의 분노에 미치는 영향

미국에서는 성인 13명 중 1명이 직장 생활이나 인간관계에 악영향을 미칠 정도의 분노를 가졌으며 젊은 남성일수록 이런 경향이 컸다.◆ 남성이 여성보다 감정을 호소할 가능성도 더 높았는데, 사회에서 남성의 공격적인 행동을 수용하는 범위가 넓을수록 이들의 분노 표현도 증가했다.▪

그런데 선행 연구 중에, 유독 40대 여성 직장인은 다른 연령대의 여성보다 직장에서의 분노 점수가 훨씬 높았고 40대 남성에 비하면 거의 두 배 높은 결과를 보였다는 점은 주목할 만하다. 20~30대 젊은 여성은 분노 표현에서 평균 점수가 가장 높았다.● 비록 오래전에 발표된 결과이지만 '왜 여성 중에서도 젊은 여성은 분노 표현 성향에서 가장 높은 점수를 얻고, 심지어 또래 남성보다 더 높을까? 40대 여성이 직장에서 느끼는 분노는 왜 40대 남성보다 거의 두 배 더 높을까?' 하는 점은 생각해볼 문제다.

먼저, 젊은 여성은 또래 남성보다 공감 능력이 뛰어나고 사회적 전략을 잘 활용할 수 있지만 역기능적인 분노반추Anger Rumination를 자주 한다는 점을 고려할 수 있다. 남성은 사회생활을 할수록 방어적이 되어 감정을 억제, 회피하다 보니 성별 차이가 나타날 수 있다. 특히

◆   Okuda, 2015
▪   Potegal & Archer, 2004
●   Thomas, 2002

40세는 여러 감정 반응에서 변곡점이 일어난다는 시기적 특성을 가지고 있다. 40세 이후로는 분노를 유발하는 두려움을 인식하는 반응이 크게 감소했고[a] 감정과 밀접한 관련이 있는 기억력도 감소했다.[b]

한편, 뇌 영상으로 20~30대의 뇌를 관찰하면 편도체가 다른 부위보다 더 활성화되는 것을 볼 수 있다.[c] 편도체가 지나치게 활성화되면 호르몬이 과도하게 분비되고 심장박동 수가 증가하며, 얼굴이 달아오르는 상태가 된다. 이때 스트레스나 분노 등 부정적인 정서가 올라오면 개인의 의도와는 전혀 다른 행동들이 드러날 수 있다.

어쩌면 20~30대가 윗세대보다 감정을 억제하는 것이 어려운 이유는 이 때문일 수 있다. 더욱이 20대 이후부터는 사회생활을 시작하면서 원래 가지고 있던 삶의 가치와 목적을 따르기보다 조직에 적응하는 노력을 기울이는데, 이 과정에서 느끼는 스트레스로 수면, 감정적 반응, 신체 컨디션 등에 변화가 생기면서 더 자주 분노를 느낄 수 있다.

2022년 12월 10일, 영국 〈가디언〉의 보도에 따르면 여성들이 느끼는 분노가 점점 강해지는 것으로 나타났는데, 그 배경에 팬데믹 기간 동안 여성의 육아 및 가사 노동이 3배 증가한 현실과 밀접한 관련이 있는 것으로 보인다. 그런데 오랫동안 누적된 분노를 적절하게 표

- Calder et al., 2003
- Salthouse et al., 2003
- AlRyalat, 2016

현하지 못하면 적대감, 증오심, 복수심으로 드러난다.[◆] 사회의 오랜 전통과 문화적 특성 때문에 장기간 억압되었던 여성들의 분노 또한 최근의 수치 증가에 영향을 미쳤을 수 있다.

특히 40대 여성의 경우 육아 문제가 아니어도 시니어 직장인으로서 받는 스트레스가 20~30대에 비해 클 수밖에 없다. 중간 관리자가 되면 책임감이 커지고 업무량도 많아지는데 팀원들까지 독려해야 하니, 상대적으로 자신의 업무 성과는 떨어지기 쉽다. 점점 나아지고 있다지만 여전히 조직의 상급자 상당수는 남성이고 이들을 중심으로 운영되는 조직에서 압박감을 느끼는 여성들도 많은 것이 현실이다.

이와 관련해 브레스콜과 울먼[■]의 연구에 따르면 직장 여성은 분노를 표현할 때 불이익을 받는다고 생각했으나, 맥코믹-훈과 쉴즈[●]가 진행한 최근 연구에서는 화가 난 여성이 화가 난 남성보다 더 높은 지위를 누린다는 결과가 나타났다. 분노를 표출하는 사람이 유능하다는 인상을 주기 때문에 더 높은 지위를 부여받을 수 있다는 것이다.[▲] 화를 낼수록 직장에서 원하는 바가 많다는 뜻이며, 그만큼 일을 열심히 하는 사람이라는 인상을 주기 때문에 자연스레 더 많은 지위를 차지하게 만든다는 것이 이 연구 결과의 의미라 할 수 있다.

이번에는 상반된 연구 결과를 살펴보자. 미국 켄터키 대학교 심리

◆　　Nakagawa et al., 2017
■　　Brescoll & Uhlmann, 2008
●　　McCormick-Huhn & Shields, 2021
▲　　Bendersky & Pai, 2018

학과 마쉬번 교수와 동료들♦이 다양한 인종의 직원들이 직장에서 어떻게 감정을 표현하는지 조사한 결과, 분노를 표현하는 여성이 분노를 표현하는 남성에 비해 가장 낮은 지위를 부여받았다. 여성의 분노 표현이 직장에서는 여전히 부정적으로 인식된다는 고정관념이 존재하는 것이다. 자신감과 자기주장이 강한 여성은 때때로 모두에게 매우 유능하고 리더십이 있다고 평가받지만, 사회성이 부족하고 비호감이라고 여겨지기도 한다.▪ 반면 남성은 직장에서 분노를 표현하는 것이 지위 향상에 긍정적인 영향을 미쳤다.●

마쉬번 교수와 동료들의 연구 결과는 무엇을 의미할까? 여성은 적극적이고 유능해야 하지만, 더 높은 자리로 올라가기 위해서는 공동체를 위하고 협조적이라는 이미지를 벗어나서는 안 된다는 점을 의미한다. 문화적 특성에 기인하는 여러 고정관념이 지금도 여전히 여성의 사회적 이미지에 영향을 미친다. 화를 내는 여성은 친절하고 따뜻하고 배려심이 있고 자녀를 잘 양육할 것이라는 고정관념에 위배되기 때문에, 더 낮은 지위를 받고 불이익을 당할 수 있다. 그러다 보니 여성은 분노 표현에 양가감정을 느끼게 되고, 점차 분노를 억제한다. 그 결과 우울, 죄책감, 불안, 수동공격성, 의존성, 자존감 저하와

♦   Marshburn, et al., 2020

▪   Rudman & Phelan, 2008

●   Livingston et al., 2012

같은 부정적 결과를 초래하기도 한다는 것이다.◆

　그러나 여성이 분노했다고 해서 죄책감을 가질 필요가 없다. 분노 감정은 정상이고 우리 삶에 중요한 영향을 미친다.

　직장 내 인권 문제가 여느 때보다 중요한 시대에, 남성이든 여성이든 잘못된 감정 표현으로 발생하는 결과는 동등하게 책임지는 것이 맞다. 그러나 가장 중요하게 고민해야 하는 과제는 성별, 직급, 상황에 따라 저마다 느끼는 각양각색의 분노를 잘 관리하고 진지하게 성찰하는 일일 것이다. 분노 억제를 넘어 분노를 어떻게 관리하고 표현해야 할지는 매우 중요한 개인적, 사회적 과제이기 때문이다.

공간의 넓이가 우리의 분노에 미치는 영향

미시간 대학교 심리학 교수인 이선 크로스Ethan Kross는《채터, 당신 안의 훼방꾼》을 통해 "인간은 공간과 뗄 수 없는 관계를 맺는다. 공간의 각기 다른 특징은 마음의 힘을 활성화시키며, 어떻게 생각하고 느끼는지에 영향을 준다"라고 설명했다. 그는 특히 "정돈된 환경을 통해 삶이 좀 더 예측 가능한 방향으로 나아갈 수 있으며, 방향을 잡기도 쉬워지기 때문에 위안을 느낀다"라고 기술했다. 물리적인 공간이 개인의 감정에 영향을 미칠 수 있다는 것이다.

◆　　Lee, 2002

미국의 문화인류학자 에드워드 홀Edward Hall도 《숨겨진 차원》에서 사람은 일정한 공간을 필요로 하고, 다른 사람이 그 공간에 들어오면 긴장과 위협을 느낀다고 역설했다. 친밀한 사람에게 느끼는 분노는 대개 낯선 사람에게 전이되는데, 낯선 이들과는 소통하고 화해할 만한 관계를 맺지 않기 때문에 더욱 파괴적으로 변질되기도 한다.

이와 관련해서 에드워드 홀은 공간을 4가지 영역을 구분해서 설명한다. 먼저 '친밀한 공간(46cm 이내)'은 상대방의 신체 정보와 정서 상태를 확연하게 알 수 있는 거리로, 아무리 친한 동료나 선후배 사이라도 이 공간을 함부로 침범해서는 안 된다. 친밀한 공간은 자기방어를 위한 최소한의 공간이므로 누군가 이 영역을 침범하면 본능적으로 거부감과 공포감을 느낄 수 있다.

'개인적 공간(46cm~1.2m)'은 두 팔을 벌려 원을 그렸을 때의 거리로, 격식과 비격식의 경계에 해당한다. 이 공간에서 멀어지면 긴장감은 줄어들지만 친밀감이 떨어지고, 좀 더 다가서면 긴장감이 고조된다. 유럽에서는 명품 화장품의 진열대가 좁고 저렴한 화장품 진열대는 넓은 공간을 차지하는데 한국에서는 반대다. 백화점이나 마트를 생각해보면 저렴한 물건을 파는 매장이 훨씬 좁은데, 여기에는 아마 문화적 차이가 있을 것이다. 개인주의에 익숙한 서구에서는 가급적 개인 공간을 침범하지 않도록 조심하는데, 저렴한 물건을 구입하는 사람들이 훨씬 많기 때문에 상대방의 공간을 침범하지 않도록 넓은 진열대를 배치한다. 그러나 한국에서는 값비싼 물건을 구입할 때 신중하게 살피고 오래 고민하기 때문에 가급적 공간을 넓게 만들어서 소비자가 상품에 관심을 갖게 만든다. 소통에 있어 공간이 '심리적 언어'가 되는 셈이다.

친밀한 공간과 개인적 공간이 사적 영역이라면 '사회적 공간'과 '공적 공간'은 공적 영역에 속한다. 사회적 공간(1.2~3.6m)은 직장에서 주로 볼 수 있으며 대화 도중 참여와 이탈이 자유롭다. 공적 공간(3.6~7.6m)은 강연장 또는 대중을 상대로 하는 연설장 등에 적용된다.

이처럼 나와 상대방의 물리적 거리도 감정에 영향을 미칠 수 있다. 이 말은 만나는 사람들마다 유지해야 하는 적절한 거리가 있다는 뜻이기도 하다. 우리 사이에 존재하는 물리적 공간이 매우 소중한 소통의 원천이 될 수 있음을 기억한다면, 사회적 거리를 잘 유지하고 조절함으로써 불필요한 갈등과 분노를 줄이는 데 많은 도움을 받을 수 있을 것이다.

5장
우리가 느끼는 모든 분노에는 이유가 있다

우리는 다양한 이유로 분노를 느낀다. 어려운 상황에 처해서, 과거에 발생했던 사건 때문에, 혹은 특정한 상황을 해석하는 방식의 차이 때문에 화가 날 수도 있다. 어떤 사람에게는 엄청나게 충격적인 일이 다른 사람에게는 아무렇지 않을 수도 있다.

그런데 사람마다 상황을 다르게 해석한다는 말이 누군가의 분노가 상황을 잘못 해석한 결과라는 뜻은 아니다. 언제 어디서 어떤 일이 생겨서 화가 나는지, 그리고 그 상황을 어떻게 대하는지는 여러 요인에 따라 달라질 수밖에 없다. 우선, 상대에게 존중받지 못한다고 느낄 때 자존심이 상해서 분노를 느낄 수 있다. 내가 바라는 욕구가 충족되지 않을 때, 개인이나 사회가 가진 보편적인 가치와 신념이 위협받거나 무시당한다고 느낄 때, 저마다의 건강 상태, 일시적 외부 환경, 개인이 처한 특수한 상황 때문에 화가 나기도 한다.

어린 시절의 가정환경이 감정에 미치는 영향

어릴 때 정서적으로 상처를 많이 받은 사람들 중에 성인이 되어서도 마음을 치유하지 못하는 경우가 많다. 특히 정서적 방임이나 태만을 당했다면 어린 시절부터 매우 제한된 상황에서 인간관계를 맺었을 가능성이 크기 때문에 치료가 어려울 수 있다. 당사자도 그 시절 자신이 힘들었다는 사실을 인지하지 못하는 경우가 많은데다 숱한 고통과 외로움이 자신의 잘못 때문이라고 내면화하는 경우가 많기 때문이다. 아마 원하는 것을 충족하고 싶어서 어떤 말이나 행동을 했다가 "너는 왜 이렇게 예민하고 이기적이니!"라는 말을 듣기도 했을 것이다.

공감 능력이 부족한 양육자가 자녀를 제대로 보살피지 못하는 것도 문제지만, 자신부터 공감 능력이 떨어지다 보니 본인의 문제를 쉽게 알아차리지 못한다. 그러다 보니 자녀도 스스로의 가치를 알지 못한 채 성장한다. 이들은 성인이 되면 스스로를 매우 다그치면서 살아가는 경우가 많다. 자신에게 유독 엄격해서 자주 분노와 실망을 느끼기도 한다. 그 결과 자존감이 낮고 수치심을 느끼며 특히 건강하지 못한 죄의식 때문에 대인관계에 문제가 생기거나 우울감에 빠질 수 있다.

대다수 사람들은 가족과 함께 살면서 비슷한 가치와 규범을 공유한다. 그래서 가족끼리 친밀감을 느끼지만, 그렇기 때문에 가족에게 느끼는 분노는 깊은 상처를 남긴다. 가족 관계는 어린 시절에는 정서의 기초를 다지고 성인기에는 정신건강에 영향을 미치는데 자녀의

감정 조절이나 정서 표현이 과해지거나 부족해질 수밖에 없어서[◆] 잠
재적으로는 자녀의 부적절한 행동에 기여하는 셈이 된다. 그만큼 아
동기의 발달에서 중요한 것 중 하나가 바로 감정조절 연습이다.[■]

　부모는 아이에게 다양한 방식으로 행복, 슬픔, 두려움, 화 등을 표
현하는 방법을 알려주어야 한다. 언어로든 비언어로든 가족 안에서
분노를 적절하게 다루지 못하면 자녀도 같은 행동을 할 가능성이 매
우 높다. 자녀는 부모와 같은 방식으로 감정을 처리할 가능성이 높은
데 특히 아버지보다 어머니의 방식이 아이들의 분노 및 자기비하와
관련이 깊다는 연구 결과가 있다.[●] 물론 어떤 경우에도 이성적이기만
한 부모는 없고, 모든 아이는 성장하면서 좌절을 경험하게 되어 있
다. 아래 내용은 가정에서 발현되는 분노가 아동에게 미치는 영향을
정리한 것이다.

- 성장 과정에서 공격적, 폭력적인 방식으로 분노를 표출해도 괜
  찮다고 생각했을 수 있다. 이런 환경에서 자라면 분노를 느낄
  때마다 원색적인 감정을 여과 없이 드러낼 가능성이 높다.
- 불평불만을 가져서는 안 된다는 생각을 가지고 성장했거나 분
  노를 표현할 때마다 벌을 받았다면, 분노는 무조건 피해야 하
  는 감정이라 생각해서 화를 느끼는 것 자체를 두려워하게 될

◆　　Morris et al., 2017
■　　Robinson et al., 2009
●　　Plickert & Pals, 2019

수 있다.

- 부모나 주변 어른들의 분노가 매우 충동적이고 공격적이어서 통제되지 않는 경우를 여러 차례 목격했다면, 분노는 파괴적이고 무서운 감정이라고 생각할 수 있다. 이 경우 타인에게 화를 내야 하는 상황에서 자신에게 분노할 수 있다.
- 어떤 일로 화가 날 때 감정을 표현하는 것이 위험하다고 느끼거나 죄책감을 유발할 수 있다. 이때 감정을 계속해서 억누르다가 전혀 상관없는 사람에게 분노를 터뜨릴 수 있다.

트라우마는 생각보다 만만하지 않다

어떤 분노는 과거와 관련이 있다. 예전에 겪은 일 때문에 쌓여 있던 분노가 현재 발생한 문제에 영향을 미쳐 더 예민하게 반응할 수 있다. 과거에 분노할 만한 사건을 경험하고도 그 당시에 감정을 충분히 표현할 수 없었다면, 해소하지 못한 분노가 남아 있게 마련이다.

세계보건기구는 아동기 트라우마를 "실질적 또는 잠재적 피해를 초래하는 모든 형태의 신체적 학대, 성적 학대, 정서적 또는 심리적 학대, 방치"라고 정의한다. 어린 시절 전쟁, 재난, 재해처럼 엄청난 죽음의 공포를 유발시키는 사건뿐 아니라 부모의 학대, 방임, 유기, 사망처럼 생존을 위협하는 일을 겪으면 '심리적 외상'을 입을 수 있다. 언어적, 비언어적 행위로 마음에 상처를 입히는 정서 학대를 당했어도 신체 학대 못지않게 고통스러운 기억이 새겨진다.

언어폭력은 다른 폭력에 비해 매우 빈번하게 발생할 수 있는데, 만약 신체 학대나 방임이 동반되었다면 최악의 결과를 초래한다. 어린 시절부터 언어폭력에 노출되는 일은 대인관계에 아주 부정적인 결과를 발생시킨다. 타인을 믿지 못하고 세상을 부정적으로 바라보게 되며 의사소통, 문제해결 등에 어려움이 생겨 원만한 사회생활을 하지 못할 가능성이 크다.

과거와 비슷한 상황이 생겼을 때 예전의 상처를 다시 마주하면서 분노가 폭발할 가능성도 매우 높다. 이것을 '자극 일반화 현상'이라고 하는데, 과거의 경험과 조금만 비슷한 문제가 생겨도 지나치게 스트레스를 받고, 여러 가지 심리 반응이 일어난다. 만약 이때 과거의 상황과 지금의 상황은 전혀 다르다는 점을 빨리 알아차릴 수 있다면 자신에게 더 안전하고 도움이 되는 방식으로 대처할 수 있다. 따라서 과거가 현재를 지배하지 못하도록 각 경험을 분리해서 생각하는 훈련을 하는 것이 매우 중요하다.

오른쪽의 '진자의 추'는 중력과 장력의 작용으로 왕복 운동을 한다. 과거의 트라우마를 안고 살아가는 사람의 삶을 추라고 생각해보자. 오래전 움직이기 시작한 추는 미래에 대한 불안을 발생시키고, 그 불안은 또다시 과거의 부정적인 사건을 떠올리게 하면서 양쪽을 오간다. 이때 A의 삶을 살아가는 사람은 미래에 대한 불안이 강하게 자극받기 때문에 과거를 떠올리는 강도도 그만큼 강해져서 현재에 집중하기가 쉽지 않다. 과거를 떠올리며 아파하는 시간도, 미래를 짐작하며 불안해하는 시간도 길 수밖에 없다. 하지만 상처를 가지고 있

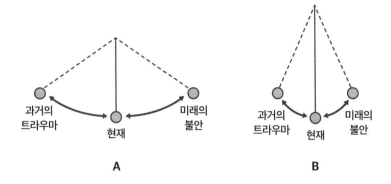

과거의   현재   미래의
트라우마   불안

A

과거의   현재   미래의
트라우마   불안

B

어도 B의 삶을 살아간다면, 비교적 가까운 미래를 고민하고 현재에 집중하는 시간도 좀 더 길어질 수 있다.

한편, 부모가 어린 자녀의 감정을 민감하게 알아차리지 못하거나 부모 자신의 분노조절 능력이 부족해 자녀가 항상 눈치를 살피거나 주의를 기울이는 데 익숙해졌다면, 자녀가 성인이 되었을 때 부모와 매우 유사한 방식으로 감정을 드러낼 수 있다.♦ 다르게 말하면, 부모의 감정 상태를 자녀가 어떻게 모방하는가가 분노의 역치를 낮추거나 높일 수 있다는 뜻이다. 특히 학대받는 아동은 부모의 걷잡을 수 없는 분노에 자주 노출되는 과정에서 자신 또한 가해자가 될 위험성이 커질 수밖에 없다.■ 실제로 아동기에 생긴 트라우마 때문에 분노 수준이 높은 사람은 추후 정신건강에 문제가 생겨도 심리치료를 끝

♦   Wang et al., 2020
■   Ryan, 2005

까지 받지 못하고 중간에 그만두는 확률이 높았으며 예후도 매우 낮았다.[◆]

현실을 왜곡하게 만드는 위험한 사고방식

어떤 사람들은 다른 사람들이 어떻게 행동해야 하는지, 일이 어떻게 진행되어야 하는지와 관련해 매우 경직된 생각이나 비합리적인 기대를 가졌다가 좌절감을 느끼곤 한다.《필링 굿》을 쓴 데이비드 번즈는 사람들이 더 많이 분노하게 되는 특정한 사고 유형을 다음과 같이 제시했다.

사고 유형	내용
라벨링 Labelling	• 한 가지 행동을 근거로 부정적으로 명명하는 인지 왜곡 • 과잉 일반화와 부정적인 라벨링으로 그가 나쁜 사람이라고 영구적으로 믿게 만들기 때문에 문제가 됨 • 누군가를 "나쁜 사람"이라고 지칭함으로써 그 사람에게 분노하는 것이 마땅하다는 논리를 만들어냄 • 상대방이 부정적인 사람이라고 결정하는 행동이자, 스스로 그 사람을 향한 분노를 만드는 셈이 되므로 궁극적으로는 자신에게도 해를 끼침

◆   Newman, 2011

마음 읽기 Mind Reading	• 행동에 기초해서 다른 사람의 속마음을 추론하는 것을 의미함 • 관찰과 추측에 기초하지만 대체로 정확함◆ • 자칫 인지적 왜곡이 될 수 있으며, 자신의 결론을 뒷받침할 증거가 없거나 결론이 증거에 못 미칠 경우 상황, 사건, 경험을 자의적으로 해석할 수 있음■ • 왜곡된 사고를 할 경우 의사소통을 단절시키고 더 큰 갈등을 초래할 수 있으나, 잘 활용한다면 상대에 대한 분노를 줄이고 소통방식과 관계를 개선할 수 있음
파국화 Magnification	• 특정 상황이나 사건의 부정적인 측면에만 집중해서 이를 과장하는 인지왜곡 패턴 • 상황을 실제보다 훨씬 더 나쁘게 인식해 분노, 좌절감, 불안감을 증폭시킬 수 있음 • 확대 해석을 통해 타인의 작은 결점이나 실수에 집중할 경우, 부정적인 라벨링과 자의적 해석으로 분노나 좌절감을 더욱 부채질할 수 있음
당위적 사고 Should & Must Thinking	• '반드시 ○○해야 한다'라는 일종의 흑백논리적 사고 • 자신과 상대방 모두에게 조금의 실수, 오류, 실패도 용납하지 않는 사고방식이자, 매우 높은 기준을 제시하고 엄청난 압박감을 주는 인지 과정 • '절대', '항상'과 같은 단어를 사용하지 않도록 주의해야 함

건강 상태와 심리적 안정감이 감정에 미치는 영향

몸과 마음의 건강 상태도 우리의 감정과 감정 관리 방식에 영향을 미

◆   Zaki & Ochsner, 2011
■   Beck, 1963

칠 수 있다. 허기진 상태는 분노와 짜증을 포함해 다양한 영역에서 감정과 판단에 영향을 미치는 것으로 알려져 있고◆ 수면 방해는 분노를 증가시킬 수 있다.■ 여성의 경우 호르몬 불균형이 자발적이고 통제하기 어려운 분노를 촉발시킬 수 있는데 월경전증후군의 선행 연구 결과를 보면 47.8퍼센트(32.6퍼센트~62.9퍼센트)로 매우 높은 수치였다.● 월경하는 여성 두 명 중 한 명이 월경전증후군을 겪는 셈인데 화, 예민함, 긴장과 불안, 안절부절못함, 우울감, 초조함, 울음, 발작 증상이 나타나거나▲ 폐경 전후 호르몬의 변화로 인한 분노 때문에 어려움을 겪기도 한다.

◆   Häusser et al., 2019
■   Kamphuis et al., 2012
●   Direkvand-Moghadam et al., 2014
▲   Elnagar & Awed, 2015

6장

분노는 무엇으로
구성되어 있을까

화를 낼 때도 각성 주기가 있다

분노는 주로 각성, 접근하는 태도, 의도 등과 관련이 있다.[•] 먼저 분노 각성이란 분노할 때의 강도, 빈도, 지속 시간을 의미한다. 분노 각성 이 높은 경우, 초기부터 빠르게 분노 상태가 되는데 이때 생리적 반응이 동반된다.

외부의 위협을 방어하고 생존하려 하는 '투쟁-도피 반응'도 분노와 연관이 있다. 외부 공격을 막기 위해 몸이 태세를 취하는 상태를 말하는데, 이러한 상태가 생존에 결정적인 역할을 한 것이 사실

[•]   Averill, 1983

이기도 하다.♦

　한편, 접근 의도에 따라 분노를 구분할 수도 있다. 대립하는 것이 최선이라고 여길 경우 상대의 위협과 도발을 끌어내기 위해 최적의 생리적, 인지적 자원을 동원할 수 있다.■ 예를 들어 상대방에게 위협을 받거나 자신을 도발하게 만드는 상황에 노출되면 사람에 따라서는 그 당시에 받는 각성이 두려움이나 분노로 옮겨갈 수 있다. 이때 분노하게 되면, 통제할 수 없을 정도로 심장박동이 증가하고 맥박이 빨라지며 식은땀이 날 수 있다. 예민해지거나 주먹을 꽉 쥐거나 목소리가 격앙되거나 책상을 쾅 치거나 문을 크게 닫는 행동을 자신도 모르게 할 수도 있다.

　분노의 각성 주기는 방아쇠 단계, 활성 단계, 위기 단계, 회복 단계, 반성 단계로 구분할 수 있는데, 이 주기를 이해하면 자신과 타인의 반응을 이해하고 자제하는 데 도움을 받을 수 있다.

인지 왜곡과 편향이 일어나는 과정

부정적인 감정을 계속해서 떠올리고 자꾸만 곱씹는 이유는 무엇일까? 어떤 일로 분노를 느낄 때, 처음의 각성 상태는 매우 짧지만 특정한 상황에서 분노했던 경험을 반추하는 시간은 상대적으로 길기 때

◆　　Berkowitz & Harmon-Jones, 2004b
■　　Alia-Klein, et al., 2020

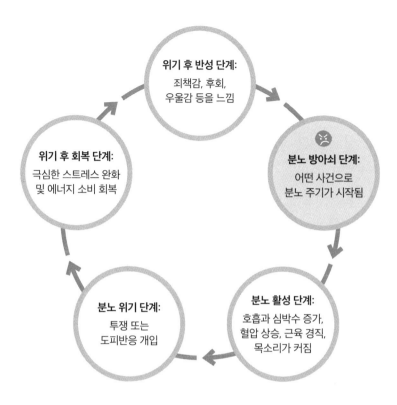

위기 후 반성 단계:
죄책감, 후회,
우울감 등을 느낌

분노 방아쇠 단계:
어떤 사건으로
분노 주기가 시작됨

위기 후 회복 단계:
극심한 스트레스 완화
및 에너지 소비 회복

분노 활성 단계:
호흡과 심박수 증가,
혈압 상승, 근육 경직,
목소리가 커짐

분노 위기 단계:
투쟁 또는
도피반응 개입

문일 수 있다.◆ 화가 난 상태에서 예전의 기억과 지금의 감정을 반복
적, 지속적으로 반추하는 동안 우리 뇌에서는 선택적 주의가 발생하
는데 이때 관심을 갖게 되는 범위가 좁아지고 자신이 왜 화가 났는지
를 편향된 관점에서 집중하게 된다. 이때 분노하는 이유를 즉각 해석
하려다 보니 결과적으로는 감정이 더욱 증폭될 수 있다. 그 결과, 분

◆   Alia-Klein, et al., 2020

노를 유발하게 한 원인을 왜곡하고 임의적으로 해석함으로써 실망감, 좌절감과 함께 더 큰 화가 치솟기도 한다. 이런 상황에서 효과적인 의사소통과 의사결정을 하기란 당연히 어렵다.

분노는 정보를 처리하거나 자신의 행동을 조절하는 능력까지 손상시킬 수 있다. 인지 조절이란 우리가 특정한 목표를 달성하는 데 필요한 주의집중력, 사고와 행동을 조절하는 능력◆을 말하는데, 특히 감정을 조절하고 경험을 관리하는 데 중요한 역할을 한다.▪ 그런데 이 능력에 문제가 생기면 특히 분노와 관련된 문제 행동을 개선하기가 매우 어려워진다.

우리가 분노를 느끼는 이유는 내 삶의 주체자로서 스스로를 통제할 수 있다고 보기 때문이다. 그래서 다양한 상황에서 모욕감을 느끼거나 외부 요인이 우리의 사회적 지위나 인격을 격하시키려고 할 때 화가 난다. 특히 가족이나 친구처럼 친밀한 관계일수록 분노와 배신감도 크고 상처도 많이 받게 된다.

다행인 것은, 아무리 분노하더라도 인지 과정을 통해 적어도 옳고 그름 여부는 분별할 수 있다는 점이다. 물론 이때도 인지 왜곡이 발생하면 또 다른 문제를 일으킬 수 있다. 인지 왜곡이란 어떤 경험이나 사건을 해석하고 받아들이는 과정에서 현실을 제대로 지각하지 못하거나, 사실 또는 그 의미를 왜곡해서 받아들이는 것을 의미한다. 다음 내용은 가장 일반적인 인지편향 유형이다.

◆   Friedman & Miyake, 2017
▪   Pruessner et al., 2020

인지편향의 유형	내용
주의 편향 Attentional Bias	어떤 사실이나 정보를 다른 사실이나 정보보다 더 중요하다고 생각하는 경향
행위자-관찰자 편향 Actor-Observer Bias	자신의 행동은 외부 탓으로 돌리고 다른 사람의 행동은 내부 원인으로 돌리는 경향
기준점 편향 Anchoring Bias	의사결정을 내릴 때, 가장 먼저 습득한 정보에 지나치게 의존하는 경향
맹점 오류 Blind-Spot Bias	무언가를 인지하는 과정에는 여러 가지 오류가 있을 수 있다는 사실 자체를 깨닫지 못하는 경향
주의 편향 Attentional Bias	어떤 기준이나 유형에 지나치게 주의를 기울이고 다른 것은 무시하는 경향
가용성 휴리스틱 Availability Heuristic	빨리 생각나는 정보에 더 큰 가치를 부여하는 경향
확증 편향 Confirmation Bias	기존 신념에 부합하는 정보만 선호하고 그렇지 않은 증거는 무시하는 경향
잘못된 합의 효과 False Consensus Effect	다른 사람들이 자신과 얼마나 동일시하는지 과대평가하는 경향
이기적 편향 Self-Serving Bias	나쁜 일은 외부 탓이라고 생각하고 좋은 일은 자신에게 공을 돌리는 경향
보수주의 편향 Conservatism Bias	이미 알고 있던 정보를 더 선호하고 새롭게 밝혀진 사실이나 증거에 의구심을 갖는 경향
기능적 고정성 Functional Fixedness	사물이 한 가지 방식으로만 작동한다고 믿는 경향으로, 특정 역할을 수행하던 사람이 다른 역할도 할 수 있다는 사실을 깨닫지 못하는 경향
후광 효과 Halo Effect	특정인의 인상착의를 보고 그의 성격이나 사고방식을 예상하는 경향
오정보 효과 Misinformation Effect	어떤 사건을 통해 알게 된 정보가 기존의 기억을 방해하는 경향

분노를 조절하기가 어려운 이유

분노를 유발하는 사건이 발생했을 때 개인이 어느 정도 조절할 수 있는 방법이 있다. 우선 그 문제에서 잠시 멀어져 심리적 거리두기를 하거나, 시간이 조금 지난 후에 다시 생각하는 것이다. 그러고 나면 생각보다 상황이 덜 위협적이거나, 처음 느꼈던 것보다는 좌절감이 덜하다고 여길 수도 있다. 우리가 통상 분노조절이라고 부르는 것은 인지 재평가 능력을 의미하는데, 이를 통해 분노 강도를 줄이고 부적응 행동이 확대되는 것을 방지할 수 있다.◆ 다만, 화가 난 상황에서 각성이나 스트레스가 높은 수준으로 유지될 경우, 감정을 조절하기가 매우 어려운 것도 사실이다.

분노를 표출하는 방식

분노를 표현하는 방식에는 외향적 공격성, 내향적 공격성, 수동적 공격성이 있으며, 정신건강 문제로 발생하는 격노가 있다. 스필버거와 동료■들은 분노 표현 방식을 분노표출Anger-Out, 분노억제Anger-In, 분노조절Anger-Control로 분류했는데 이 중 분노표출과 분노억제는 역기능적 분노 표현, 분노조절은 기능적 분노 표현이라고 보았다.

◆   Szasz et al., 2011
■   Spielberger et al., 1985

표현 방식	내용
분노표출	• 극단적 모욕, 비난, 욕설 등 언어나 신체를 사용해 공격하는 것
분노억제	• 겉으로 표현하지 않거나, 간접적으로 표현하는 것 • 상대방을 회피하면서 속으로만 비판하거나, 분노를 통제하려고 노력하는 행동이 대표적임 • 특정 자극을 받으면 인지적·정서적으로 각성된 상태에서 행동을 억제하는 경우가 일반적임 • 상대방에게 적대심이 증가할수록 통제하기가 어려워지며 공격성, 우울증, 건강 문제, 의사소통의 어려움을 초래함
분노조절	• 화가 났음을 알아차리고 진정하기 위해 노력하는 것 • 마음속으로 원한을 품거나 몇 시간씩 혼자서 화를 삭이는 행동 등이 대표적임 • 내적 분노조절은 감정을 추스르려는 노력, 외적 분노조절은 긍정적이고 건설적인 행동을 하려는 노력을 말하며 전자는 심호흡하기, 후자는 경청하기 등이 대표적임

화가 날 때 하는 행동은 생각보다 개인차가 크며, 분노가 올라올 때 자신의 상태를 얼마나 객관적으로 인식하고 대처하느냐에 따라 정말 다양한 결과가 발생할 수 있다. 일상에서 흔히 경험하는 분노 표현 방식은 아래의 4가지로 구분할 수 있지만, 현실에서는 별의별 기상천외한 반응을 경험할 수 있다.

외적 공격

소리 지르기, 욕설, 문을 쾅 닫기, 때리기, 물건 던지기, 폭행, 폭언, 위협 등 사회적으로 문제가 되는 대다수 행동은 분노가 외적 공격성으로 드러나는 경우를 말한다. 남성에게 더 흔한 편이고 가족, 친구,

연인, 직장 동료 등 가까운 관계일수록 다루기 어려우며 때로는 도전적이고 지시에 저항하는 것처럼 보일 수 있다.

내적공격

내향적 분노라고도 부르며 자학, 자책, 자해, 식사와 수면 같은 기본 욕구를 거부하기, 취미 등 좋아하는 활동을 중단하기, 스스로를 고립시키기 같은 행동이 여기에 해당한다. 내적 공격이 강하면 죄책감, 수치심, 자기비하가 강해지면서 생활이 불규칙해질 수도 있다. 여성에게서 흔히 볼 수 있는데 겉으로는 타인과 원만하게 지내고 사회성도 좋아 보이지만 우울증을 앓는 경우도 많다.

수동공격

부정적인 감정을 간접적으로 표현하는 것으로 무시하기, 비꼬기, 은근슬쩍 불친절하게 대하기, 대화를 거부하기, 자해하겠다고 은근히 내비치기, 연락 차단하기, 해야 하는 일을 거부하기, 맡은 일을 일부러 제대로 하지 않기 등이 대표적이다. 상대방이 이러한 행동을 한다면 어떻게 대처하고 싶은지 먼저 생각한 후에 언행을 하는 것이 도움이 된다.

격노

격노란 그냥 화를 내는 것이 아니라 말 그대로 감정을 폭발시키는 것을 말한다. 만약 격노할 정도의 일이 아닌데도 화를 낼 때마다 분노를 터뜨리거나 아주 사소한 일에도 매번 화를 낸다면 정신장애일 수 있다.

정신장애 진단 및 통계 편람DSM-5에 따르면 약물 남용, 알코올 사용 장애, 해결하지 못한 트라우마, 가족에게서 학습된 행동장애 등이 간헐적 폭발장애Intermittent Explosive Disorder, 적대적 반항장애Oppositional Defiant Disorder, 파괴적 기분조절장애Disruptive Mood Dysregulation Disorder, 경계성 성격장애Borderline Personality Disorder, 양극성 장애Bipolar Disorder의 주요 요인으로 꼽힌다. 특히 남성 우울증 환자에게 흔히 나타난다.

분노가 항상 정신건강 문제의 징후가 되는 것은 아니지만, 조절할 수 없는 분노 때문에 어려움을 겪는 사람은 자신이 왜 그러는지 모를 수 있다. 분노의 밑바닥에 있는 우울증, 불안, 트라우마 등을 오랫동안 방치해두어서, 감정을 제대로 조절하지 못한다는 수치심 때문에, 절망감과 외로움을 느끼면서도 변화의 가능성이 희박하다고 생각해서 적극적인 방법을 찾지 못할 수도 있다. 특히 남성의 경우 이러한 문제를 오래 방치해두면 자살을 고려하거나 시도할 가능성도 높아진다. 단지 성격이나 기질이 아니라 정신건강에 문제가 있어서 분노를 조절하지 못할 경우, 주로 아래와 같은 특징을 보인다.

- 감정을 잘 관리하고 건강하게 표현하기가 어렵다.
- 분노를 참지 못해서 인간관계에서 문제가 발생한다.
- 약물을 오남용하거나 중독될 수 있다.
- 자해나 자살 충동을 느낀다.
- 학교나 직장에서 자주 갈등을 일으킨다.
- 타인과 협업하거나 소통하기가 어렵다.

- 강렬한 분노를 매우 자주 느낀다.
- 매우 짧은 시간 동안 충동적으로 화를 낸다.
- 화가 난 감정이 오랫동안 유지된다.
- 술을 마실 때 화를 내거나 폭력적으로 행동하는 경우가 많다.
- 폭력적, 공격적, 반사회적인 행동 때문에 법적 문제가 자주 발생한다.
- 건강에 도움이 되지 않는 행동을 자주 한다.

분노에 대해 우리가 오해하고 있는 것들

우리가 분노를 나쁜 감정이라고 생각하는 이유는 분노가 대부분 부정적인 행동으로 이어지기 때문이다. 가장 흔한 오해는 분노라는 '감정'과 분노를 표현하는 '행동'을 같다고 생각하는 것이다. 그래서 "그 사람은 화가 나면 매우 공격적이 되는 것 같아요"라고 하기보다 "그 사람은 화가 많아요"라고 말한다. 또한 화가 났음을 인지하고도 타인에게 덜 부담스러운 방식으로 전달한다. "저 지금 굉장히 화가 났어요"가 아니라, "상당히 답답하고 당황스럽네요"라고 하는 식이다. 한국에서는 감정을 솔직하게 털어놓는 것을 자제하는 편이어서인지 자신의 속내를 정확하게 알아차리고 표현하는 데 서툴 수밖에 없다. 한국인들이 분노에 대해서 쉽게 오해하는 점들을 살펴보자.

분노는 부정적인 감정이야

인간이 느끼는 모든 감정은 저마다 중요한 역할을 한다. 무엇보다 신체를 각성시켜 우리에게 지금 무엇이 필요한지 알려준다. 심리학자들이 편의상 감정의 성격을 구분했을 뿐, 엄밀히 말하면 감정을 긍정적인 것과 부정적인 것으로 나누기란 매우 어려운 일이다.

시간이 지나면 알아서 사라져

분노를 계속해서 모른 척하거나 부정한다면 언젠가 반드시 다른 방식으로 나타나게 되어 있다. 특히 과거의 묵은 감정을 해결하지 못하면 누적된 분노가 예상치 못한 순간에 더욱 파괴적인 방식으로 드러나 상황을 악화시킬 수 있다.

소리를 지르거나 한바탕 쏟아내고 나면 기분이 나아져

분노를 표출하고 나면 한동안은 후련해지지만 습관적으로 분노를 드러내는 것은 건강에 악영향을 미칠 수 있다. 이러한 행동이 마음의 안정감을 유지하기 어렵게 만들기 때문이다. 특히 가족, 친구, 연인, 직장 동료 등 가깝게 지내는 사이일수록 관계가 나빠져 장기적으로는 더 큰 문제를 야기할 수 있다.

분노는 스스로 통제할 수 있어

아쉬운 일이지만, 인간은 어떤 감정도 자유자재로 조절할 수 없다.

화를 내지 않으면 다른 사람들이 나를 우습게 볼 거야

분노를 점점 강하게 표출하는 이유는 단기적으로는 어느 정도 영향력을 발휘할 수 있기 때문이다. 그러나 장기적으로 보면 소중한 인간관계를 파탄 내고 타인의 신뢰를 잃게 만든다. 상대방에게 먼저 손을 내밀고 협력과 타협을 하는 것이 관계를 오래 유지하면서도 존중받는 방법이다.

나는 원래 다혈질이야

분노라는 감정 자체와 분노할 때 하는 행동을 구분하지 못해서 생기는 대표적인 오해다. 우리는 하루에도 수많은 감정을 느끼는데 기쁨, 슬픔, 보람, 실망감 등을 느낄 때는 분노할 때처럼 격한 행동을 하지 않는다. 분노는 자연스러운 감정이지만 그에 따른 행동은 얼마든지 다스릴 수 있다.

다른 사람들 때문에 내가 이렇게 화를 내는 거야

모든 사람이 똑같은 상황에서 똑같은 상대에게 똑같은 방식으로 화를 내지는 않는다. 이러한 생각은 자신의 삶이 언제나 외부의 지배를 받는다고 생각하는 것과 마찬가지다.

성격은 유전일 뿐이야

유전자가 일부 행동에 약간의 영향을 미칠 수는 있지만, 그것이 전부가 될 수는 없다. 또한 분노는 유전이 아니라 학습된 행동일 가능성이 높다.

괜찮은 척하면 아무도 내가 화가 났다는 사실을 몰라줘

대다수 사람들은 불편한 감정을 드러내는 것을 자제한다. 화를 내면 상대방과의 관계가 악화되거나 자신이 불이익을 당할 것 같은 두려움을 느끼기 때문이다. 그런데 분노를 지나치게 참다 보면 슬픔, 두려움, 좌절감, 수치심을 느낄 때도 아무렇지 않다는 듯이 행동하기도 하는데 그러다 보면 수동공격성이 강화될 수 있다.

7장
분노를 잘 활용해서 멋진 인생을 사는 법

우리는 "저 사람, 지금 완전히 이성을 잃었어", "눈이 돌아갔나 봐", "미쳐 날뛰네", "제정신이 아니야" 같은 표현을 자주 쓴다. 주로 화가 치밀어 감정을 자제할 수 없을 때 이런 행동을 하다 보니 분노는 비윤리적인 행동을 유발하는 요인이라고 생각하기 쉽다.

물론 분노는 비윤리적일 수 있다. 그런데 한편으로 분노는 긍정적인 것인지 부정적인 것인지를 파악하기가 가장 어려운 감정 중 하나이기도 하다. 화가 날 때 하게 되는 행동은 다양한 목적을 가지고 있으며 공격적인 행동은 여러 사회적, 문화적 맥락에서 옳고 그름이 규정되기 때문이다.

분노와 도덕성 사이의 관련성은 지금도 여러 학자들 사이에서 논쟁 중이지만, 최근의 다양한 연구는 분노의 역할을 새로운 관점으로 제시한다. 때로 분노는 장애물이나 혐오스러운 상황을 극복해야 한다는 내적 신호로 작용하고, 다양한 인간관계에서 자아 분화와 갈등을 관리하는 의사소통 수단이 되기도 한다.◆ 어떤 경우에는 결정적인 순간에 두려움을 극복하며 올바른 선택을 할 수 있는 용기를 주기도 한다. 그래서 심리학자 조너선 하이트Jonathan Haidt는 분노를 '가장 과소평가된 도덕 감정'이라고 명명했다.

분노는 우리가 잘못된 행동을 스스로 개선하고 기준을 지키도록 하기 때문에■ 매우 생산적이고 개인적인 동기부여를 심어줄 수 있다.● 특히 로이 써다비Roy Suddaby▲는 도덕적 분노를 "자신보다 다른 사람들에게 더 많은 영향을 미치고, 개인적으로 비록 위험한 상황에 처하더라도 최소한의 기준을 위반했다고 인식되는 상태를 개선하기 위해 무엇이든 해야겠다고 생각할 때 느끼는 흥분된 감정 상태"라고 정의했다.

최근 독일 막스플랑크 집합재연구소Max-Planck-Institute for Research on Collective Goods 연구원인 줄리아 싸세Julia Sasse와 동료들이 '분노와 도덕적 용기'에 관한 연구 논문을 발표했다.★ 이들은 실험실에서 프로젝트 기금을 횡령하는 상황을 연출하고 이 상황을 목격했을 때 사람들이 느끼는 분노를 측정한 뒤, 분노와 관련된 죄책감, 공포, 공감 등의 맥락에서 어떤 사람이 이 상황에 개입하거나 무관심한지 면밀히

◆　　Williams, 2017

■　　Dubreuil, 2015

●　　Cherry, 2018

▲　　Suddaby, 2014

★　　Sasse et al., 2022

조사했다. 그 결과, 규범 위반에 분노한 사람들이 문제 해결을 위해 개입한다는 사실을 밝혀냈다.

이 연구 결과는 누군가가 규범과 규칙을 위반하는 것을 목격했을 때 느끼는 분노가 올바른 행동을 하는 데 중요한 역할을 한다는 사실을 입증했다. 자신이 시간과 비용을 지불하는 한이 있어도 누군가가 법과 규칙을 어기는 상황에 개입하고자 할 때 도덕적 용기가 발휘되는 것이다.◆

미국 캔자스 대학교 사회심리학 교수인 찰스 대니얼 뱃슨Charles Daniel Batson과 동료들은 분노를 '정의와 공정성을 회복하기 위해 노력하는 강력한 도덕적 동기의 원천'이라고 했다.■ 뱃슨은 자신 혹은 자신과 가장 가까운 사람이 다른 이에게 부당한 대우를 받았을 때 느끼는 분노와, 아예 모르는 사람이 부당한 대우를 받았을 때 느끼는 분노를 비교했다. 그 결과 대부분의 분노는 부당함 자체보다는 개인적인 이유 또는 아끼는 사람을 향한 동정심과 공감에서 비롯된다는 사실을 발견했다. 정의 실현을 위해서가 아니라, 단순한 보복이나 복수심 때문에 분노하는 경우가 많다는 것이 이들의 결론이다.●

우리는 평소에는 불의를 목격하면 엄청나게 화가 날 것이라고 생각하지만, 막상 그런 상황에 처하면 의외로 강렬한 감정을 느끼지 못

◆　　Sasse et al., 2022

■　　Batson, et. al., 2007

●　　Batson, 2011

하는 경우가 많다. 본인이 느끼게 될 감정을 정확하게 예측하지 못하는 것을 정서예측의 오류Affective Forecasting Error라고 하는데, 실제로 대다수 평범한 사람들에게 자신이 어떤 상황에 처했을 때 무슨 감정을 느낄지 예상해보라고 하면 상당히 부정확한 답변을 하는 경우가 많다.♦ 이 말은 불의를 목격하고 분노한다고 해서 그 분노가 항상 적절한 방향으로 표출되지 않을 수도 있다는 뜻이다.

누군가가 우리를 무시하거나 무례하게 대한다면 얼마든지 분노할 수 있다. 그러나 《니코마코스 윤리학》에서 아리스토텔레스는 다음과 같이 말했다. "누구든지 화를 낼 수 있다. 이것은 쉬운 일이다. 그러나 적절한 사람에게, 적절한 시기에, 적절하고 올바른 목적으로, 올바른 방법으로 화를 내는 것. 그것은 쉬운 일이 아니다."

그러니 올바른 목적을 위해 올바르게 분노한다는 것이 무엇인지 생각해볼 필요가 있다. 건강하게 표출하는 분노는 적어도 자신과 주변 사람들의 관계를 분열시키고 서로를 적대시하는 것이 아니라 조화로운 관계를 맺도록 도움을 줄 것이다. 따라서 분노의 주체를 정확하게 식별하는 능력은 매우 중요하다. 아리스토텔레스가 언급했듯이, 분노는 반드시 적절한 대상을 향해서 적절한 시기에 적절한 방식으로 드러낼 수 있어야 한다.

때로 분노가 강력한 동기부여를 제공하기도 한다. 텍사스 A&M 대학교의 심리학 및 뇌과학 교수인 헤더 렌치Heather Lench■ 교수와 동

◆   Eastwick et al., 2008
■   Lench, H., et al., 2023

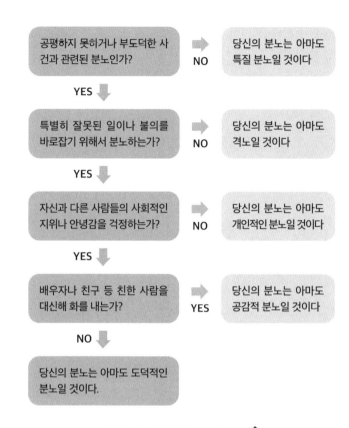

공평하지 못하거나 부도덕한 사건과 관련된 분노인가? → **NO** → 당신의 분노는 아마도 특질 분노일 것이다

YES ↓

특별히 잘못된 일이나 불의를 바로잡기 위해서 분노하는가? → **NO** → 당신의 분노는 아마도 격노일 것이다

YES ↓

자신과 다른 사람들의 사회적인 지위나 안녕감을 걱정하는가? → **NO** → 당신의 분노는 아마도 개인적인 분노일 것이다

YES ↓

배우자나 친구 등 친한 사람을 대신해 화를 내는가? → **YES** → 당신의 분노는 아마도 공감적 분노일 것이다

NO ↓

당신의 분노는 아마도 도덕적인 분노일 것이다

도덕적 분노와 일반적 분노의 차이점 ◆

료들은 실험을 통해 사람들이 분노를 동기부여로 활용할 수 있다는 사실을 밝혀냈다. 연구진은 6번의 실험에서 사람들이 특정 과제를 완성하는 데 분노가 어떤 도움을 주는지 알아보았다. 이들은 학부생

◆   Batson et al., 2007

233명에게 분노, 슬픔, 쾌감, 중립 등 여러 감정 중 하나를 무작위로 할당하고, 그 감정을 이끌어내기 위해 5초 동안 일련의 이미지를 보여주었다. 그런 다음 참가자들이 컴퓨터 화면에 표시된 퍼즐을 맞추는 데 얼마나 걸리는지 기록했다. 그 결과, 분노를 할당받은 참가자들이 다른 감정을 받은 참가자들보다 더 많은 퍼즐을 풀었다. 가장 주목할 점은 분노 이미지를 본 학생들은 중립 이미지를 본 학생들보다 퍼즐을 푸는 시간이 39퍼센트 더 걸렸다는 점이다. 화가 난 참가자들은 퍼즐을 풀기 위해 더 많이 인내하느라 더 많은 시간을 소비했다.

분노는 잠재되어 있던 내적 자원을 동원해 잘못된 행동을 개선하고, 사회 정의를 실현하고, 개인적으로 느끼는 부정적인 감정을 전달하고, 불평불만을 해결하기 위한 행동을 강화할 수 있다. 그래서 분노는 때때로 우리의 삶에 많은 도움을 주지만 여전히 많은 사람들이 분노를 조절하지 못해 많은 어려움을 겪는다. 이들은 자신의 분노가 파괴적인 방식으로 드러나 다른 사람들에게 거부당할까 봐 두려워한다. 화를 내는 것은 나쁜 행동이기 때문에 감정을 드러내서는 안 된다고 다짐하는 경우도 많다.

그러나 이러한 걱정은 분노의 유용함을 정확하게 알지 못해서 생기는 것이다. 다른 모든 감정과 마찬가지로 분노는 뇌에서 생성되는 하나의 신호일 뿐이며 우리의 신체적, 심리적 욕구가 얼마나 잘 충족되고 있는지 알려준다. 특히 분노는 자신이 싫어하거나 불편해하는 상황이 벌어지고 있음을 잘 알려주어 우리 삶에 매우 유익한 정보를 제공해준다. 분노는 지금이 뭔가를 해야 하는 결정적인 시기임을 알려주고, 두려움을 극복하게 해주고, 잘못되었다고 말할 수 있는 용기를 준다. 잘만 활용하면 대단히 긍정적이고 유익하며 사회 전체에 도움이 되는 결과를 가져올 수 있는 감정이 분노인 것이다.♦

그러니 누구든지 분노를 적절하게 활용할 수만 있다면, 긍정적인 태도로 살아가는 데 엄청난 원동력으로 활용할 수 있을 것이다. 분노는 절대 보복성으로만 작용하지 않는다. 분노가 우리 사회의 불공정, 불평등, 부조리를 개선하는 데 가장 필요하고 적절한 반응이 될 수 있다는 점을 명심하자. 이어지는 3부와 4부에서는 살면서 느낄 수 있는 여러 분노 유형을 살펴보고 언제 어디서든 효과적으로 다스릴 수 있는 법을 소개하겠다.

♦   Sahi, 2019

3부

분노의 세부 유형 이해하기

"애야, 우리 마음 안에서는 항상
두 마리 늑대가 싸운단다.
한 놈은 악이란다.
분노, 질투, 탐욕, 분개, 열등감, 거짓말, 자존심이지.
다른 놈은 선이야.
기쁨, 평화, 사랑, 희망, 겸손, 친절, 공감, 진실이지."

"둘 중 어느 늑대가 이겨요?"
"네가 먹이를 주는 늑대가 이긴단다."

인디언 체로키족의 지혜

8장
일상에서 수시로 느끼는, 보통의 분노 유형

지금까지 살펴보았듯 분노는 인생의 많은 문제를 인지하고 긍정적으로 개선할 수 있게 이끌어주는 지극히 정상적이고 건강한 감정이지만, 어디까지나 자신을 잘 통제하고 격한 감정을 생산적인 방향으로 발현할 수 있을 때만 가능한 일이기도 하다. 우리나라에서는 분노를 참고 억제해야 하는 감정으로 여기는 분위기가 팽배하다 보니, 오랫동안 억눌린 분노가 충동적이고 공격적인 행동으로 표출되어 사회적으로 문제가 되고 있다.

분노를 잘 통제하고 싶을 때 가장 먼저 자신에게 해야 하는 질문은 "어떻게 하면 분노를 잘 조절할 수 있을까?"가 아니라 "이 분노는 대체 어디서 왔을까?"다. 왜냐하면 분노 아래에는 아주 많은 감정이 감춰져 있기 때문이다.

분노를 잘 조절하려면 먼저 분노 뒤에 숨어 있는 다양한 감정을 이해해야 한다. 대다수 현대인은 평온하고 조화로운 마음 상태를 유지하고 있는 경우가 거의 없고, 늘 원인을 알 수 없는 불안에 시달리면서 살아가기 때문이다.

우리 사회가 특히 분노에 대해서 오해하는 부분이 있다면, 소리를 지르거나 물건을 던지거나 주먹을 휘두르는 것을 분노 행동이라고 생각한다는 점이다. 사실 이것은 겉으로 드러나는 행동일 뿐 실제 감정은 이보다 훨씬 더 복잡하고 미묘하다. 에프렘 페르난데스Ephrem Fernandez 교수의 연구에 따르면, 분노는 6차원으로 분류할 수 있다.◆

분노의 6차원		
성찰reflection	**방향성**	편향deflection
내현	**위치**	외현
저항	**반응**	보복
언어화	**양태**	신체화
통제됨	**충동성**	통제되지 않음
회복	**목적**	징벌

이 분류에 따르면 수동공격적인 분노는 스스로 통제할 수 있으며 내현화되고 상대방에게 저항하고 징벌한다는 형태를 띤다. 반면 억압적인 분노는 주로 내현화하지만 통제하는 형태가 강하다. 폭발하

◆   Fernandez, 2008

는 분노는 성찰과 편향을 모두 하지만 주로 외형적으로 잘 드러나고 보복적이며, 신체를 활용하고 스스로 통제하기 어려우며 매우 징벌적이라는 특징이 있다. 그렇다면 건설적인 분노는 어떨까? 편향보다는 성찰을 많이 하고 외현화하며, 다소 저항적이고 언어로 표현할 수 있다. 또한 통제가 잘되어 회복의 성격을 띠는 분노라 할 수 있다.◆

이처럼 분노는 개인과 상황에 따라 다양한 방식으로 드러나는 2차 감정이기 때문에 유형별 분노를 잘 구분하는 법을 알아두는 것이 매우 중요하다. 분노마다 이름을 붙일 수 있어야 자신을 잘 수용하고 다스릴 수 있기 때문이다.

자신의 감정을 잘 통제하고 관리하는 것이 결코 쉬운 일은 아니지만, 스스로 어떤 분노에 취약한지 알아두면 살아가면서 많은 도움을 받을 수 있다. 분노에 잘 대처한다는 것은 다른 사람을 침해하지 않으면서도 본인의 욕구를 잘 관철할 수 있다는 의미이기도 하다.

지금까지 살면서 한 번이라도 화를 참지 못해 후회한 적이 있다면, 이제부터 소개할 내용을 꼼꼼하게 읽어보기를 권한다. 충동적으로 내린 결정을 후회하거나 누군가에게 금전적, 물질적, 정신적 피해를 입혀 피해 보상을 한 적이 있거나, 버럭 화를 내는 성격 때문에 사회생활에 별 도움이 되는 않는 선택을 자꾸 하게 된다고 고통스러워하는 내담자들을, 참 많이 만났다. 한두 번은 그럴 수 있지만 평생 같

◆ Fernandez, 2008

은 실수를 되풀이하면서 살 수는 없지 않을까? 가족, 친구, 연인, 직장 상사와 동료의 분노 때문에 마음고생을 하고 있다면 이 책을 나침반 삼아 조금이라도 그들을 파악하려고 노력해보자. 그들을 용서하고 이해하기 위해서가 아니라, 더 이상 그들에게 휘둘리지 않을 나를 위해서 말이다.

지금부터 소개할 분노 유형 중에는 병리적인 이유로 발생하는 유형도 포함되어 있다. 사람의 마음과 정신은 참으로 복잡해서 어디까지가 정상성이고 어디부터가 병리적 행동인지 딱 잘라 구분하기가 어렵다. 병리의 기준은 미국정신의학협회에서 발행한 정신질환 진단 및 통계 매뉴얼 5판(이하 DSM-5)을 따랐으며, 이 책에서는 DSM-5에서 언급했거나 이에 준하는 수준의 분노 표출 유형을 병리적인 것으로 구분했다. 다만, 일반적인 유형과 병리적인 유형을 구분하는 작업에는 저자의 의견이 반영되었으며 소개하는 예시는 모두 저자가 상담실에서 만난 내담자들의 사연을 최대한 각색한 것임을 밝힌다.

타인을 비난, 처벌하고 싶은 파괴적 분노Destructive Anger

저는 학교를 다닐 때부터 늘 주변 사람들의 시선을 의식했습니다. 집안 사정이 어려웠던 탓에 남들이 나를 어떻게 볼지 몰라 항상 긴장했고, 가급적 좋은 모습만 보이려고 애를 썼어요. 그래서인지 친구들은 제가 굉장히 부유하고 행복하게 사는 줄 알고 있었다는 걸 나중에 듣고서야 알게 되었어요. 아마 과거의 저는 많은 것을 감추고 사느라 급급했던 것 같습니다.

저는 아무리 억울해도 친구들에게 맞추고 사느라 제 주장을 못했어요. 그런데 어느 순간부터 내가 조금이라노 손해를 보면 너무 억울해요. 앞에서 억울하다는 걸 드러내지 못하면 속으로 욕을 퍼붓습니다. '내가 너 때문에 이렇게 화가 난다고! 도대체 뭐 하나 제대로 하는 게 없잖아!'라고요.

얼마 전, 제 팀원 하나가 두 달 넘게 끌던 업무를 결국 마무리하지 못하고 완전히 손을 떼는 일이 생겼습니다. 그래놓고는 너무 힘들어서 쉬어야겠으니 휴가를 내겠대요. 정말 화가 머리끝까지 났어요. 너무 이기적이잖아요? 그 업무는 회사에서도 상당히 중요하게 생각하는 일인데 팀원이 지금까지 아무 말도 없다가 갑자기 못하겠다고 하니, 너무 무력감이 듭니다.

"아니, 이렇게 그냥 휴가를 가겠다고 하시면 어떡해요? 쉴 때 쉬더라도 일은 마무리해놓고 가셔야죠. 결과를 내실 때까지 기다려줬는데, 너무 무책임하신 거 아니에요?"

"무책임하다고요? 저도 최선을 다했어요. 어떻게든 혼자서 해보려고 저도 애를 썼다고요. 그렇게 말씀하시니 굉장히 섭섭하네요."

사실 그 업무가 제가 자신 있고 잘하는 분야는 아니었어요. 그렇다고 남한테 도움을 요청할 수도 없잖아요? 연말 인사고과에 영향을 주니까요. 팀원이 알아서 잘해주기를 바란 건 사실이지만, 그래도 두 달 넘게 그 팀원 눈치를 봤던 시간이 억울했던 것도 맞아요. 무엇보다도 윗선에 어떻게 보고를 해야 할지 막막했고요.

일단 수습은 해야 하니 그간의 사정을 어느 정도 알고 있는 다른 팀원과 상의해서 보고했는데, 역시나 "이런 식으로 해서 일이 제대로 되겠어요?"라고 핀잔을 들었어요. 순간 속에서 천불이 나는 걸 겨우 참았지만, 휴가 중인 팀원에게는 그동안 느낀 심정을 장문의 문자로 보냈어요. 어쨌든 그 일을 제가 마무리해야 한다는 사실에는 변함이 없으니까요.

경찰청이 발표한 '2021 통계연보'에 따르면 2021년 발생한 범죄의 5분의 1에 해당하는 23만 8,243건의 범행 동기가 순간 욱하는 감정을 참지 못해 발생했다. 또한 경찰청에 따르면 최근 5년간 우리나라에서 발생한 보복 운전이 연간 4,000건을 넘는다. 단순히 보복 운전으로 불쾌감을 표현하는 정도가 아니라, 인명 피해를 일으키는 교통사고로 이어지는 건수도 상당하다.

분노는 누군가의 잘못된 행동 때문에 부당한 피해를 입었거나 억울하다고 생각할 때 느끼는 감정이다. 그렇다고 모든 사람이 폭행을 하거나 살인을 저지르지는 않는다. 상당수는 수동-공격적으로 화를 내거나 자신을 탓하거나 상황을 부인하거나 그냥 침묵한다. 물론 이것도 건강한 반응은 아니지만, 화가 날 때마다 거침없이 감정을 표출하는 사람들이 점점 많아지고 있는 것은 사실이다. 아마 자신에게 중요한 영향을 미친 사람들이 평소 화를 내는 모습을 봐왔기에 그런 행동을 하는 것이거나, 화를 제대로 내는 방법을 한 번도 배우지 못했을 수도 있다.

만약 본인이 화가 나면 폭발하는 유형이라면, 분노를 더 강화하는 방향으로 생각이 뻗어가고 있음을 자각하고 새로운 생각과 행동 패턴을 몸에 익혀야 한다. 분노가 고조되고 있음을 알아차리는 즉시 마음을 진정시키기 위해 행동해야 한다. 우리는 하루에도 여러 번 부정적인 상황을 맞닥뜨리는데, 그때마다 다른 사람들이 나의 기대와 욕구를 충족시켜주기를 바라기보다, 자신이 통제할 수 있는 것과 없는 것을 현실적으로 구분할 필요가 있다.

가장 대표적인 분노 행위, 비난

우리는 자주 다른 사람을 비난한다. 그 사람이 매번 약속을 어겨서, 나한테 불리한 결정을 강요해서, 상사에게 억울한 말을 들어서, 저 친구가 나를 무시해서…… 비난하는 이유에는 끝이 없고, 비난하는 쪽의 이야기를 들어보면 대체로 비난할 만하다 싶기도 하다.

그럼 비난의 정확한 뜻은 무엇일까? 잘못이나 결함에 대해 책임을 지우는 것을 말한다. 즉, 어떤 잘못이나 그로 인한 책임을 누군가에게 전가할 때 비난하게 된다. 파멜라 히에로니미Pamela Hieronymi는 비난을 한 사람이 다른 사람을 무시하거나 나쁜 행동을 보이는 데 대한 판단이라고 정의했고◆ 조지 셔George Sher는 개인이 잘못된 행동을 했거나 나쁜 특성을 가지고 있다는 믿음과 상대가 좋은 사람이기를 바라는 욕구가 충돌하는 것과 관련 있다고 보았다.■

다른 사람을 비난하는 행위는 원망, 분노, 증오, 적개심 같은 부정적인 감정으로 이어지기도 한다. 우리나라 사람들은 타인이 자신에 대해서 어떻게 생각하고 말하는지에 상당히 관심이 많다 보니 어떤 행동을 할 때도 스스로 많은 제한을 두는 경우가 있다. 특히 체면이 오랫동안 우리 문화를 지배해온 탓에 수치심을 느끼는 것을 가장 불편하게 생각하는 사람들이 굉장히 많다. 수치심은 자신에게 나쁘거

◆   Hieronymi, 2004
■   Sher, 2006

나 결함이 있다는 느낌이자, '타인'이 존재하기 때문에 느낄 수 있는 감정이며 친사회적 행동을 하게 만드는 요인이다.♦ 자신의 잘못이나 실수를 인정할 때 느끼게 되는 극심한 수치심을 피하기 위해, 상대방의 잘못이나 실수를 더 엄격하게 평가하고 비난하기도 한다.

물론 다른 사람을 비난하는 동안은 자신의 실수가 가려져서 체면을 유지하는 데 유리할 수도 있다. 그래서 비난을 회피의 한 형태로 보기도 한다. 더욱이 남을 비난하는 것은 아주 쉽고 간단하다. 그리고 잠시나마 상황을 통제하고 있다는 욕구를 충족시켜주며, 자존감에도 별다른 상처를 받지 않는다. 그런데 자존심을 지키기 위해 실제 벌어진 사건의 크기보다 더 과장되게 분노하면서 자신이 옳았음을 주장하는 경우에는 행동을 자제하기가 참 어렵다.

비난은 일반적으로 분노와 관련이 있지만, 비난의 기저에는 단지 분노 감정만 있는 것이 아니다. 비난은 다양한 상황에서 발생하는 감정, 생각, 행동의 결과로 여러 단계를 거쳐 드러나며 다른 행동보다 상대적으로 오래 지속된다.■ 또한 비난은 죄책감, 수치심, 분노, 적개심, 실망, 혐오감, 경멸, 슬픔을 느끼게 한다. 만성적인 분노를 가졌다면 남을 비난하면서 자신의 방식을 정당화하기도 한다. 가정폭력이 발생했을 때 가해자가 피해자 때문에 이런 일이 벌어졌다고 비난하고, 피해자는 자신이 잘못해서 맞았다고 스스로를 비난하며, 방관자는 피해자에게 원래 문제가 있었다고 비난하는 것이 대표적인 예다. 이

◆   de Hooge et al., 2008
■   Werkmäster, 2022

러한 병리적 구조 때문에 가정폭력이 정당화되고 강화되고 지속된다.

화를 잘 참지 못하는 사람들이 자주 하는 말 중에 "부모를 잘못 만나서"가 있다. 본인이 화를 내고 분노를 참지 못하는 것이 부모의 기질이나 양육 때문이라고 비난하는 것이다. 물론 성장 과정에서 부모의 방식을 일부 학습했을 수는 있지만, 무엇 때문에 화가 났든 자신이 느끼는 감정이 다른 사람 때문이라고 생각하는 것과 자신의 감정을 스스로 관리하는 것은 완전히 별개의 문제. 우리 마음의 상처는 상대방이 내는 것이 아니라, 자신이 그 문제를 어떻게 해석하기로 '선택'하느냐에 달려 있기 때문이다.

누구나 이 세상이 공정하고 공평한 사회가 되기를, 나쁜 짓을 한 사람은 반드시 벌을 받기를 바란다. 그러나 누구라도 선의의 피해자가 될 수 있고, 그 대상이 내가 될 수도 있다. 화를 많이, 자주 낸다고 나나 그 사람이 나쁜 것이 아니다. 남을 비난하든 나를 비난하든 지나친 분노와 공격으로 인한 고통은 결국 우리 모두가 받게 될 것이다.

파괴적인 분노를 알아차리는 법

우리는 하루에도 몇 번씩 눈앞에 놓인 상황을 고민하고 어떻게 할지 결정한다. 그런데 이 결정이 나에게 '좋을지, 나쁠지, 불안할지'를 고민할 때는 감정의 영향을 받는다. 어떤 상황이 '위험하다'고 생각하면 두려움을 느끼고, '부당하다'라고 판단했다면 화가 난다. 그래서 감정은 우리가 앞으로도 이와 유사한 상황에서 어떻게 반응할지 결정하게 만든다.

모든 분노는 처음에는 건설적으로 시작된다. 그런데 분노는 매우 강렬한 감정 에너지여서 빠르게 우리를 압도하고 해로운 방향으로 옮겨간다. 그래서 조심하지 않으면 점점 더 강해진다. 감정이 증폭되면 해로운 방식으로 표출될 가능성이 높아지는데, 특히 분노는 다른 감정보다 더욱 파괴적인 방식으로 피해를 발생시킨다. 분노가 자신을 향해도 자해, 알코올 중독 등을 초래하기 때문에 분노를 빨리 알아차릴수록 문제의 본질을 더 쉽게 파악할 수 있다.

분노를 빨리 알아차리는 것이 중요한 또 다른 이유는, 분노 강도가 점점 커지면 합리적으로 생각하고 판단하기가 사실상 불가능해지기 때문이다. 분노가 최고조에 이르면 다른 어떤 부정적인 감정보다 충동적, 파괴적인 행동을 할 수 있다. 대상도 상대방, 사물, 자기 자신, 불특정 다수를 가리지 않는다.

앞에서 분노는 우리에게 문제가 생겼음을 알려주는 신호라고 설명했다. 분노를 자각한다고 문제가 저절로 해결되는 것은 아니지만, 적어도 우리가 관심을 가지고 해결해야 할 문제가 발생했다는 사실만큼은 정확하게 알 수 있다.

혼란스럽고 부적절한 자아를 가지고 있거나 자아가 과도하게 부풀려져 있는 사람들도 분노를 폭발시킬 수 있다. 부적절한 자아를 가진 사람들은 타인과 관계를 맺을 때 파괴적이고 내현화된 분노를 자신에게 쏟아내는 경우가 많으며, 지나치게 부풀려진 자아를 가진 이

들은 파괴적이고 외현화된 분노를 타인에게 표출하는 경우가 많다.♦

반면 객관적이고 균형 잡힌 자아상을 가진 사람은 분노를 건설적으로 사용해서 반성과 성찰의 계기로 삼거나, 타인을 설득하고 이해하고자 노력하기에 새로운 도전을 하고, 위험을 감수하고, 긍정적인 삶을 살아가는 데 많은 도움을 얻을 수 있다. 다음 표는 파괴적인 분노가 내재화될 때와 외현화될 때의 차이를 보여준다.

	자신을 향하는 파괴적 분노	타인을 향하는 파괴적 분노
특징	• 자신을 비난하고 벌을 준다. • 상대방에게 매달린다.	• 비난, 위협, 협박, 공격, 따돌림으로 상대방을 통제하려 한다. • 돈이나 선물로 환심을 사려 한다.
관련 감정	• 자기혐오, 두려움, 낙담, 절망감	• 적개심, 적대감, 분노, 악의, 비통함

비난하는 습관을 다스리는 법

타인을 비난하는 행위는 궁극적으로는 책임감을 가지고 스스로 문제를 해결하는 경험을 가로막음으로써 자신의 내재된 가치를 발견하지 못하도록 방해한다. 또한 남을 비난할 때마다 우리 안에는 피해의식이 강화된다. 자신이 희생자라고 생각할수록 무력감, 무기력함, 비관주의와 같은 부정적인 감정이 강해져 성찰과 반성으로 더 도약

♦   Meloy, 2014

할 수 있는 기회를 놓치고 만다. 무엇보다도, 비난은 돌고 돈다. 우리가 공격적으로 반응하면 할수록 우리 안에 내재된 공격성이 더 강화된다.

누구나 약점과 결점이 있고, 실수와 실패를 하면서 살아가는 만큼 어느 정도의 고통은 감당할 수밖에 없다. 그러니 먼저 자신에게 좀더 너그러워지면 좋겠다. 나의 부족한 점, 부끄러운 실패와 실수를 너무 가혹하게 생각하지 말자. 어떤 경험이든 쌓이다 보면 자신이 할수 있는 것과 할 수 없는 것을 구분하게 되고, 본인과 주변을 온전히 받아들이는 기회도 갖게 된다. 세상을 너무 엄격하게 감시하고 판단하기보다는 각자의 한계를 받아들이고 수용할 수 있는 자아를 개발해야 한다. 살면서 느끼는 고통을 부정하거나 최소화하거나 없애기 위해 노력하자는 것이 아니라, 서로 공감하고 소통할 수 있는 기회를 주자는 것이다.

자신에게 엄격한데 남에게 너그러운 사람은 완벽주의에 시달리는 불안한 이들이다. 반면 자신에게 너그러우면서 남에게만 엄격하다면 본인의 잘못을 타인에게 투사하는 것일 수 있다. 누가 잘못했는가, 무엇이 문제인가를 따지는 일은 시간을 두고 천천히 판단해도 늦지 않다. 순간의 감정 때문에 소중한 관계까지 단절한다면 그것이야말로 분노가 초래하는 가장 큰 피해가 아닐까.

두려움을 느낄 때 올라오는 분노

전남편과 막 헤어졌을 때는 사실 영원히 혼자가 될까 봐 두려웠어요. '아무도 나를 필요로 하지 않으면 어쩌지?' 하는 생각만 가득했지요. 함께 사는 동안 전남편이 알아서 처리했던 일들이 있는데, 그것들을 이제 어떻게 해야 할지 너무 당황스러웠어요. 집을 구하거나 이사를 하는 것도 모두 남편이 알아서 했거든요. 이 나이가 되도록 모르는 것도 너무 많고, 직접 경험해본 것도 없다고 생각하니 더 두려웠던 것 같아요.

그러다 보니 아이들에게 점점 화가 나기 시작했어요. 왜 아무도 나를 안 도와주고 이해해주지 않나 싶어서 회사에서도 점점 예민해졌고요. 내가 너무 힘드니까 화를 내는 게 당연하다고 생각했고, 그래서 어떨 땐 바득바득 우기면서 싸웠어요. 내가 정당한 사유로 화가 났다는 것을 증명해야 하니 목소리도 점점 커져서, 결과적으로는 상대방이 수긍할 때까지 말싸움을 하게 됐어요.

혼자서도 완벽한 엄마, 완벽한 직장인이 되려고 노력했는데, 한편으로는 그렇게 되지 못할까 봐 두려웠어요. 특히 전남편에게 보란 듯이 혼자서도 잘 살 수 있다고 증명하고 싶었어요. 그런데 이런 생각이 들 때마다 '안 되면 어떡하지? 망하면 어떡하지?' 하는 걱정이 동시에 엄습하더라고요. 그때마다 아이들에게 실망하고, 회사에서는 저의 부족함이 두드러지는 것 같아서 또 엄청나게 화가 나고요. '내가 왜 이러고 살지? 아이들하고 행복하게 살려고 일하는 건데 정작 밖에서 받은 스트레스를 아이들한테 풀고 있네' 싶을 때마다 나 자신에게 화가 나요. 이러다 아이도 커리어도 전부 망칠까 봐 너무 두려워요.

두려운 상황에서 화가 나는 경우는 제법 흔하다. 운전 중에 갑자기 다른 차량이 끼어들거나 무단횡단을 하는 사람을 보면 순간 욱하고 화가 나는데, 이때의 화는 생존을 위협받는 두려움 때문에 올라오는 것이다.

그런데 두려워하는 것보다 화를 내는 것이 더 쉬울 때가 있다. 사랑하는 사람의 안전을 걱정할 때가 대표적이다. 나 자신과 내가 가장 사랑하는 사람들에게 해를 끼치는 인물을 두고 보는 경우는 없다. 그래서 누군가가 나의 배우자, 자녀, 친구, 연인, 동료에게 위험한 행동을 하면 자신도 모르게 엄청난 분노를 느껴 소리를 지르거나 행동이 앞선다.

이런 특성 때문에 분노는 일시적으로 긍정적인 결과를 주기도 한다. 그러나 장기적으로 볼 때 두려움이 매번 분노로만 드러난다면 건설적이지 않다. 진심에서 우러나온 나의 걱정과 두려움이 그들에게 또 다른 상처와 분노를 심어줄 수 있기 때문이다. 나와 주변을 두려움으로부터 보호할 수 있는 최선의 방법은 절대 분노가 아니다.

어떤 두려움이 분노를 촉발시킬까

영화 〈스타워즈〉 주인공인 다스 베이더는 두려움을 떨쳐내지 못하는 전형적인 캐릭터다. 그가 어린 시절 다시는 어머니를 볼 수 없을 것이라는 두려움에 가득 차 있을 때 스승 요다가 그에게 두려움이 미치는 악영향을 경고한다. "두려움은 고통을, 고통은 분노를, 분노는 증오를 낳고, 증오는 악한 쪽으로 이끄는 법"이라고 말이다.

두려움은 우리가 경험하거나 상상했던 위험에서 멀어지게 하는 감정 반응이다. 외부 요인뿐 아니라 내면에서 발생하는 생각이나 느낌 때문에 두려움을 느낄 수도 있다. 이러한 두려움은 감정을 회피하게 만들어 개인의 '심리적 안녕감'을 방해할 수 있다. 칼 알브레히트 Karl Albrecht 박사는 매거진 〈오늘의 심리학Psychology Today〉에 인간이 가지는 원초적인 두려움을 5가지로 요약해서 발표했다.◆ 이 요소에는 위계구조가 있는데, 자아의 죽음에 대한 두려움이 가장 크고 소멸에 대한 두려움이 가장 작은 축에 속한다.

유형	내용
자아의 죽음에 대한 두려움	• 굴욕감, 수치심, 진실성을 상실할 것 같은 두려움 • 스스로를 인정할 수 없고, 가치가 없고, 무능력하고, 사랑할 수 없게 만드는 모든 요인을 두려워하는 것 • 괴롭힘, 실수, 비판, 범죄, 거짓말 등 사회에서 부정적인 것으로 간주되는 행동, 수치심을 유발하는 행동을 할 때 느낌
분리되는 두려움	• 버림받기, 거절당하기, 관계가 단절되는 두려움 • 다른 사람들에게 인정과 존중을 받지 못해서 궁극적으로는 자신의 존재 가치가 사라질지도 모른다는 두려움 • 따돌림, 별거, 이혼, 사별 등을 경험할 때 혹은 상대방과 친밀해질수록 취약성이 드러날 수 있음 • 가까운 사람과 말다툼, 의견 충돌, 침묵을 경험할 때도 촉발될 수 있음

◆   Albrecht, 2012

자율성을 잃는 두려움	• 신체 움직임이 제한, 고정, 마비되는 것, 감금되거나 압도당하거나 질식할 것 같은 두려움 • 신체 증상만 고려하면 폐소공포증으로 보일 수 있지만, 인간관계나 사회생활에도 영향을 미칠 수 있음 • 노화와 질병에 대한 두려움, 결혼과 양육에 대한 부담감, 가난해질지도 모른다는 불안감, 직장에서 원하지 않는 일을 해야 하는 상황, 해고당할 위기에서 상사가 대화를 거부하는 상황 등도 이러한 두려움을 느끼게 할 수 있음
절단에 대한 두려움	• 신체 일부를 잃거나, 신체의 경계를 침범당하는 두려움 • 뱀, 거미, 지네 같은 동물을 무서워하는 것이 대표적 • 공공장소, 바늘, 세균, 수술, 치과를 두려워하는 것도 이 두려움에서 비롯되었을 수 있음
소멸에 대한 두려움	• 자신의 존재가 사라질 것 같은 두려움 • 아주 높은 건물에서 아래를 내려다볼 때, 비행기 안에서 육지를 내려다볼 때, 불치병에 대해 생각할 때 나타날 수 있으며 실존적 불안이라고 볼 수 있음

화가 나는 이유는 결국 두렵기 때문이다. 회사에 큰 손실이 생길까 봐 직원을 달달 볶고, 아이가 장난을 치다가 심하게 다칠까 봐 소리를 지르고, 배우자가 돈 관리를 제대로 못해서 가난해질까 봐 화를 낸다. 물론 때로는 두려움과 분노가 주는 불편함을 일부러 느끼려고 공포영화를 보고 번지점프를 하기도 한다.

요즘은 한강이나 유원지에서 오리 배를 타는 사람이 많이 줄었다고 한다. 익스트림 스포츠가 워낙 유행이어서인지 요즘 사람들은 오리 배를 별로 재미있어하지 않는다는 것이다. 이런 현상을 보면 사람들이 점점 극한의 감정을 느끼고 싶어 한다는 생각이 든다. 위험한 상황에서 느끼는 두려움은 신체를 매우 흥분시켜 기분을 고조시키는데 스카이다이빙, 번지점프, 암벽 등반, 공포 체험 등을 즐기면서 격렬한 자극을 느끼려는 사람들이 점점 많아지는 것도 분노로 가득 찬 우리 사회의 단면을 보여준다고 할 수 있지 않을까.

두려움과 분노의 공통점과 차이점

두려움과 분노는 모두 기본적으로 부정적인 감정이어서, 사람들은 이 두 가지 감정을 통해 불쾌한 경험을 한다. 두려움과 분노는 오랫동안 원시적, 생물학적 기원을 가진 기본 감정으로 간주되어 왔는데◆ 특히 분노는 개인의 목표가 위협을 받거나 거절되고 있음을 인식할 때 촉발된다.

두려움은 안전을 확보하기 위해 행동을 억제하거나 도피하게 만들고 실제적, 잠재적 위협으로부터 자신과 주변을 보호하려는 동기를 부여한다. 반면 분노는 장애물을 제거하기 위해 공격적인 행동을 하도록 촉발시켜 적과 맞서게 한다. 감정 이론을 정립한 플루치크 또한 두려움과 분노는 당사자가 인지한 위협과 위험에 양극적인 반응을 보인다고 주장했다.▪

화를 잘 내는 사람들이 주로 남을 탓하면서 상대방과 소통한다면, 두려움이 많은 사람들은 다른 사람을 비난하는 대신 무력감을 느낀

◆   deCatanzaro, 1999
▪   Plutchik, 1980

다.◆ 두려움과 분노는 어떤 위험을 통제할 수 있는 범위를 측정하는 방식에서도 서로 상반된다. 두려움이 사람들을 회피하게 만들거나 문제를 없애거나 그 문제를 해결할 수 있는 사람에게 복종하게 만든다면, 분노는 사람들에게는 위험을 감수하는 경향이 있으며 화를 초래하는 근본 원인을 공격할 수 있다고 본다. 또한 두려움과 화가 모두 많은 사람들은 자신의 감정을 외부 탓으로 돌리는 경향이 있기 때문에 두 감정이 서로를 더욱 강화시키기도 한다.■

특히 분노와 두려움은 상대방을 공격하거나 도망가게 만들며, 때에 따라서는 그 자리에서 얼어붙게 만들기도 한다. 보편적으로는 분노가 자극받으면 에너지가 좀 더 활성화되어 투쟁하려고 하지만, 두려움이 더 크게 자극받으면 억제 행동이 증가한다. 이러한 반응은 생존에 필수적이지만, 개인이 상대방에게 혹은 그 상황에서 어떠한 기대도 할 수 없을 때는 경직되는 것이 일반적이다.

한편, 어느 정도의 개인차는 있지만 우리는 두려움을 주로 '약함'으로, 분노는 '힘'으로 인식한다. 갈등도 두려움과 분노를 발생시키는 요인이 될 수 있다. 논쟁이나 신체 대립이 가장 일반적인 갈등인데, 이때 느끼는 위협이 분노나 두려움을 만든다. 두려움과 분노는 맞서 싸우거나 도망치거나 얼어붙게 만든다. 사실 상대방과의 갈등 상황에서 도망치거나 이길 가능성이 거의 없다고 인식할 경우, 얼어붙는

◆   Smith & Ellsworth, 1985

■   Friedrichs et al., 2021

것도 괜찮은 선택이 될 수 있다.◆

우리는 몇 년 전까지만 해도 코로나19 때문에 고통을 받았다. 이 시기에 백신 주사를 2차, 3차까지 맞은 사람도 있지만 후유증이 두려워 백신 접종을 거부하는 이들도 있었다. 일부에서는 백신 후유증에 대한 두려움을 분노로 표현하기도 했다. 이 경우, 두려움이 분노보다 더 강력한 동기를 만들어준 셈이다.

우리가 어떤 일에 극도로 몰입하면 당장 눈앞에 보이는 것에만 신경이 집중되고 주변은 잘 보이지 않는다. 두려움과 분노는 모두 우리의 주의력을 분산시키거나 감소시킬 수 있다. 이런 현상은 '투쟁-도피 반응'과도 관련이 있다. 특히 분노는 자신의 신념과 일치하는 정보를 찾고 해석해 '선택적 주의Selective Attention'를 기울이게 하고, 그에 따라 정보를 처리하는 경향이 있다.■ 이렇게 편향된 접근은 자신의 신념과 일치하지 않는 정보를 무시하게 만든다. 종교나 정치적 신념처럼 자신에게 매우 중요한 문제일 경우, 본인의 생각과 가치를 뒷받침하는 정보만 처리할 가능성도 높아진다. 또는 마음의 상처 때문에 집중력과 정보처리능력이 왜곡되어 객관적이고 종합적인 판단을 내리지 못할 수도 있다.

두려움이나 분노 때문에 어떤 행동을 해야겠다고 결심할 때는 관계에 부정적인 영향을 미치는 선택을 할 수도 있다. 소리 지르기, 물건 던지기, 상대를 위협하기 등은 개인의 정신건강에도 대인관계에

◆　　　Korte et al., 2005

■　　　Finucane, 2011

도 별 도움이 되지 않는 행동이다. 어떤 사람들은 화가 났을 때 가장 먼저 떠오르는 말이나 행동을 곧바로 하는데 잠시 그 자리를 벗어나 어느 정도 거리를 두는 것은 나중에 후회할 행동을 만들지 않고 스스로를 진정시키는 데 큰 도움이 된다.

두려움은 상황을 좀 더 위험하다고 예측하게 만들지만, 분노는 어떤 상황에 대한 위험을 낮게 인식해 더 위험한 행동을 하게 만든다.◆ 또한 두려움 때문에 분노하는 행동을 동기부여로 삼으면 어떤 행동은 더욱 발전시킬 수도 있다. 그래서 분노 아래에 감춰진 슬픔, 상처, 두려움을 잘 인식하는 일이 중요하다. 친구에게 작은 실수를 했다가 비난을 들을 것이 두려워 공개적으로 더 큰 망신을 주거나, 아예 관계를 끊어내는 경우가 있다. 회사에서 낮은 평가를 받고 혹시 해고당할까 두려운 마음에 상사가 자신을 부당하게 대우한다고 화를 내는 것이 대표적이다.

성과에 대한 두려움이 직장 생활에 미치는 영향

영국 보건안전청에 따르면 2022~2023년 직장에서 발생한 업무 관련 질병으로 1인당 평균 15.8일을 결근했으며 스트레스, 우울증, 불안 때문에 평균 19.6일을 결근한다고 보고했다. 정신건강 문제로 결근한 일자가 전체 평균보다 높다는 사은 직장인이 우울, 불안 등 심리적 요인 때문에 가장 많이 결근했다는 사실을 의미한다.■

◆　　Habib et al., 2015

■　　https://www.hse.gov.uk/statistics/dayslost.htm

실제로 직장인들은 두려움이 질투, 분노, 우울증, 불안과 함께 나타나기도 하며, 두려움은 매우 자주 경험하는 감정이기도 하다. 특히 두려움은 위협과 불확실성에서 개인을 보호하려는 반응으로 나타나고 분노는 자신의 목표를 위협하려는 상대를 방어하는 반응으로 드러난다.♦

직장인들이 주로 느끼는 두려움은 업무 관련 의사결정, 상사나 동료 앞에서 하는 성과 발표, 업무상 실수, 해고, 보복 당하기, 불편한 인간관계, 업무 마감일을 지키지 못하는 것, 상사나 동료들이 자신을 어떻게 볼지 모름, 업무 관련 대화의 불편함, 초과근무, 휴가에 대한 두려움, 성공이나 승진에 대한 두려움' 등 여러 가지가 있다. 또한 직장에서 느끼는 두려움은 일반적인 불안감이라고 볼 수도 있지만, 업무나 조직 생활에서 부정적인 결과를 초래할 것에 대한 걱정이라고 볼 수도 있다.■

여러 선행 연구를 살펴보면, 직장인들이 두려움을 느끼는 가장 주요한 요인은 직속 상사의 피드백과 고용에 대한 불안감으로 나타났다.♦ 또한 직장인들이 분노를 느끼는 가장 주요한 원인은 공개석상에서 느끼는 굴욕감이나 수치감, 상사나 동료에게 부당하거나 무례한 대우를 받았다고 느낄 때, 상사나 동료가 부도덕한 행동을 할 때 등이었다.

♦   Weiss & Cropanzano, 1996
■   Thiel et al., 2013
●   Gibaldi et al., 2019

직원은 자신이 참여했던 프로젝트가 불공정한 평가를 받으면 분노를 느끼지만 권위자의 평가에 이의를 제기하는 것에는 두려움을 느껴 침묵한다.♦ 만약 개인이 침묵을 극복하려면 분노가 두려움보다 훨씬 더 강해야 한다. 특히 한국처럼 서열 문화가 뿌리 깊게 존재하는 곳에서는 개인이 분노를 드러내기가 정말로 쉽지 않다. 아마도 개인이 두려움을 극복하고 분노를 드러내려면, 상당한 도덕성 결함으로 느끼는 분노 정도는 되어야 조직에서 수용할 것이다.

이런 상황에서 개인이 감정을 해소하기 위해 찾는 대안은 상급자를 찾아가기, 인사팀에 제보하기, 익명 게시판에 글쓰기 등이 있다. 히니크는 연구를 통해 개인이 보복당할 수 있다는 두려움에도 불구하고 부당하고 불공정한 일을 해결하기 위해 나서는 데는 분노가 중요한 동기가 된다는 사실을 알아냈다. 그러나 두려움에 사로잡혀 있는 경우라면 자신이 수행한 프로젝트가 불공정하고 부당한 평가를 받았다고 생각함에도 불구하고 상사에게 직접 화를 내는 것이 부정적인 결과를 초래할 것이라고 생각하는 경우가 많았다.■

일상에서 느끼는 두려움은 동기부여의 계기로 삼을 수 있지만, 직장에서 느끼는 두려움은 긍정적인 효과를 내기가 매우 어렵다. 대다수 성인은 월급에 의존해서 생활하기 때문에 고용 불안은 엄청난 재정 부담과 압박감으로 다가올 수밖에 없다. 그러니 직장에서 느끼는 두려움이 크다면 억지로 감추지 말고 잘 관리하는 것이 훨씬 유리하다.

♦   Ohman & Mineka, 2001
■   Lerner & Keltner, 2001

두려움을 다스리는 법

두려움은 종종 신체 반응을 활성화해서 압도적인 느낌을 준다. 발밑이 꺼지는 듯한 절망감이나 스스로를 통제할 수 없을 것 같은 기분을 느끼는 것은 모두 두려움이 신체에 영향을 미친 결과다.

무서운 상황을 피하고 싶은 것은 자연스러운 본능이지만, 두려운 상황을 계속 피하기만 한다면 그 두려움이 마음속에서 점점 더 커질 수도 있다. 그러니 두려움을 잘 식별하고 평가할 수 있다면 미리 대처하는 데 큰 도움을 받을 수 있다.

먼저, 두려움을 직면할지 회피할지 결정해야 한다. 만약 두려움을 직면하기로 했다면, 이 결정이 오히려 위험한 결과를 초래하거나 자신과 주변에 피해를 줄 수도 있다는 사실을 염두에 두어야 한다.

이 사람, 이 상황이 두렵다고 자책하거나 스스로를 비난하는 것은 부정적인 생각의 불을 지피는 것에 불과하다. 억누르려 하지 말고 인정하고 받아들이자. 두려움의 정체를 파악하는 것만으로도 감정의 무게가 줄어들 수 있다. 두려움이 어디에서 오는지를 정확하게 이해하는 것이 실천 가능한 목표를 설정하는 시작점이다.

첫 번째로 시도할 수 있는 것은 두려운 상황이나 인물에 대해 새로운 가능성을 생각해보고 변화하는 과정을 스스로 재구성하는 것이다. 두려움을 느낄 때마다 그 원인에만 너무 집중하다가는 스스로를 부정적으로 여기게 될 수 있다. 두려움이 느껴진다면 지금 머릿속에서 하고 있는 생각의 실체가 무엇인지를 스스로에게 물어보는 과정이 필요하다.

- 이 생각이 정말 사실일까? 사실 여부를 증명할 수 없는 문제인데 지나치게 주관적인 기준으로 판단하거나 일반화하고 있지는 않을까?
- 지금 하는 생각이 문제를 해결하거나 목표를 달성하는 데 도움이 될까?
- 내가 느끼는 두려움에 명확한 근거가 있나? 만약 근거가 있다 해도, 내가 마냥 두려워하고 있는 게 문제 해결에 도움이 될까?
- 이 문제를 다른 관점으로 생각할 수는 없을까?
- 지금 이 순간에 머물지 않고 너무 미래만 걱정하고 있는 것은 아닐까?

두려움을 느끼며 부정적인 생각에 사로잡히는 것은 몇몇 사람만의 경험이 아니다. 만약 일상 생활에 지장이 있을 정도로 두려움이 크고 지속적이라면 전문가를 찾는 것도 도움이 된다. 그 전에 스스로를 격려하고, 열심히 노력하면서 살아온 자신을 격려하는 시간을 꼭 가져보자. 우리는 그럴 자격이 충분하다.

무력감을 감춰주는 분노

팀장이 제 의견을 절대 들어주지 않아요. 저는 일을 좀 더 체계적으로 하고 싶은 것뿐인데 매일 모든 게 주먹구구식으로 돌아가거든요. 팀장은 자신이 무슨 업무를 했는지도 기억을 못해서 예전에 했던 일을 또 시키거나, 업무 분장을 제대로 하지 않아서 여러 명이 같은 일을 할 때도 있어요. 이렇게 개선하면 좋겠다고 여러 차례 제안해도 팀장은 고민해보겠다고만 하고 달라지는 건 아무것도 없어요.

저에게 권한이 없다 보니 출근만 하면 무력감이 들고 화가 납니다. 일을 하다가도 짜증이 나고, 무슨 일을 해도 효율적이지 않다고 생각하니 더 답답해요. 보고가 엄격한 편이라 자율성도 없고요. 이런 일이 계속 반복되니 이제는 무시당한다는 기분마저 듭니다.

친구들은 그렇게 스트레스 받지 말고 이직하라고 쉽게 말해요. 그런데 요즘 같은 불경기에 그게 말처럼 쉬운가요? 게다가 임대인이 연말까지 전세 보증금을 올려달라고 해서 더 막막해요. 이사를 하고 싶어도 어디로 가야 할지도 모르겠고, 반전세로 계속 살자니 그것도 경제적으로 부담스럽고요. 이 와중에 아이가 친구들 중에 자기만 아직 해외여행을 못 가봤다고 우는 거예요. 저도 모르게 "우리 집에 돈이 어디 있어?"라고 화를 버럭 냈는데, 그날은 제가 너무 초라했어요. 사는 게 막막해요. 가끔 술이라도 한잔하고 나면, 뭐든 걸리기만 하면 죽도록 두들겨 패고 싶다는 생각이 들어서 무서울 때도 있어요.

무력감은 어떻게 분노로 이어지는가

살다 보면 차별, 소외, 가난, 억압 등 다양한 이유로 무력감을 느낄 수 있다. 보통 무력감은 내 의지로 상황을 통제하거나 영향을 미칠 수 없다고 생각할 때 밀려오는 허탈감을 의미한다. 무력감은 매우 고통스럽고 불안한 감정이자 불안, 우울증, 절망감 등 다른 부정적인 결과를 초래하기도 하는데, 최근에는 급작스러운 사회 변화와 불황 등으로 많은 사람들이 흔하게 느끼는 감정이 되었다. 전쟁과 팬데믹, 태풍, 지진, 쓰나미, 대형 산불 같은 자연재해가 점점 많아지는 것도 중요한 요인으로 꼽을 수 있다.

이렇게 다양한 원인이 있지만, 개인이 무력감을 느끼는 가장 큰 이유는 소위 무슨 짓을 해도 달라지는 게 없기 때문이다. 뭔가를 이루거나 변화시켜보고자 아무리 시도해도 번번이 좌절될 때, 우리는 큰 무력감을 느끼고 그 안에 갇혀버린다.

우리 사회 전반에 퍼진 무력감을 언급할 때 대형 참사를 언급하지 않을 수 없다. 실제로 1999년 발생한 '씨랜드 유치원생 참사사건', 2014년 '세월호 참사', 2019년 '코로나19 사태', 2022년 '이태원참사' 등을 지켜보면서 많은 국민들은 국가가 우리의 건강과 안전을 지켜주지 못한다는 두려움과 좌절감을 느꼈을 것이고, 이런 감정은 사회 전반을 무력하게 만드는 데 아주 많은 영향을 미쳤을 것이다.

지금 처한 상황에서 통제력을 상실했다는 느낌을 받을 때 현실을 받아들이기보다 분노를 통해 자신의 힘을 되찾으려고 노력하는 경우도 있다. 이때 흥미로운 점은 초기에는 통제력을 회복하고 유지하기 위해 점성술이나 음모론에 빠지는 경우도 있다는 것이다. 특히 통제력을 느꼈던 상황보다 상실했던 상황을 떠올릴 때 음모론을 더 신뢰하는 경향을 보인다.✦ AI와 인공지능의 시대에도 점집, 타로 점, 신내림을 받은 무당을 찾아다니면서 미래를 예측하거나 인터넷으로 토

✦　　한규석, 2017

정비결, 사주팔자를 보는 사람들이 아주 많다.

상담심리 전문가로서 온라인상의 '오늘의 운세', '사주팔자' 등의 결과를 보면 아주 일반적이고 모호한 방식으로 결과를 제시했기 때문에 누가 보더라도 특정인의 성격 특성을 설명하는 것처럼 느낄 때가 있다. 예를 들면 '당신은 사람들이 자신을 좋아하길 원하며 타인에게 존경받고 싶어 한다. 그리고 당신은 외향적이지만 때로는 혼자 있는 것도 좋아한다. 때때로 당신은 어느 정도 변화와 다양성을 추구하지만 지나치게 제약을 받는 것을 싫어하며, 가끔은 비현실적인 희망을 품기도 한다' 같은 식이다. 그런데 누가 보더라도 자신에게 해당된다고 느낄 법한 이런 내용이, 사실은 아주 보편적인 사람들이 가진 일반적인 특성이다. 이러한 현상을 바넘 효과Barnum Effect라고 한다. 사람들은 미래가 불확실하다고 느낄수록 빨리 불안을 해소하려고 하기 때문에 어떤 정보가 생기면 쉽게 받아들이곤 한다. 사실 현실에서는 아무리 냉정하게 고민하고 논리적으로 판단해도 예상치 못한 이유로 실패하는 경우가 훨씬 많다 보니 누군가에게 확신에 찬 말을 듣고 싶어 하는 것이다. 여기에 더해서 안심이 되거나 기분 좋은 소리를 들으면 내용 중에 다소 과장되거나 미심쩍은 부분이 있어도 우선 믿고 싶은 마음이 드는 것도 일정 부분 영향을 미칠 것이다.

개인이 자신의 삶을 통제할 수 없다고 생각할 때 느끼는 무력감은 본인이 직면한 불공정하고 불평등한 현실에 대한 좌절과 분노로 옮겨가기 쉽다. 오랫동안 무력하게 지내던 사람이 갑자기 분노를 폭발시킨다면 이런 이유 때문일 가능성이 매우 크다. 그런데 분노가 폭발하는 순간을 떠올려보면 대개 수치심이나 후회가 뒤따르는 경우가 많다. 그러나 대개 자존감에 더 큰 상처를 남길 뿐이다.

무력감의 끝은 극단적 선택

일시적인 분노는 무력감을 감추는 훌륭한 도구가 되기도 한다. 그러나 실패를 반복하는 과정에서 무력감이 커지다가 어떻게 해도 이 상황에서 벗어날 수 없다는 생각에 빠지게 되면 결국 극단적인 선택으로 이어질 수 있다. 무력감이 큰 고통을 주는 이유는 나의 행동이 내 인생에 아무런 영향을 미치지 못하기 때문에 운명을 스스로 개척할 수 없다고 느끼기 때문이다. 자신에 대한 통제감을 상실하면 고통과 분노, 우울감을 느끼고 수행능력이 떨어진다. 이 과정에서 통제감을 회복하려는 시도마저 실패로 돌아가면 무기력이 학습되어 이후 주어지는 과제를 쉽게 포기하는 경향을 보인다.◆

흔히 자살의 원인으로 우울증을 꼽지만 실제 임상 결과를 보면 무력감, 분노감, 억울함에 죄책감이 더해질 때 자살로 이어지는 경우가 더 흔하다.■ 국립정신건강센터가 함께 발행한 〈2021년 정신건강실태조사보고서〉에 따르면, 국내에서 평생 살면서 한 번이라도 경험하는 자살 사고 유병률은 10.7퍼센트(남성 9.4퍼센트, 여성 12퍼센트)였고, 자살 시도는 1.7퍼센트(남성 1.6퍼센트, 여성 1.9퍼센트)였다. 개인이 1년간 지속되는 자살 사고를 경험한 비율은 1.3퍼센트(남성 1.0퍼센트, 여성 1.7퍼센트), 1년간 자살 관련 행동을 한 비율 중 자살 사고

◆   한규석, 2017
■   Moon et al, 2015

로 이어진 경우는 1.3퍼센트, 자살 계획은 0.5퍼센트, 자살 시도는 0.1퍼센트였다.

엄청난 무력감에 시달릴 때는 자살이 자기 인생을 통제한다는 느낌을 주는 유일한 해결책이라고 생각할 수도 있다. 물론 우리는 그들이 왜 그토록 강렬한 자살 충동을 느꼈는지 알 수 없다. 어쩌면 특별한 이유가 없었을 수도 있다. 그러나 충동이 올라오는 원인을 모른다면 이 문제의 해결책도 찾기 어렵다. 어쩌면 그래서 자살을 유일한 선택지라고 생각했을 수도 있다. 주변 사람들의 권유나 제안에 짜증이나 반발심이 들어 자꾸 회피하는 수준을 넘어 그들에게 심한 상처를 받았다면, 자살함으로써 복수하고 싶은 마음이 들 수도 있다.

자살을 생각하는 것은 고통스러운 문제에 대한 해결책이자, 정신적 고통에서 탈출하기 위한 방법이 되기도 한다.◆ 만약 어떤 사람이 자살을 생각하면서 편안함을 느꼈다면 이미 만성화되어 매우 심각한 상태라는 점을 의미한다.■ 실시간 자살 생각을 연구한 결과를 보면, 자살을 생각한 지 4~8시간이 지나면 정서적 고통이 감소하면서 생각이 부정적으로 강화될 수 있다.● 이들은 주로 부정적인 감정의 영향에서 벗어나기 위해 자살을 생각하지만▲ 아트 부치월드Art Buchwald

---

◆   Al-Dajani & Uliaszek, 2021
■   Crane et al., 2014
●   Kleiman et al., 2018
▲   Miller et al., 2018

는 저서《너무 일찍, 굿바이Too Soon To Say Goodbye》에서 자살이란 개인이 느끼는 병적인 불안 때문에 발생하는 "일시적 문제에 대한 영구적인 해결책"이라고 설명했다.

지금 느끼는 고통이 너무 커서 미래는 더 이상 의미가 없을 것이라고 생각하는 누군가가 있을 수 있다. 지금 이 고통을 끝낼 수만 있다면, 무슨 일이든 할 수 있다고 생각하는 사람도 있을 수 있다. 그래서 자살함으로써 모든 고통에서 벗어날 수 있을 것이라고 여기기도 한다. 죽으면 모든 것이 끝이라고 생각하는 사람들은 자살하면 고통도 사라질 것이라고 생각한다.

그러나 자살은 어떤 경우에도 좋은 해결책이 될 수 없고, 죽는다고 무조건 고통에서 벗어나는 것도 아니다. 임종연구 분야의 선구자이자 베스트셀러 작가인 엘리자베스 퀴블러 로스는 '죽음은 삶의 끝이 아니라 새로운 고통의 시작'이라고 했다.

삶이 곧 고통이라는 철학자 쇼펜하우어의 말을 한번쯤 되새길 필요가 있다. 우리가 살아가면서 경험하는 모든 일은 살아 있기에 겪는 것들이다. 삶에서 겪는 부정적인 것들을 무조건 고통으로 받아들일 것이 아니라, 그 고통과 함께 찾아오는 행복이 있다는 사실을 되새길 필요가 있다.

무력감을 해소하는 분노는 따로 있다

무력감은 주관적 경험과 외적인 현실, 이 두 가지의 영향을 받는다.◆ 내적-주관적인 경험에는 자신이 이 문제를 전적으로 통제할 수 없을 것 같다는 개인적인 믿음■이 포함되고, 이러한 상황에 처한 자신은 본인에게 영향을 미치는 외부 상황을 조절할 힘이 없다고 믿을 가능성이 크다. 만약 이런 상황에서 스스로 인지하는 통제력의 수준이 낮다면, 분노뿐 아니라 다른 부정적인 정서를 크게 느끼기도 한다.● 일반적으로 분노는 내적, 외적 공격에 대한 즉각적이고 충동적인 반응처럼 드러나지만, 사실 우리 내면에는 분노를 촉발하는 여러 감정이 존재한다. 이러한 감정에 대처하기 위한 전략이 분노인 것이다.

스티븐 스토니Steven Stosny▲의 저서《애착 학대 치료하기Treating Attachment Abuse》는 분노가 일종의 '심리치료제'로 작용할 수 있다고 설명한다. 분노가 일어날 때 뇌에서 분비되는 호르몬 중 하나인 노르에피네프린이 일종의 진통제로 작용하기 때문에 설령 관계가 망가지더라도 마음을 진정시키는 데 도움을 줄 수 있다는 것이다. 우리가 정신적으로 건강할 때는 힘든 일이 닥쳤을 때 지나친 죄책감이나 수치심을 느끼지 않고 '있는 그대로의 나'를 수용할 수 있지만, 여러 결핍으로 자아가 취약해졌다면 외부의 작은 공격도 견디지 못한다.

오래전 에리히 프롬은《무력감에 관하여On the Feeling of Powerlessness》에서 무력감의 가장 중요하고 보편적인 결과는 분노이며, 역으로 분

◆   Thomas & González-Prendes, 2009
■   Brickman et al., 1982
●   González-Prendes & Thomas, 2011
▲   Stony, 1995

노를 무력감으로 특징지을 수 있다고 주장했다.[◆] 이때 분노는 훨씬 파괴적으로 작용하며 특히 무력한 분노는 반항적이고 완고한 행동으로 드러나 조직에 적응하지 못하는 사람들, 항상 반대를 제기하는 사람들, 결코 만족하지 못하는 사람들과 같다고 했다.[■] 무력감이 심할 경우에는 폭력으로도 이어지는데, 자신의 권리를 주장하고 다른 사람들을 통제하려 함으로써 스스로 자율성을 확보할 수 있다고 믿기 때문이다.

또한 에리히 프롬은 분노를 억누를수록 불안은 커질 수밖에 없기 때문에 결과적으로는 분노가 불안을 양산한다고 생각했다. 때로는 자신이 느낀 분노를 다른 사람에게 투사하면서 '내가 저 사람에게 화를 내는 것이 아니라, 저 사람들이 나에게 화를 내고 있다'라고 생각하게 만든다고 보았다. 이 외에도 스스로 세운 목표를 달성할 수 없을 것 같은 느낌, 다른 사람의 공격에 무방비 상태라는 느낌이 불안을 만들어내어 결과적으로 분노의 악순환에 빠질 수 있다.[●]

무력감과 분노에 대한 인지부조화

부당한 일을 당해서 화가 날 때, 이 감정을 어떻게 드러내야 할지는 매우 신중하게 고민할 필요가 있다. 자극에 대한 반응은 대개 즉각 일어나지만, 그 반응은 우리 안에서 오랫동안 무의식적으로 형성

- ◆   Kassouf, 2019
- ■   Kassouf, 2019
- ●   Kassouf, 2019

된 신념과 인지적 편향, 그리고 편견 때문에 일어나기도 하기 때문이다. 물론 분노를 무조건 참으면 심리적 안녕감을 해친다. 부조리하고 불공평한 상황에서도 분노할 수 없으면 자신의 무능함을 자책하느라 자존감에 더 큰 상처를 낼 수도 있다. 하지만 수많은 개인은 여러 사회적 가치에 대해 저마다 상반된 정보를 수용한다. 그래서 자기 자신에게도 상반된 감정을 가질 수 있다.

이러한 현상은 레온 페스팅거Leon Festinger가 1957년에 제안한 인지부조화 이론Theory of Cognitive Dissonance으로 이해할 수 있다. 인지부조화는 개인이 가진 신념, 태도, 감정, 행동 등에서 일관성을 가지지 못할 때 느끼는 심리적 갈등 상태를 말한다.◆ 인지부조화를 느낄 때 분노가 올라오는 이유는, 자신의 행동과 태도가 일치하지 않을 때 부조화를 줄이고자 상황을 회피하고 스스로를 정당화하기 때문이다. 특히 중요한 결정을 내리는 상황에서 심각한 결과를 초래할 수 있기 때문에 더 많은 부조화를 경험할 수 있다.

인지부조화는 '양가감정'과 매우 유사하다. 인지부조화 상태에서는 자신과 자신의 능력을 객관적으로 인식하지 못하기 때문에 기존의 믿음을 가치관과 일치시키려 하거나 가치관과 부합하도록 새로운 신념을 추가하거나, 기존에 가졌던 믿음의 중요성을 감소시킨다. 그러다 보니 잘못된 결정을 내렸을 때조차도 자신의 결정이 옳았다는 믿음을 버리지 못한다. 그래서 인지부조화의 가장 큰 문제점은 잘

◆   Jones, 1985

못된 판단을 수정하지 않고 상대에게 분노한다는 점이다. 자신이 틀렸음을 인정하기보다 자신의 신념이나 믿음과 모순되는 증거를 무시하는 쪽을 택하는 것이다. 그래서 결과적으로는 상대를 공격하고 폄하하는 데 공을 들인다. 이론상으로 인지부조화 과정은 '인지 불일치 발생, 부조화 발생, 부조화를 줄이기 위한 동기부여, 불일치 감소'의 4단계로 진행된다.◆

인간은 감정의 복합체이고 우리는 매일 일상에서 크고 작은 인지부조화를 경험한다. 직장에서 경험하는 인지부조화의 주요 요인으로는 부당한 대우, 괴롭힘, 차별, 부적절한 관행, 부도덕한 행동, 이중잣대 등이고 이로 인해 발생하는 가장 흔한 결과는 지각, 결근, 성과 저하, 이직 등이다. 직장에서 부조화를 자주 경험할수록 분노가 증가하기 때문에 개인으로서는 부조화를 최소화하려는 노력을 하게 된다. 다음은 우리가 일상에서 경험하는 인지부조화의 대표적 예시다.

행동	과정
운동	• 온종일 자리에 앉아 일을 하면서 스스로를 자책함
흡연 및 음주	• 수시로 금연과 금주를 다짐하지만 사회생활을 하려면 어느 정도는 할 수도 있다고 생각함
업무	• 열심히 일해서 좋은 성과를 내고 싶다고 생각하지만 근무 시간에 딴짓을 하면서 시간을 보냄 • 자신의 행동에 죄책감을 느끼지만 근무환경 때문에 업무에 집중할 수 없다고 생각함

◆   Hinojosa et al., 2017

충동구매	• 알뜰하게 소비해야 한다고 생각하지만 지금 구입하는 것이 이득이라든가, 고생한 나를 위로하려면 이 물건이 필요하다고 스스로를 설득함
정직과 거짓	• 불가피한 사정 때문에 이번에는 규칙을 어겼지만 나는 원래 정직한 사람이라고 생각함
인정 및 보상	• 직원들은 노력에 대한 보상을 원하지만 경영진은 그렇게 생각하지 않음
위험 회피	• 혁신이 중요하다고 말하면서도 새로운 방향을 제안하면 위험하다고 꺼림

인지부조화를 해소하기 위해 가장 많이 하는 행동 중에 확증편향이 있다. 기존의 가치관, 신념, 판단을 유지하는 데 도움이 되는 정보에만 관심을 가지고 나머지 정보는 모두 무시하는 사고방식과 태도다. 물론 이것은 궁극적인 해결책도, 바람직한 방법도 아니다. 인지부조화를 다루기 위해서는 보다 효과적인 대응 전략이 필요하다.

조직에서는 명확한 규범과 공평성을 기반으로 기대치와 예측 가능성을 정하는 것, 열린 의사소통을 장려하고 상대방의 말에 적극적으로 귀를 기울이는 것이 중요하다. 개인적인 신념이 변화를 만들어가는 데 장벽이 된다면 인지부조화를 개선하기가 매우 어렵다. 이번에 어떤 결과를 초래했든, 미래에는 같은 문제가 발생하지 않을 것이라고 스스로를 믿어보자. 한번쯤 자신의 행동을 다른 각도에서 바라보는 것도 도움이 된다. 다른 기준을 적용해도 자신의 신념과 크게 어긋나지 않는다고 스스로 믿게 만들 수 있다. 자신의 신념과 현실 사이에서 너무 갈등하지 말고, 스트레스로부터 나를 보호하는 것이 더 중요하다.

무력감을 다스리는 법

스스로를 '나약하다, 부족하다, 취약하다'라고 생각하는 것에 익숙하다면 무력감은 끊임없이 되풀이된다. 계속해서 자기비난과 폄하를 하게 만들기 때문이다. 최악의 경우, 주변에 화풀이를 하느라 정작 자신에게 공감하고 응원해주는 사람들을 멀어지게 만들 수도 있다. 때로 우리는 자신이 무능하다고 느끼지만, 이런 감정을 느끼는 것이 정상이다. 자신을 지나치게 이상적인 존재로만 여기는 것도 위험하다.

무력감은 항상 현재가 아닌 과거와 미래와 연결된다. 그러나 과거는 머릿속 기억일 뿐이고 미래는 누구도 알 수 없다. 그래서 우리 모두는 공평하다. 지금 이 순간이 우리가 통제할 수 있는 유일한 시간이다. 나는 몇 년 전도, 몇 년 후도 아닌 '지금 여기Hear and Now'에 존재한다는 점을 의식하자. 지금 당장 실천할 수 있는 것들을 하자. 가장 쉽고 빠른 것은 심호흡이다.

대부분의 사람들은 자신이 매우 작은 존재라고 여긴다. 그런 느낌이 무력감을 만들어낸다. 개인이 할 수 있는 일이 많지 않기 때문에 더 큰 무력감을 느끼기도 한다. 자신이 도저히 통제할 수 없는 외부 상황 때문에 그동안 소중히 지켜온 가치를 잠시 거스르는 결정을 내려야 할 때도 있다. 그러나 이것은 절대로 부도덕한 행동이 아니다. 타협한다고 우리의 가치가 폄하되는 것도 아니다. '고작 나 한 사람이 뭘 할 수 있을까?'라고 느끼는 순간에도 무엇이든 하고 있다면, 당신은 무력감에 빠지지 않을 것이다. 타협도 좋고 외면도 좋다. 항상 강력한 힘과 의지로 맞서는 것만 옳은 승부, 좋은 승부는 아니다.

무력감에서 벗어나겠다는 결심은 '하루 만에 태산을 넘겠다'라는 생각에서 시작된다. 중요한 것은 오늘 당장 할 수 있는 작은 행동 한 가지를 정해, 실제로 하는 것이다. 그래서 무력감이 심할 때는 자기 관리를 위한 작은 실천이 중요하다. 그 실천이 무력감의 원인을 직접 제거하는 활동이 아니어도 '지각된 통제감'을 느낄 수 있다. 하버드 대학교 엘렌 랭어Ellen Langer 교수와 예일 대학교 주디스 로딘Judith Rodin 교수◆의 연구는 작은 실천이 왜 중요한지 보여준다. 어느 양로원에서 노인의 절반에게는 자신의 방을 직접 꾸밀 수 있게 해주었다. 이 노인들은 직접 가구를 배치하고 식물도 키웠다. 다른 노인들에게는 직원들이 방을 대신 꾸며줄 것이라고 했다. 6개월 뒤 두 집단을 비교하니, 스스로 방을 꾸민 참가자들은 건강이 좋아지고 사망률도 낮아졌다. 랭거와 로딘 교수는 자신의 삶에서 통제감을 느낀 것이 주요 원인이라고 주장했다.

앞에서 지금 당장 할 수 있는 작은 실천으로 심호흡을 제시했다. 스트레스가 심할 때 일단 심호흡을 하라는 조언은 과학적 근거가 있는 사실이다. 스트레스는 뇌를 '투쟁, 도피, 경직' 모드로 전환시킨다. 이때 심호흡을 하면 부교감 신경계가 자극을 받아 교감 신경계를 진정시키고, 세로토닌처럼 행복을 느끼게 만드는 호르몬 분비를 촉진시킨다. 지금, 바로 심호흡을 해보자. 정말 도움이 될 것이다.

◆   Ranger & Rodin, 1976

침묵으로 일관하는 분노Silent Anger

저는 화가 나거나 억울하면 말을 안 해요. 친구들하고도 그랬고 연애할 때도 마찬가지예요. 회사에서도 화가 나는 일이 생겨서 의사 표현을 하고 싶을 때도 저도 모르게 침묵하게 되더라고요. 전화가 와도 잘 안 받고, 남자친구와 헤어지고 싶을 땐 잠수를 타요.

그러다 보니 제 지인들은 항상 저를 답답하게 생각해요. 저도 무슨 말이든 해야겠다고 생각은 하는데, 화가 난 이유를 어디서부터 어떻게 설명해야 할지도 모르겠고, 어떨 때는 상대방이 저를 윽박지르는 것 같아서 더더욱 말문이 막혀요. 화가 난 이유를 조목조목 설명할 자신도 없고, 화를 내는 모습이 딱히 좋아 보이지도 않고요.

어릴 때도 엄마가 야단을 치시면 아무 말도 하지 않고 눈만 껌벅거렸어요. 그럴수록 엄마는 더 화를 내셨고, 저는 더더욱 입을 다물었고요. 생각해보면 그때는 단지 엄마가 화를 내시는 게 무서워서 벌벌 떨었던 것 같아요. 불쾌하거나 화가 난 상황에서도 차분하게 할 말을 하고 따질 건 따지는 사람들이 부러운데, 저는 입을 다무는 것이 습관이 되어버린 것 같아요

불편한 감정을 숨기는 한국인

우리는 오랫동안 쉽게 화를 드러내서는 안 된다는 교육을 받아왔다. 일부 사람들은 여기서 더 나아가 불만사항을 언급하거나 싫은 티를 내는 것조차 나쁜 행동이라고 생각해 불편한 감정 자체를 언급하지 말아야 한다고 생각한다. 이들은 분노를 충동성, 공격성과 같은 맥락이라고 생각하는 경향이 있다.

그러나 흔히 부정적이라고 여기는 감정 하나하나도 우리가 살아가는 데 필요한 역할을 수행한다. 버코위츠와 하먼존스◆의 연구에 따르면 분노는 개인의 목표를 방해하는 상황, 불합리하고 불공정한 환경처럼 불쾌하거나 원치 않는 외부 요인 때문에 자주 느끼며, 가볍게라도 화를 내는 것만큼 일상에서 흔한 일은 없다고 주장했다. 그래서 화가 날 때마다 침묵한다면 본인의 인생에 어떤 영향을 미칠지 진지하게 생각해볼 필요가 있다.

우리나라에만 존재한다는 일종의 풍토병 중에 화병火病이 있다. 2013년 개정된 DSM-5에서는 삭제되었지만 한국표준질병사인분류에서는 기호 U22.2로 명시되어 있는 질병이다. 스트레스, 우울증, 불안장애, 불면증, 두통, 소화장애 등이 대표적인 증상이며 심할 경우 심근경색 같은 치명적인 질환으로 이어질 수 있다.

불편한 감정을 삼키는 사람들은 생각보다 많다. 특히 한국처럼 집단주의 성격이 강한 문화권에서는 많은 이들이 화가 났다고 솔직하게 말하면 인간관계에 악영향을 미친다고 생각한다. '그때 왜 그렇게 화가 났는지' 고민하느라 화를 낼 타이밍을 놓쳤을 수도 있다. 나를 화나게 만든 사람에게 어떻게 말해야 할지 머릿속으로 수없이 고민하지만, 그때 바로 말하지 못한 감정을 시간이 지난 뒤에 표현하기가 어려울 수도 있다. 상담실을 찾는 분들 중에 이런 이유로 매번 '이불킥'을 하게 된다고 호소하는 경우가 많다.

◆   Berkowitz & Harmon-Jones, 2004a

하지만 입 밖으로 언급하지 않는다고 분노가 없어지는 것은 아니다. 대부분의 의사소통은 언어 외에 비언어적 정보도 동시에 교환하기 때문에 눈빛, 표정, 목소리의 톤, 몸짓만으로도 억눌린 감정을 상대에게 이미 전달하고 있을 수 있다. 그래서 해결할 수 있는 분노는 빨리 해결하는 것이 건강하고 긍정적인 관계를 만드는 데 필수적이다. 침묵이 언제나 금이 되는 것은 아니다.

의식적인 억제, 무의식적인 억압

방어기제의 하나인 억제는 분노가 올라올 때 자신에게 해가 된다고 느끼는 부정적인 생각이나 충동을 통제하고 감정을 표현하지 않으려고 의식적으로 노력하는 것을 의미한다.[◆] 또 다른 방어기제로 억압도 있는데, 억압이 무의식적으로 일어나는 과정이라면 억제는 의식적으로 일어나는 과정이다. 분노를 참으려는 사람들은 종종 화를 낸다고 비난받을 때 방어적인 태도가 된다.

억제는 대인관계에서 발생하는 갈등 회피, 죄책감, 반추, 우울증과 관련이 깊다.[■] 때로는 사회적 지지 체계가 부족해서 발생할 수도 있다.[●] 상대방에 대한 의존성이 높은 사람들 중에도 인간관계에서 조화를 이루기 위해 분노를 억제하거나 회피하는 경향이 있다.[▲] 이처럼

[◆]   Spielberger, 1999

[■]   Gross & John, 2003; Martin & Dahlen, 2007

[●]   Palfai & Hart, 1997

[▲]   Markus & Kitayama, 1991

억제는 원만한 대인관계를 중요하게 생각하는 경향이 클 때 자주 활용하게 된다.

경우에 따라서 억제를 개인의 감정 조절법으로 활용할 경우, 사회적 소속감과 심리적 안정감을 유지하려는 노력이 될 수도 있다.[◆] 하지만 억제를 많이 하는 사람일수록 우울증과 불안의 정도가 더 높은 것이 사실이다.[■] 타인과의 갈등이나 충돌이 두려워 감정을 자꾸 내면화하는 사람들은 결국 내적으로 고통을 겪게 마련이기 때문이다. 게다가 분노를 오랫동안 억제하다 보면 기쁨, 설렘, 행복감 같은 긍정적인 감정도 억제하는 습관이 생길 수 있다. 이런 습관이 굳어지면 자신의 욕구를 충족하기도 어렵고, 타인에게 깊은 애정이나 고마움을 표현하는 것도 어려워질 수 있다.

한편, 타인이 자신에게 화를 낼 때조차도 상대방이 지금 분노한다는 사실을 인정하지 않으려고 방어하는 경우가 있다. 이것은 일종의 방어기제일 수 있는데 방어는 자신이 느끼는 분노를 인식하고 받아들이는 것을 더 어렵게 만들어서 어떻게든 무시하고 부인하거나, 최소화할 가능성을 높인다.

분노는 많은 감정 중에서도 생리적 활성화를 가장 크게 일으키는 감정[●]이어서 개인의 사고방식에 변화를 일으키는 원인이 된다.[▲] 따라

◆　　Cheung & Park, 2010
■　　Versella et al., 2016
●　　Arnold, 1960
▲　　Smith & Lazarus, 1993

서 분노를 억제할수록 누적되며, 전반적인 삶의 질과 일상의 기능을 저하시키기도 한다. 몸과 마음의 건강에 부정적인 영향을 미치는 것은 당연하다. 분노 자체는 우리에게 해롭거나 나쁘다고 할 수 없지만, 분노를 잘 표현할 수 있는 배출구가 없다면 분명 파괴적인 결과를 가져올 수밖에 없다.

그럼 대다수 사람들은 화가 나면 어떻게 풀까? 누군가는 취미 생활을 하거나 일기를 쓰면서 마음을 달랠 것이고, 어떤 사람은 단호한 대화를 통해 분명하고 직접적인 방식으로 의사를 표현할 것이다. 가까운 사람들과 수다를 떨면서 푸는 경우가 가장 일반적일 것이고, 포털 사이트나 SNS에 댓글을 남기는 경우도 있다.

그런데 침묵을 선택하는 사람들은 겉으로는 아무 반응이나 대꾸를 하지 않지만 짧게는 몇 시간에서 길게는 며칠 동안 그 사건을 머릿속으로 떠올리며 여러 경우를 수를 생각하고 있을 가능성이 크다. 하지만 계속 떠올릴 가치가 없는 일을 가지고 겉으로는 침묵하고 속으로만 계속 떠올리다가는 더 큰 대가를 치를 수도 있다.

어떤 사람들은 부정적인 감정 자체를 느끼지 않으면 고통스럽지 않을 것이라고 생각하기도 한다. 그러나 분노를 계속 억제하는 데는 많은 에너지가 소모되며, 결과적으로 사람을 지치게 한다. 감정을 억누르기 위해 쏟는 에너지는 교감신경을 활성화시켜 건강에 무리를 준다. 더욱이 이런 사람들은 분노만 참는 것이 아니어서 자신이 가진 나쁜 습관을 방치하다가 더는 계속할 수 없는 상황에 직면하기도 한다. 화병이 대표적인 예시다. 그러니 참는 게 미덕이라는 생각을 버

리고 지금부터라도 건강하게 분노를 표현하는 방법을 익히는 것이
맞다.

오른쪽 표를 보면서 자신에게 해당되는 내용이 몇 개인지 체크해
보자. '그렇다'라고 답한 내용이 많을수록 분노를 많이 참고 있다는
뜻이다.

의사소통에서 침묵이 의미하는 것

조용하고 미묘하게, 별다른 문제처럼 보이지 않도록 남몰래 분노
하는 방식이 있다.

- 다른 사람들과 함께하는 자리에서 조용히 있음
- 일정 거리를 유지하거나 정서적으로 단절함
- 상대방에게 호의를 베풀거나 도와주지 않음
- 분노를 반추하느라 오랜 시간을 보냄
- 특정인과 함께 활동할 기회가 생겼을 때 단절함
- 특정한 주제로 대화하는 것을 피함
- 인간관계를 오래 유지하지 않음

분노를 제대로 다루지 않으면 계속해서 다른 감정이 덧씌워질 수
있으며, 해결되지 않은 각각의 분노는 시간이 지날수록 점점 증폭되
어 상대방을 아주 미묘한 방식으로 조종할 수 있다. 물론 이러한 행
동도 오랜 시간 지속된다면 언젠가 터질 가능성이 높아진다. 대신 자
신이 상대방에게 이런 조종을 당할 가능성이 있다는 점도 기억해야

억압된 분노 징후	증상
1. 화를 내지는 않지만 종종 슬프거나 우울하다고 느낀다.	1. 고혈압이 있다.
2. 대화 도중 빈정대거나 냉소적이 될 때가 있다.	2. 만성 스트레스가 있다.
3. 갈등, 대립 상황이 불편하다.	3. 심장 질환이 있다.
4. 불편한 감정을 느끼기 싫어서 대화 주제를 돌리거나 주위를 산만하게 만든다.	4. 불면증이 있다.
5. 화가 났다는 말을 들으면 자신도 모르게 방어적이 된다.	5. 만성질환의 위험도가 높다.
6. 인생의 많은 것을 통제해야 한다고 느낀다.	6. 자존감이 낮다.
7. 만성근육통 또는 두통이 있다.	7. 불안, 우울증 등 정신건강에 문제가 있다.
8. 다른 사람들이 나와 친밀한 감정을 공유할 때 불편함을 느낀다.	8. 중독 위험성이 높다.
9. 다른 사람들과 교류할 때 수동공격적인 행동을 할 때가 많다.	9. 충동적이고 자기파괴적인 행동을 할 때가 많다.
10. 인간관계에서 적당한 거리를 두거나 거절하기가 어렵다.	10. 솔직한 의사소통을 하는 편이 아니며 자신을 드러내는 것을 가급적 꺼리는 편이다.
11. 화가 나면 그 사람 혹은 상황을 피하거나 스스로를 고립시킨다.	11. 인간관계를 맺는 데 어려움을 느낀다.
12. 화가 나면 자신도 모르게 폭발할 때가 있다.	12. 집중하기가 어렵다.
13. 일이 뜻대로 되지 않으면 불평불만을 늘어놓는다.	13. 업무 성과가 매우 낮다.
14. 높은 수준의 만성 스트레스 또는 불안을 자주 느낀다.	14. 감정이 무디거나 무감각하다고 느낄 때가 많다.
15. 부정적인 생각이나 자아비판을 자주 한다.	
16. 다른 사람을 쉽게 원망하거나 부러워한다.	
17. 나를 괴롭히거나 화나게 하는 사람들에게 대응하는 것보다 무시하는 쪽이 편하다.	
18. 나를 화나게 한 사람에게 원한을 가지고 시간이 지난 후에도 자주 생각한다.	
19. 화가 나면 죄책감, 수치심 같은 부정적인 감정을 자주 느낀다.	
( )개	( )개

한다. 만약 어떤 상황에 반응하지 않겠다고 다짐했다면, 이것은 분노를 조절하는 것이 아니라 화를 낼 기회를 다음으로 미루고 있는 깃뿐이다.

관계를 망치고 싶지 않아서 자신의 생각이나 감정을 드러내지 않는 방안으로 침묵을 선택했는데, 오히려 말을 하지 않아서 더 큰 갈등이 빚어지는 경우도 많다. 연인에게서 말 한마디 듣지 못하고 하루아침에 '잠수이별'을 당하는 것이 대표적이다. 갑자기 연락이 두절되어 이별을 당하는 입장에서는 자신에게 벌어진 일을 추측할 수밖에 없다. 누구라도 이런 일을 겪고 나면 상대방에게 깊은 배신감과 분노를 느낀다. 서로를 깊이 신뢰하고 오랫동안 교제했다면 그 충격으로 트라우마가 생기기도 한다.

이처럼 일방적인 침묵은 상대방의 분노뿐 아니라 거절당했다는 느낌, 자존감 하락, 관계의 가치 저하, 공격성을 증가시킨다.◆ 여성이라면 자신이 처한 상황에서 선택의 여지가 없다고 느낄 때, 어떤 노력도 통하지 않을 때 더 침묵하는 경우가 많다.■ 그러나 겉으로는 순응하는 것처럼 보여도 속으로는 자아가 분열되어 더 많이 분노하는 결과를 초래하기도 한다.● 연구 결과에 따르면 남성이 여성보다 더 많이 침묵하는 것으로 나타났지만, 그로 인한 우울증과의 연관성은

◆   Wirth, et. al., 2010
■   Tan & Carfagnini, 2005
●   Tan & Carfagnini, 2005

여성에게 더 강력했다.♦

　우리나라에서도 오랫동안 의사소통훈련 프로그램으로 활용하고 있는 '부모역할훈련'의 창시자 토마스 고든Thomas Gordon은, 침묵이 상대방과 보다 효율적으로 소통하기 위한 매우 강력한 방법이 될 수 있다고 강조했다. 특히 슬픔, 두려움, 분노처럼 강렬한 감정을 느낄 때 침묵하는 것은 상대방을 있는 그대로 받아들이는 데 도움을 줄 수 있다고 했다. 이때의 침묵은 상대방에게 관심이 있다는 의미를 전달하는 수단이 되기도 하지만, 아무것도 하지 않는 침묵은 상대방과 소통을 단절하겠다는 의미로 받아들여질 수도 있다.

　화가 나는 상황이 아니어도, 우리는 상대방이 내 얘기를 별로 듣고 싶어 하지 않을 것이라고 확신할 때 자주 침묵한다. 그러나 역설적이게도 우리가 느끼는 솔직한 감정을 상대방에게 온전히 전달하지 않으면 지금보다 더 깊고 좋은 관계를 맺을 가능성은 낮아진다. 특히 부정적인 감정을 강하게 느낄 경우, 그저 침묵만 하는 것은 감정을 다스리는 데 도움이 되지 않을뿐더러 계속해서 상대방을 외면하게 만든다. 침묵이 당장 더 큰 화를 부르지 않았다 해도, 그 감정이 미해결 과제로 남으면 관계는 더 악화된다.

　오랜 침묵은 그 자체로 공격성을 내포한다. 또한 어떤 갈등을 해결하기에도 절대 효과적이지 않다. 자신의 관점이 옳다고 지나치게 확신할 경우, 본인이 놓치고 있는 점들은 생각하지 못한다. 그러니

♦　　Thompson, 1995

이제는 침묵으로 불편한 감정과 상황을 외면하는 대신, 용기를 내어 혼란스럽고 좌절된 마음을 조금씩 드러내보자. 중요한 관계일수록 방어적인 자세보다는 좀 더 솔직한 생각과 감정을 드러낼 때 심리적 안정감과 높은 자존감, 그리고 더 단단한 연결의 힘을 느낄 수 있을 것이다.

침묵하지 말고 적절한 분노를 표현하기

마음속으로 감정을 삭이는 것보다 당사자에게 확실하게 전달하는 것이 더 큰 도움이 된다. 해소하지 못한 감정은 우리 안에서 계속해서 다른 감정과 뒤섞여 사소한 일에도 쉽게 분노하게 만들고, 그 결과 우리를 점점 예민하고 변덕스러운 사람으로 만들 수 있다.

여러 연구자들도 표현하지 않는 분노는 관계를 유지하고 강화하기보다 우울증◆과 불평불만을 유발할 수 있다고 강조했다.■ 친밀한 관계일수록 상대방은 우리에게 개인적인 욕구와 욕망을 표현해주기를 기대●하기 때문에, 불편한 감정을 표현하지 않고 침묵으로 일관하는 것을 '나를 싫어하거나 불만이 있는 것'이라고 인식할 수 있다. 따라서 분노를 잘 조절하는 것 못지않게 분노를 잘 표현하는 것도 중요하다.

누군가가 화를 낼 때 사람들이 쉽게 하는 조언 중 하나가 "그냥 무시해"라는 것이다. 물론 무시하는 것도 훌륭한 대안이 될 수 있다. 조

◆   Page et al., 1996; Thompson, 1995
■   Baker et al., 2014
●   Parks & Floyd, 1996

용한 분노의 일환으로 상대방과 당분간 심리적 거리 유지하기, 상대에게 베풀던 호의나 도움을 중단하기, 특정 대화 주제를 피하기, 공적인 주제만으로 가급적 짧게 대화하기 같은 방법으로도 어느 정도 도움을 받을 수 있다. 그러나 어떤 식으로든 상처를 받았고 그 상처가 쉽게 치유되지 않는다면, 그리고 아무도 자신의 마음을 이해하거나 신경 써주지 않는다고 느낀다면 이 상처는 언젠가 또다시 문제를 일으킬 것이다.

지금 나를 분노하게 만드는 문제가 잠시 덮어둘 수 있는 것인지 여부를 잘 파악하고, 그렇지 않다면 다른 사람들과 상의해서 해결책을 찾아야 한다. 문제의 당사자와 대화를 한다고 자신이 원하는 결과를 얻거나 욕구가 충족된다는 보장은 없다. 하지만 스스로를 괴롭히는 것보다는 낫고, 적어도 문제해결 가능성이 0보다는 커질 것이다. 무엇보다 자신의 존엄성이 침범당하는 결과가 발생했다면, 그때는 단호하게 맞서야 한다. 계속 피하기만 해서는 우리의 삶과 존엄을 지킬 수 없다.

슬픈 상황에서 올라오는 분노

아이가 등굣길에 교통사고를 크게 당했어요. 급히 수술을 하고 어느 정도 회복은 되었지만, 앞으로 제대로 걸을 수 있을지 장담할 수 없는 상태래요. 학교를 다닐 수가 없어서 결국 휴학을 시켰고, 아내는 병원비를 충당하기 위해 회사를 그만두고 퇴직금을 받아 보탰어요. 아내가 입사할 때 너무 좋아했기 때문에 얼마나 속상했을지 충분히 이해해요.

이 와중에 제가 갑자기 지방 발령을 받았어요. 원룸에서 혼자 지내다 보니 갑자기 내 인생이 왜 이렇게 됐나 싶어서 너무 답답하고 화가 나요. 술을 왕창 먹고 주정도 해보고, 산에 올라가서 소리도 질러봤어요. 그렇게 한바탕 화를 내고 나면 기분이 조금 풀리더라고요. 화를 내는 게 도움이 될 때도 있구나 싶을 정도로요.

그런데 얼마 전에 아버지가 돌아가셨어요. 아이가 다친 후로 한동안 부모님을 잘 찾아뵙지 못했는데 갑자기 지병이 심해지셨대요. 어머니는 저를 보자마자 원망의 말을 쏟아내시더라고요. 게다가 아버지가 돌아가셨다는 소식을 들은 동생이 급히 오다가 접촉사고를 낸 모양이에요. 큰 사고가 아니었다는데도 교통사고라는 말을 듣는 순간 저도 모르게 장례식장에서 "어쩌다가! 누구를 죽이려고!"라고 소리를 버럭 질렀어요. 저도 모르게 얼굴이 벌겋게 달아오르는데, 그런 저를 보고 동생도 몹시 당황했어요. 아이의 사고 때문인지 그간 참았던 스트레스가 터진 건지, 저도 모르게 죽일 듯이 성질을 부렸어요. 설상가상으로 아버지 장례식을 치른 뒤에는 아내가 쓰러졌어요. 그동안 아이 간병을 하느라 하루도 제대로 못 쉬었으니까요.

고령이신 어머니가 혼자 지내시게 할 수는 없는데 아내는 아이 간병만으로도 이미 지쳤고, 저는 회사를 다녀야 하니 지방에 있을 수밖에 없고……. 한참을 고민하다가 제가 지방에서 어머니와 지내기로 했고, 아내는 아이를 간병하기로 했어요. 그런데 아버지가 갑자기 돌아가시니 어머니가 굉장히 우울해하세요. 식사도 잘 안 드시고, 외출도 안 하세요. 저도 주말에는 서울에 가서 아내와 아이 곁에 있고 싶은데 종일 집에만 계시려는 어머니를 두고 갈 수도 없고요. 아버지가 돌아가시고 더 이상 기댈 곳 없이 혼자 힘으로 감당하기 벅찬 일들이 자꾸 생기니, 처음에는 슬프기만 했는데 이제는 점점 화가 납니다.

슬픔과 분노는 가장 가깝게 자리하고 있다

우리는 주로 슬픈 감정을 드러낼 때 외롭다, 상심이 크다, 우울하다, 실망이다, 절망적이다, 슬프다, 불행하다, 비참하다 같은 표현을 쓴다. 슬픈 감정을 좋아하는 사람은 아무도 없을 것이다. 슬픔은 자신을 취약한 존재라고 느끼게 하기 때문에 견디기 어려운 감정이지만, 타인을 배려하기 때문에 느끼는 감정이기도 하다. 그러니 어떤 사람 때문에 슬프다면, 그 사람을 깊게 생각하고 있다는 의미가 되기도 한다.

먼저, 화가 날 때 우리가 주로 하는 행동을 생각해보자. 일반적으로는 화가 나면 에너지가 넘쳐나기 때문에 어떤 행동을 하게 된다. 온몸에서 뿜어져 나오는 에너지를 쓰기 위해서 발길질을 하거나, 벽을 치거나, 문을 세게 닫거나, 숨이 차도록 달리기를 하거나 소리를 지르기도 한다. 폭식을 하거나 온 집안을 뒤집어 정리정돈을 하는 것도 순간적인 화풀이에 도움이 될 수 있다.

이번에는 화가 어디에서 비롯되는지 생각해보자. 분노의 원인을 알면 대처하기가 훨씬 쉽기 때문이다. 만약 오래전에 생긴 일 때문에 화가 났다면 원인을 찾기가 쉽다. 그 당시 일의 근본적인 원인까지 파악한다면 앞으로 나아가는 것이 더 쉬워질 수 있다. 이때 도움이 필요하다면 친구나 전문가, 또는 멘토로 삼을 만한 사람을 찾아가는 것도 방법이다. 앞에서 소개한 상담 사례자는 어쩌면 혼자서 살아가야 할지도 모르는 미래에 대한 두려움 때문에 대해 화가 났을 수도 있다.

　필자는 개인적으로 슬픈 감정이 화가 나게 만든다는 것, 그리고 혼자 남는 두려움이 얼마나 고통스러운지 크게 경험한 적이 있다. 필자가 유학 생활을 할 때 부모님이 돌아가셔서 정말 힘든 시간을 보냈다. 나름 화목했던 우리 가족이 겪어야 했던 슬픔은 이루 말할 수 없이 컸고, 그 슬픔은 어느새 형제간 갈등을 초래했다. 형제들끼리 몇 달간 연락을 안 하고 지낸 적도 있었다. 유학 중이었던 나는 한국에 있던 형제들에게 "도대체 한국에 있으면서 두 분이 이렇게 아프신 동안 다들 뭘 한 거야?" 하며 따졌고, 형제들은 나에게 "그럼 너는 부모님을 위해 뭘 했는데?" 하며 항의했다. 부모님 사망 후 어떤 형제는 매일 울면서 보냈고, 어떤 형제는 재산 문제 때문에 술만 마시면 화를 냈다. 어떤 형제는 가족 모임에 아예 참석하지도 않았다. 지금은 그때의 상처가 많이 아물어서 연락을 주고받으며 지내지만, 당시의 기억은 지금도 우리 형제들에게 상처로 남아 있다. 아마도 부모님이 모두 돌아가시자 그 고통을 직면하기가 너무 힘들어서 슬퍼하는 대신 화를 내기도 했겠지만, 어떤 형제는 화를 냈을 때의 후폭풍을 감당하기 어려워서 그저 슬픔 속에 빠져 있었던 듯하다.

　지금 현재, 슬픔과 분노 중 무엇이 자신의 기본 감정인지를 잘 알아차려야 한다. 슬픔을 분노로 표출했던 동생은 만날 때마다 갈등이 생기다 보니 충분한 위로와 지지를 보내기가 어려웠다. 아마 동생은 부모님이 돌아가신 후 혼자만의 애도 시간을 충분히 갖지 못했을 테지만, 결과적으로는 자신과 다른 형제들에게 더 큰 마음의 상처를 주었다. 반면 깊은 슬픔에만 빠져 있었던 언니하고는 이런저런 논의와 정리할 것이 많은데도 한동안 아무것도 하지 못했다. 지금 돌이켜보면 부모님의 죽음이라는 엄청난 충격에 대응하고 애도하는 방식이 형제마다 너무나 달랐기에, 각자에게 익숙한 방법대로 문제를 해결하려고 했던 것 같다.

부모님이 돌아가신 지 20여 년이 지났지만, 지금도 장기 여행을 위해 비행기를 타면 급히 한국으로 들어오던 때가 생각난다. 사랑하는 가족을 더 이상 만나지 못한다는 슬픔은 정말 큰 상처를 남긴다는 것을, 그때 체감했다.

슬픔과 분노는 가장 가까운 감정이어서 서로 대체하기 쉽다. 그러나 슬픔은 부정적인 상황을 수동적으로 받아들여 고통 속에 머물게 하는 반면, 분노는 공격하거나 방어하고, 자신이 처한 상황을 바꿔 뭔가를 하게 만들기도 한다. 그래서 지금 느끼는 감정이 슬픔인지 분노인지 구별하는 것이 중요하다. 그래야 자신과 상대방에게 무엇을 해주어야 할지 명확하게 알 수 있기 때문이다.

슬픔이 하는 역할

영화 〈인사이드 아웃〉에는 기쁨이, 슬픔이, 버럭이, 까칠이, 소심이가 등장한다. 주인공 라일리는 기쁨이는 자신이 행복해지는 데 소중한 감정이지만, 슬퍼하는 것은 도움이 되지 않는다고 생각해서 밀어내려 한다. 그러나 역설적이게도 라일리는 슬픔을 고립시키려 하는 기쁨이 때문에 잘못된 방향으로 나아가고, 결국 항상 행복한 것만이 좋은 삶이 아니라는 사실을 깨닫는다. 균형 잡힌 사람이 될 수 있으려면 슬픔을 비롯한 각 감정들이 조화를 이루어야 된다는 사실을 알게 된 것이다.

감정을 잘 표현할수록 사회를 잘 이해하고 세상과의 소통을 강화할 수 있다.◆ 감정 표현을 억제하는 데 익숙해지다 보면 감정을 표현하려는 의지나 동기가 사라지기 때문에 주변과의 상호작용이 매우 제한될 수밖에 없다. 더불어 살아가는 세상에서 상호작용에 제약을 받는다는 것은 소통의 단절을 의미하기 때문에 여러 집단에 적응하지 못하거나, 따돌림과 험담 등으로 누군가를 배제시키는 결과를 야기하기도 한다.■

감정을 적절하게 표현하는 능력은 사회의 규칙을 잘 이해하고 있는지의 영향을 받기도 한다. 감정 표현 수준이 너무 낮거나 높으면 부적응 행동으로 드러날 수 있다.● 그래서 감정 표현은 사회적 메시지를 전달하고 다른 사람들의 지지와 공감을 이끌어내는 역할을 한다.▲ 〈인사이드 아웃〉에서 라일리가 슬픔을 참으려다 보니 버럭이, 까칠이, 소심이가 정서 전반에 영향을 미쳐 가출 같은 문제행동을 하게 되었다. 이처럼 슬픔을 드러내기가 어려울 경우 사회적 맥락에서 지지와 공감대를 형성하는 데 제한적일 수밖에 없다.

◆   Boone & Buck, 2003

■   Underwood, 2003

●   Eisenberg et al., 2003

▲   Zeman et al., 2006

분노가 매우 능동적이고 적극적인 특성을 지녔다면, 슬픔은 소극적인 감정에 해당한다. 슬픔이 어떤 상처를 통해 고통을 느끼게 한다면, 분노는 자신을 방어하거나 외부를 공격할 수 있게 해준다. 또한 슬픔은 우리를 위축시키지만 분노는 적극적으로 자신을 드러내게 한다. 슬픔은 주어진 상황을 있는 그대로 받아들이게 하는 반면, 분노는 주어진 상황을 바꾸기 위해 무언가를 하도록 동기를 제공한다.

이렇게 보면 슬픔과 분노는 결 자체가 완전히 달라 보이지만, 사실 둘은 일종의 동맹을 맺고 있다. 자신의 감정을 표현하는 것이 위험하다고 느끼는 상황에서 분노가 슬픔을 대신하는 경우도 많다. 슬픔과 분노는 대개 우리 자신이나 우리와 가까이 있는 사람, 또는 개인적으로 중요하게 여기는 무언가가 부정적인 경험을 했을 때 느끼는 반응이다. 한국인들은 슬픔과 분노를 잘 드러내지 않는 편이고, 만약 드러내더라도 부정적인 단어보다 긍정적인 단어를 더 많이 쓴다. 분노를 긍정적으로 표현할 경우 자부심, 승리감, 흥분 상태, 심지어 사랑스러움, 귀여움 같은 단어로 표현한 반면, 미국인들은 슬픔과 분노를 부정적인 단어로 표현할 가능성이 훨씬 높았다.◆

슬픔 뒤의 분노를 다스리게 해주는 수용과 용서

슬픔은 부정적인 기분과 불행한 감정에 관한 일시적 정서 상태이자 인간의 기본 감정 중 하나이며 심리적, 정서적, 육체적 고통을 주

◆   Song et al., 2020

는 상황에서 느끼는 자연스러운 반응이다. 슬픔은 모든 사람에게 영향을 미치며 쉽게 자각할 수 있는데, 눈물이 나오거나 일시적 고립감을 느끼는 식으로 드러난다. 기본적으로는 부정적인 상태와 관련 있지만 슬픈 영화나 음악을 즐길 때는 위로를 받기도 하는 만큼, 항상 부정적이기만 한 것은 아니다. 잠시 가까운 사람들에게서 멀어지거나 즐거운 활동에 대한 관심이 줄어들게 하지만, 슬픔 자체가 우울인 것도 아니다. 깊은 슬픔은 사회적 집단과 깊고 단단하게 연결되어 있을 때 느끼는 감정이지만 우울증은 타인 혹은 세상과 연결되어 있다는 생각 자체를 못하는 결핍 상태다.

슬픔은 삶을 긍정적인 관점으로 바라볼 수 있게 해주고 더 좋은 인간관계와 새로운 가능성에 감사하며 개인의 역량을 키우고 트라우마를 극복한 뒤 영적으로 더 성장할 수 있게 돕는 매우 중요한 역할을 한다.[◆] 따라서 정서적, 인지적 창의성과 관련이 있으며[■] 자신의 발전과 성장을 도모하기 위해 스스로를 반추하고 성찰할 가능성을 높여준다.[●] 또한 슬픔은 회복탄력성을 촉진시켜 정신건강과 심리적 안녕감에 도움을 준다.[▲]

살면서 슬픔을 자주 느낀다면, 자신의 삶이 평소 생각하고 희망하

◆   Henson et al., 2021
■   Du et al., 2021
●   McFarland et al., 2007
▲   Seery et al., 2010

는 대로 흘러가지 않는다고 느끼기 때문일 것이다. 어쩌면 나에게 아주 중요한 무엇인가를 잃었다고 느낄 수도 있다. 그렇다면 우리가 느끼는 슬픔은 매우 당연한 것이지만, 앞으로 살아갈 새로운 삶을 위해서라도 지난 시간에서 벗어날 필요가 있다. 그러기 위해 가장 중요한 것은 수시로 느끼는 슬픔을 외면하지 말고, 어떠한 판단이나 자책도 없이 그 상태에 머무는 것이다. 우리의 삶은 온갖 상실과 고통으로 가득 차 있다. 그래서 깊은 슬픔을 잘 받아들인다는 것은 우리가 삶의 역경을 건강하고 용감하게 받아들일 수 있다는 뜻이기도 하다.

우리가 분노에만 사로잡혀 있을 때는 상처받은 마음을 스스로 달래고 안정을 유지하는 데 방해를 받는다. 이때 수용과 용서를 잘 이해하고 내 삶에 도입하면 깊은 슬픔 뒤에 밀려오는 분노를 다스리는 데 결정적인 도움을 받을 수 있다.

우선 수용은 우리가 현실을 인정하고 그 상황에서 올라오는 여러 감정을 받아들이는 데서 시작된다. 깊은 슬픔을 느낀 뒤에 화가 치솟는다면 자연스러운 반응으로 받아들이는 것이다. 또한 용서는 우리를 분노에서 해방시켜 편안한 상태를 유지할 수 있게 도와준다. 용서는 우리를 이토록 슬프게 한 누군가의 행동을 잊어버리거나 없었던 것으로 치부하는 것이 아니라, 우리를 소진시키는 모든 부정적인 감정에서 벗어나게 해준다. 특히 자신을 용서한다는 개념을 오해하는 경우가 많은데, 이 말은 스스로에게 무조건 면죄부를 준다거나 자신의 나약함을 내버려두고 회피한다는 뜻이 절대 아니다. 자신과 다른 사람들을 함께 용서함으로써 마음을 치유하고 어쩔 수 없는 한계를 지닌 자신과 주변 사람들에게 공감하며, 개인적으로는 한 단계 성장할 수 있는 기회를 제공하는 것이 진정한 자기용서라 할 수 있다.

너무 고통스러워서 느끼는 분노Pain-Based Anger

얼마 전 회사에서 부서 이동이 있었어요. 제가 속해 있던 부서가 해체되면서 팀장이 팀원 몇 명을 데리고 한 부서로 옮겼고, 저를 포함한 4명은 각각 다른 팀으로 배치됐어요. 그런데 팀장이 데려간 사람들은 무슨 이유로 함께 간 건지, 왜 나는 다른 팀으로 배치됐는지 알 수가 없어요.

새로운 팀에 배치됐지만 제가 해왔던 일을 하는 것도 아니고, 사람들도 저한테 관심이 없어요. 이전 팀장에게 버려진 기분이 들어서 엄청 화가 나요. 듣자하니 다른 3명은 새로운 부서에서 잘 지내는 것 같은데, 저는 우리 팀이 해체되던 그날에 계속 머물러 있는 것 같아요. '왜 나한테 이런 일이 생겼지? 내가 그동안 얼마나 열심히 일했는데, 고작 이런 대접이나 받아야 해? 이럴 거면 열심히 해봤자 무슨 소용이야?'라는 생각이 자꾸 들어서 너무 힘들어요. 친구들이랑 술을 마시면서 실컷 욕을 해도 풀리지 않아요. 팀장이 저를 데려가지 않은 건데 마치 회사와 세상 모든 사람이 저를 거절한 것 같아요. 지금까지 이 회사에서 열심히 일한 평가를 이런 결과로 받는 것 같기도 하고요.

제일 미치겠는 건 아무도 저한테 공감해주지 않는다는 거예요. "그냥 적당히 다녀. 회사가 원래 그렇지 뭐"라고만 해요. 내가 실패자 같고, 선택받지 못했다는 생각 때문인지 화를 감당하기가 점점 어려워져요. 아무도 못 믿겠고 혼자 지내는 시간만 많아지네요. 그러다 보니 술도 집에서 혼자 마시고 쉬는 날에는 게임만 해요. 그것도 지겨우면 새벽까지 유튜브를 보고요. 원치 않는 팀에서 원치 않는 업무를 하다 보니 일에 집중도 안 되고, 딱히 잘해보고자 하는 열정이나 의욕도 없어요. 자꾸 부정적인 생각만 들고요. 대책 없이 회사를 그만두면 진짜 폐인이 될까 싶어 억지로 출근은 하는데, 뭘 어떻게 해야 할지 모르겠어요.

엘리자베스 볼거Elizabeth Bolger는 '정신적 고통'을 상처받은 경험, 자아 상실, 단절, 자신의 부정적인 측면에 대한 비판과 관련해 '부서진 느낌'을 받는 상태라고 정의했다.◆ 또한 이스라엘 오바흐Israel Orbach 등■은 '강한 부정적 감정을 동반하는 자아와, 그 기능의 부정적 변화에 대한 지각을 특징으로 하는 광범위한 주관적 경험'이라고 정의했다.

정신적 고통은 내면에 깊은 상처를 주는 사건이나 상황에서 비롯되는데 애도, 상실감, 트라우마, 일상에서 지속적으로 거절당하는 경험 등을 통해 시작될 수 있다. 사람마다 정신적 고통을 경험하고 처리하는 방식은 다르겠지만, 이것이 정신건강에 미치는 영향은 결코 작지 않다. 정신적 고통이 압도적이라면 그 사람의 일상을 지배하기도 한다.

특히 고통에서 비롯되는 분노는 마음의 상처, 심리적 고통, 우울증 등을 대신해 드러나는 분노라 할 수 있다. 어떤 사람들은 화를 내는

◆   Bolger, 1999
■   Orbach et al., 2003

게 쉽다고 생각하는데, 이들은 화가 나면 힘이 솟는 반면에 슬픔이나 우울감을 느끼면 자신이 나약해진다고 느끼기도 한다. 이들은 극심한 고통 끝에 슬픔이 밀려오면 오히려 분노를 무기처럼 사용하기도 한다. 그러나 결과적으로 분노는 상황을 악화시킬 뿐이다. 분노하는 것만으로는 근본적인 고통을 해결하지 못할 뿐만 아니라 후회, 외로움, 죄책감 등 더 많은 고통을 가중시킨다.

고통, 분노, 우울 같은 부정적인 감정은 밀접하게 결합되어 서로를 활성화시키기도 한다. 우울증으로 고통을 받으면 분노가 올라오고, 화가 계속 나다 보면 우울해지기도 한다. 선행 연구에 따르면 특히 남성의 우울증이 폭발적이고 통제할 수 없는 분노로 자주 나타나는 반면, 여성은 분노로 표출하는 경향이 상대적으로 덜하다.◆

여성 우울증의 특징	남성 우울증의 특징
스스로를 비난한다.	다른 사람을 비난한다.
감정이 내면으로 향한다.	마음의 동요를 행동으로 드러낸다.
통제감을 유지하기가 어렵다.	주변을 통제하려고 한다.
죄책감을 느낀다.	수치감을 느낀다.
할 일을 자꾸 미루고 일정이 늦어진다.	시간 관리를 엄격하게 하고 강박 성향이 강해진다.
부족한 점에 집착하고 과장되게 생각한다.	부족한 점을 대면하는 것을 두려워한다.

◆   Martin et al., 2013

약간의 실패에도 좌절한다.	강한 남성성을 보이려고 노력한다.
항상 좋은 사람이 되려고 노력한다.	지나치게 적대적이고 짜증을 낸다.
과도한 수면	불면증
상처를 받으면 그 상황을 회피한다.	상처를 받으면 공격성이 드러난다.
힘들게 노력하지만 우울증이 고착화된다.	자신의 마음 상태에만 관심을 두고 우울증을 해결하려 한다.
음식, 친구, 정서적 욕구 충족 등에 관심을 가진다.	TV, 스포츠, 술, 성적 자극, 게임, 업무 등에 관심을 가진다.
체중이 증가하고 식욕이 점점 늘어난다.	알코올 등 물질에 중독된다.

통계청이 발표한 〈2022년 국민 삶의 질〉 보고서를 보면, 남성 자살률이 여성보다 두 배가량 높은 수준이다. 실제로 2022년 한 해 동안 자살한 1만 3,352명 중 남성은 9,193명, 여성은 4,159명이다. 특히 한국 남성들은 문제가 발생하면 어떻게든 해결하려고 노력하는 편이다. 여성들이 대체로 주변의 공감과 응원을 받으려 한다면 남성들은 우울감을 해소하기 위해 운동, 게임, 술 등을 사용하고, 그래도 고통이 해결되지 않으면 자살을 하나의 해결 방안으로 생각하는 경향이 있는데, 심리적인 고통을 빨리 없애기 위해 설령 그 해결책이 자신에게나 인간관계에 부정적이고 파괴적이더라도 빠른 선택을 하려 들기 때문일 수 있다.◆ 현대 자살학의 아버지라고 불리는 에드윈

◆   Shneidman, 1985

슈나이드먼Edwin S. Shneidman은 정신적 고통이란 기본 욕구가 좌절된 결과이며 이 고통을 견딜 수 없기 때문에 사살의 주요 요인이 된다고 주장했다.◆ 개인이 정신적 고통을 더 이상 견딜 수 없다고 판단할 때, 참을 수 없는 고통에서 도피하려는 선택 중 하나가 자살인 것이다.■

특히 우울증이 있을 때는 자살 위험이 높아질 수밖에 없다. 주목할 점은 남성이 우울증 진단을 받는 비율은 여성의 절반 수준이지만, 자살하는 비율은 여성보다 3~4배 높다는 사실이다.● 게다가 남성은 우울증을 감추기 위해 알코올과 약물에 의존하는 경우가 많기 때문에 매우 위험할 수 있다. 여성들은 상호의존적인 관계를 중요하게 여기고 가족과 친구들에게 도움을 요청하며, 그들의 도움을 적극적으로 받아들이기 때문에 마음을 바꿀 여지가 많다.

분노가 나를 향할 때

지그문트 프로이트는 우울증을 멜랑콜리아Melancholia라고 지칭하며, 나를 비난과 공격이 자신의 내면으로 향하는 증상이라고 주장했다. 억압된 분노가 내면으로 향할 때 우울증이 발생한다고 보았기 때문이다. 실제로 분노가 내면으로 향할 경우 우울증이 악화되는 악순환을 일으킬 수 있다. 물론 모든 분노가 우울증을 만드는 것은 아니지만 분노가 어떤 행동의 결과를 만들듯, 어떤 분노는 우울증을 촉발

◆   Shneidman, 1993

■   Tossani, 2013

●   Swetlitz, 2021

시킨다. 분노를 억압할 때는 무의식적으로 회피하거나 부정하거나 무시하게 되는데, 정신분석치료에서는 억압된 분노가 우울증 치료의 핵심이 될 수도 있다고 보았다.

실제 연구에서도 우울증 환자는 분노를 드러낼 경우 보복이나 거부를 당할까 봐 두려워하는 경향이 증가하는 것으로 나타났으며[◆] 다른 연구에서도 분노를 표현하는 방식에 따라 우울감, 자기애, 정신병리 등에 영향을 미치는 것으로 드러났다.[■] 특히 분노를 어떻게 표현하느냐가 우울감에 커다란 영향을 미치는데, 부적절한 분노 표출은 자칫 감정을 내면화시켜 자살로 이어질 수 있다.[●] 따라서 분노가 각 개인의 우울감에 어떤 영향을 미치는지 잘 이해할 필요가 있다.

얼마 전, 30대 남성 내담자가 나를 찾아온 적이 있다. "언제부턴가 자꾸 화가 나는데 어떻게 해야 할지 모르겠어요. 회사에서는 화를 낼 수 없으니 최대한 참고 있는데 여자 친구와 별것 아닌 일로 자꾸 싸우게 돼요. 헤어지자고도 했어요. 한 번만 더 싸우면 저도 모르게 여자 친구를 어떻게 할 것 같아요. 그래서 요즘은 거리를 두려고 하는데, 여자 친구는 빨리 문제를 해결하자며 자꾸 연락해요. 그럴 때마다 또 화가 나서 술을 마시는데, 이제 술도 별 도움이 안 돼요. 잠도 못 자고, 소화도 안 되고요. 위내시경을 받아도 별 이상은 없더라고요.

◆   Goldman & Haaga, 1995; Luutonen, 2007

■   Hawkins & Cougle, 2011; Lee & Kim, 2013

●   Chin, et al., 2020

요즘은 일에도 집중이 안 돼서 메일 한 통 쓰려면 하루가 걸려요. 맘 같아서는 퇴사하고 당분간 쉬고 싶은데 그래도 될지 모르겠어요."

필자는 이분이 지금 우울증을 앓고 있다고 보았으나 내담자는 자신이 우울증을 겪고 있다는 사실을 전혀 인지하지 못하고 있었다. 우리가 인생에서 가장 중요하게 여기는 '일과 사랑' 모두에서 문제가 발생했고 분노 외에 다른 부정적인 감정은 전혀 자각하지 못하며 신체 증상까지 나타났다. 필자의 생각에 이분은 아마 오랫동안 감정을 억누르면서 살아온 것 같았다. 게다가 술이 이분의 문제를 더욱 가중시켰을 것이라고 생각했다.

내면으로 향하는 분노는 수치심과 낮은 자존감을 더욱 자극해 지나치게 비판적이고 부정적인 목소리를 만든다. 그러나 우울증 환자는 자기 자신에게 지속적으로 부정적인 말을 하고 있다는 사실을 잘 인식하지 못한다. 또한 화를 내는 것이 어려워지면 상대방에게 나쁜 일이 생기면 좋겠다고 생각하는 식으로 적개심을 품을 수도 있다. 하지만 이런 생각은 결국 죄책감을 불러일으킬 뿐이다.◆

우울증으로 고통받는 사람들은 내면에 '강력한 비판의 목소리'를 가지고 있어서 이 목소리에 반하는 행동, 즉, 기분이 좋아지는 행동을 하는 것을 스스로 억압한다. 또한 사람마다 가지고 있는 독특한 핵심 감정 중에서도 부적응적 분노Maladaptive Anger는 자신을 지나치게 비판하거나, 증오하거나, '무능함, 한심함, 무력감'과 같은 마음

의 소리를 만들어내어 불안과 우울감을 더 강화시킨다. 이러한 현상은 주로 과거 경험에서 만들어진 핵심 정서에 기반을 둔다. 살다 보면 자신이 왜 화가 나는지 정확한 이유를 모르는 경우가 있는데 이때 우울증과 분노의 연관성을 이해하지 못하면 분노를 자신의 잘못이나 실패로 착각하기도 한다.

화를 자주 참는 사람들은 감정을 잘 드러내지 않기 때문에 대인관계를 어느 정도 유지하는 것처럼 보이지만, 자주 긴장 상태에 있기 때문에 친밀한 관계를 맺는 것을 어려워하는 경우가 많다.◆ 다양한 감정을 있는 그대로 느끼고 자연스레 표현하는 연습을 할수록 과거의 누적된 감정에서 느끼는 부담감이 줄어들어 보다 자유로워지고, 현재의 경험을 보다 다채롭게 느낄 수 있다. 자신의 핵심 감정을 마주하는 것이 두려울 수도 있지만, 우울감을 낮추거나 방지하는 데 중요한 도움을 줄 수 있다는 점을 기억해두자. 또한 스스로에게 '긍정의 목소리'를 자주 들려줄 수 있어야 한다. 내가 내 편이 아니면 남도 내 편이 되어줄 리가 없다. 평소 자신의 편에 서서 스스로를 위해 할 수 있는 것들을 많이 생각해두는 것도 좋은 방법이다.

분노가 밖을 향할 때

분노를 잘 표출하는 사람들 중 상당수는 상대방에게 문제가 있어서 화를 낸다고 주장하는 경우가 많다. 이들은 자신에게 분노하는 사

◆   Berkowitz, 2012

람들보다 일반적으로 공격성이 좀 더 큰 편이다. 그런데 화가 나는 이유를 모두 외부 탓으로 돌린다면, 인간관계 내에서 분노가 어떤 역할을 하는지 잘 알 수가 없다.

외부로 표현하는 분노는 전위공격성과 폭력을 초래할 수 있다. 전위공격성이란 감정의 근원과 관련 없는 사람이나 사물에게 분노를 표출하는 것이다. 우리를 자꾸 좌절시키고 분노하게 만드는 대상이 누구인지 명확하지 않을 때, 또는 상대방에게 항의나 보복을 할 수 없거나 직접 화를 내기가 두려울 때 주로 공격 대상을 바꾸거나 전치시킨다.◆

하지만 분노를 지나치게 표출할 경우 관계에 문제를 일으킨다. 특히 분노 표현 방식이 폭력적일 경우, 시간이 흐른 뒤 죄책감과 수치심을 유발해 결국 일부 분노가 다시 자신에게 향할 수 있다. 외부로 향하던 분노가 자신을 향하면 다른 사람들에게 피해를 입히지 않으니 좀 더 나을 것 같지만, 이러한 과정은 자해나 자살 충동을 그만큼 증폭시킬 수 있기 때문에 결코 무엇이 더 낫다고 할 수 없다.

유동적 취약성 이론Fluid Vulnerability Theory은 시간 경과에 따른 자살 위험의 역동을 이해하기 위한 모델로 활용되고 있다.■ 이 이론에 따르면 기본적인 자살의 위험성은 사람마다 다른데 여러 번 자살을 시도한 경험이 있을 경우 위험성이 더 높고, 더 오래 지속된다고 가정한다. 더욱이 분노 조절에 문제가 있는 사람은 이러한 특성 때문에 자살

◆   Marcus-Newhall, 2000

■   Rudd, 2006

충동 또한 증폭되는 만큼, 극단적 충동에서 벗어나 감정을 회복하는 것이 더 어려울 수밖에 없다.◆ 또 다른 이론인 대인심리학 이론에 따르면, 평소 분노 때문에 대인관계에서 어려움을 느끼고 소속감을 충족시키지 못할 경우, 자신이 주변에 짐이 된다고 생각해 자살 충동이 증폭되기도 한다.▪

어떤 이유가 됐든지 간에, 자살이 개인이나 지역 사회에 미치는 영향은 매우 심각하며 나이를 불문하고 자살로 인한 죽음은 그 어떤 죽음보다 비극적이라는 점을 다시 한 번 강조하지 않을 수 없다.

분노와 비자살성 자해Non-Suicidal Self-Injury

> "제가요, 어젯밤에 도저히 참을 수가 없어서 어깨를 몇 번 그었어요. 살짝 그어서 크게 표시도 안 나고 피만 살짝 나는 정도예요. 상처가 안 남게 연고도 발랐어요. 그런데 몇 번 긋고 나면 이유는 모르겠지만 마음이 편안해져요. 사실 학교에 다닐 때도 몇 번 자해를 한 적이 있어요. 왜인지 모르겠지만 수시로 답답하고 막막하고 집중도 안 되고 스트레스를 엄청 받거든요. 그럴 때마다 나 자신에게 미치도록 화가 나요. 나는 왜 제대로 하는 게 하나도 없을까요."

비자살성 자해는 '자살할 의도 없이 의도적으로 신체 조직에 손상

◆   Tafrate et al., 2002
▪   Ribeiro & Joiner, 2009

을 입히는 행위'를 의미한다.◆ 자신의 몸에 표면적인 부상을 반복해서 입히는 행동이자 즉각적으로 안도감을 느끼고자 할 때 자주 발생하며, 날카롭거나 뜨거운 물건을 사용하는 경우가 일반적이다. 자신에게 고통을 주지만 자살하지는 않는 무수한 행동이 여기 해당된다.

비자살성 자해 또한 분노를 잘 해결하지 못해 발생하는 경우가 많다.■ 선행 연구에 따르면 응답자의 39.9퍼센트는 자신에게 화가 나서, 22.4퍼센트는 다른 사람에게 화가 나서 자해를 했다고 응답했다.● 하버드 대학교의 매튜 녹Matthew K. Nock과 동료들▲이 청소년과 젊은 성인을 대상으로 연구한 결과에서는 자신 혹은 타인을 향한 분노, 그리고 자기혐오감의 증가가 이러한 행동과 매우 관련이 깊다고 보고했다. 슬픔이나 무가치한 느낌이 커질수록 비자살성 자해는 줄어들었고 무서움, 불안, 압도감은 별다른 관련이 없었다.★

자해하는 사람들을 만나보면 누군가 내 고통을 알아주기를 바란다고 말하는 경우가 있다. 그렇다고 해서 이들을 '관종'이라고 생각해서는 안 된다. 자해는 매우 은밀하게 일어나며, 대부분의 자해는 옷이나 소품 등으로 가릴 수 있는 부위에 시도한다. 너무 무서워서 자살시도 대신 자해를 하는 경우도 있다.

이들은 늘 '마음의 고통에서 벗어나고 싶다'고 말한다. 삶을 끝내

◆   American Psychiatric Association, 2013

■   Rodríguez-Blanco et al., 2018

●   Muehlenkamp et al., 2013

▲   Nock et al., 2009

★   Nock et al., 2009

고 싶은 것이 아니라 잘 살고 싶은데 현실이 따라주지 않으니 자신도 모르게 자해하게 되는 것이 이들의 행동 패턴이다. 실제로 이들은 해결되지 않은 고통을 잠시라도 잊기 위해 자해를 하는 경우가 일반적이다. 심리적, 정서적 고통을 신체의 고통으로 대체하려는 것이다. 하지만 자해를 통해 일시적으로 긴장을 해소하고 안정감을 느낄 수는 있어도 대다수는 또다시 죄책감, 수치심, 고통을 느낀다. 게다가 자해를 반복할수록 더 심각하고 치명적인 건강 문제가 발생하기 때문에 비자살성이라 해도 자해를 절대 가볍게 생각해서는 안 된다.

반복되는 자해를 방지하는 데 도움이 되는 방법을 아래에서 소개하지만, 사실 자해는 절대 개인의 힘만으로 해결할 수 없고 반드시 전문가에게 치료를 받아야 하는 심각한 문제다. 하루라도 빨리 병원을 찾는 것이 가장 좋은 해결책이다.

- 고통의 근본적인 원인을 직면하고 관리하기
- 우울, 불안, 스트레스를 관리할 수 있는 자신만의 방법 찾기
- 감정이 격해질 때 다스리는 방법을 익히기
- 대인관계와 사회성을 향상시킬 수 있는 소통법을 개발하기
- 문제해결력을 키우기

고통 끝에 찾아오는 분노를 다스리는 법

분노는 기본적으로 어떤 문제를 빨리 해결하고자 하는 의도를 내포하고 있으며, 특정 행동을 하게끔 도와주는 동기부여가 되기도 한다. 그리고 우울한 사람들에게는 무엇이든 행동하도록 거들어주는

동기부여가 필요한 것이 사실이다. 그렇지만 분노는 우울 증상을 악화시킬 뿐이다. 우울한 상태에서 분노를 느낀다면 자신과 주변에 충동적인 고통을 줄 뿐이다. 사장이 '왜 일을 이렇게밖에 못하냐'라고 비난할 때 그 자리에서는 '이게 왜 내 탓이냐. 최선을 다했지만 회사 여건상 이게 최선이다'라고 대답하고도 시간이 지나면 스스로가 비참해질 수 있다. '나는 정말 이것밖에 안 되는 사람일까? 남들은 다 잘하는 것 같은데, 왜 나는 안 될까?' 하면서 자책하는 것이다.

힘들고 고통스러운 감정을 화를 내는 방식으로 주변에 알리는 행동이 때로는 마음의 상처를 보상해주는 하나의 수단이 될 수도 있다. 그러나 장기적으로 보면 자신의 삶을 사랑하고 즐기면서 사는 데는 전혀 도움이 되지 않는다. 아래 내용은 우울한 상태에서 분노가 올라올 때, 감정이 더 강화되지 않도록 막아주는 방법이다.

화가 날 때 올라오는 감정을 언어로 표현하기 Verbalization

분노는 아주 오랫동안 나쁜 감정으로 여겨진 탓에, 억지로라도 참고 억눌러서 주변에서 알아차리지 못하게 하는 경우가 일반적이었다. 특히 남성은 분노, 짜증, 적개심 등을 억압하다가 신체 증상으로 드러나도 자신의 상태를 자각하지 못하는 경우가 많다. 그럴 때는 본인의 감정을 스스로 이해할 수 있는 자신만의 단어를 만들어보자. 화가 난다, 짜증난다 같은 일반적인 표현 말고 '지금 나는 ○○○한 상태야'처럼 자신만의 언어로 표현해보는 것이다. 자신의 상태를 막연하게 뭉뚱그리지 말고 단어나 문장을 통해 언어로 인식하는 것이 매우 중요하다. 인간의 뇌는 자신에게 커다란 상처와 고통을 안겨준 사건에 관한 감정을 모두 편도체에 저장해둔다. 그런데 편도체에 저장된 기억은 시공간의 개념이 없기 때문에 오래전 기억도 마치 며칠 전에 겪은 일처럼 떠올라 현재의 삶에 수시로 영향을 미친다.

미국 캘리포니아 대학교 심리학과 매튜 리버만Matthew D. Lieberman 교수와 동료들은 뇌 영상 연구를 통해 감정을 언어로 표현할수록 슬픔, 분노, 고통의 강도가 줄어든다는 연구 결과를 발표했다. 신경생물학 측면에서 보면 슬픔이나 분노를 언어로 표현할수록 편도체가 덜 활성화되고, 이성적인 사고를 할 수 있도록 대뇌 피질 영역이 활성화되기 때문이다.◆ 실제로 개인 상담을 할 때도 편도체와 대뇌 피질의 연관성을 통찰할 수 있는 방식을 고민하는 경우가 많다. 물론 감정은 매우 가변적이어서 그때그때 곧바로 알아차리지 않으면 놓치기 쉽다. 평범한 개인이 수많은 감정을 세세하게 구분하기는 어렵더라도 스스로 명명한 자신만의 단어들을 기억하다 보면 내면에서 요동치는 감정을 이해하는 데 많은 도움이 될 것이다.

화를 내는 목적을 인식하기

화를 내서 무엇을 얻고 싶은지 생각해보자. 지금의 분노가 긍정적인 목적을 가졌다면 성장, 발전, 향상, 공감, 성취감을 얻고 싶을 것이다. 분노는 주어진 상황에서 원하는 결과를 달성하지 못해 좌절할 때 목표 지향적인 행동을 하도록 도와주기 때문이다.■ 또한 분노는 우리

◆   Lieberman et al., 2007

■   Panksepp, 1998

를 고통스럽게 하는 상태에 대한 반응이어서 누군가의 공격에서 자신을 보호하기 위해 올라오기도 한다.◆ 그러나 화를 내서 부정적인 것을 얻고자 한다면 시기심, 열등감, 결핍감 때문에 분노가 올라왔을 것이다. 이 분노를 통해 내가 얻고 싶은 것이 무엇인가를 잘 구분하는 것만으로도 화가 치솟을 때 좀 더 이성적인 태도를 취할 수 있다.

건강하게 자기주장하기

어떤 행동을 하고자 할 때 내면을 잘 들여다보아야 정확한 동기를 파악할 수 있다. 뭔가가 잘못되었거나 누군가가 잘못된 행동을 하는 것을 바로잡고 싶다면, 그때는 분노를 과감히 떨쳐내야 한다. 이 말은 화를 참거나 모른 척하지 말라는 뜻이 아니다. 우리는 어떤 관계에서든 건강한 자기주장을 할 필요가 있다. 다른 사람의 욕구를 우선시하고 자신의 바람을 관철시키지 못한다면 매사 수동적인 태도가 될 수밖에 없다. 반면, 자신의 욕구를 다른 사람에게 강요하다 보면 공격적으로 행동하게 된다.

건강한 자기주장이란 수동성도, 공격성도 아니다. 자기주장은 상대방을 불편하지 않게 하면서도 자신의 생각과 의견, 느낌을 솔직하게 말하는 것이다. 쉽지 않지만 죄책감을 느끼거나 분노, 짜증 없이 거절하는 연습도 해야 한다. '나를 지키면서 좋은 관계를 유지하는 것'은 말처럼 쉬운 일이 아니다. 다음 표를 참고해 지금부터 연습해보자.

◆　　Wilkowsky & Robinson, 2010

유형	예시
구체적으로 설명하기	"처음부터 설명을 제대로 안 해주셨잖아요" 대신 "이 건은 지난번에 명확하게 결정하지 않고 넘어가서, 내가 며칠째 진행하지 못하고 있어요."
긍정적으로 표현하기	"아무데나 두지 마" 대신 "정해진 자리에 놔주세요."
문제 상황에 집중하기	"네 시간만 중요해? 왜 매번 늦어?" 대신 "네가 연락도 없이 늦을 때마다 내가 존중받지 못한다는 기분이 들어서 마음이 안 좋아."
비판받은 내용을 건설적으로 처리하기	"팀장님이 뭘 우려하시는지는 잘 알고 있습니다. 그렇지만 저도 최대한 노력하고 있어요. 저에게 부족한 점도 있지만 현실적인 여건도 고려할 필요가 있다고 생각합니다."
부당한 비난에 단호하게 대처하기	"기분이 나쁜 것은 충분히 이해하지만, 이 결과를 모두 제 탓으로 돌리는 건 부당하네요. 단지 저를 비난하기 위해 그런 표현을 쓰시는 건 제 입장에서도 부당하다고 생각합니다."
정중하지만 분명하게 거절하기	"마음은 고맙지만 저는 그 일에 정말 관심이 없으니 다른 사람을 찾아보시는 게 좋겠어요."

비합리적인 신념 알아차리기

사회가 공정하고 합리적이어야 하는 건 맞지만, 모든 사람의 인생이 언제나 똑같이 평등해야 한다고 주장하는 것은 어쩌면 비합리적인 신념일 수도 있다. 합리적 정서행동치료Rational Emotional Behaviour Therapy의 창시자이자 가장 영향력 있는 상담심리학자 중 한 명인 알버트 엘리스◆는 부적절한 감정을 일으키는 비합리적 신념으로 다음

◆ Ellis, 1962

과 같은 11가지를 지적했다.

	비합리적 신념 체계	특징
1	사랑과 인정에 대한 지나친 기대감	자신이 다른 사람들에게 항상 인정과 좋은 평판을 받아야 한다고 생각함
2	능력과 업적에 대한 지나친 기대감	인간은 유능하고 완벽하고 성취 지향적이어야 가치 있다고 생각함
3	악은 징벌하는 것이 당연하다는 사고	어떤 사람은 악한 존재이기 때문에 반드시 벌을 받아야 한다고 생각함
4	목표 성취에 대한 지나친 집착	성과와 성취에 강박적으로 집착하며 원하는 결과를 얻지 못하는 건 파멸이라고 생각함
5	모든 불행을 외부 탓으로 돌림	불행의 원인은 모두 환경 탓이며, 인간의 힘으로는 해결하거나 예방할 수 없기 때문에 정서적으로 무력감을 느낌
6	위험에 대한 지나친 집착	어떤 상황이나 일에서든 잠재적으로 발생할 수 있는 위험을 지나치게 두려워함
7	어려운 일을 무조건 피하기	문제를 직면하는 것보다 회피하는 것이 쉽다고 생각함
8	타인에 대한 과도한 의존	주변에 항상 의존할 대상이 있어야 한다고 생각함
9	과거에 대한 결정론적 신념	현재의 모든 일은 과거에 이미 결정되었다는 신념이자 개인의 노력으로는 바꿀 수 없다고 믿음
10	타인의 문제에 지나치게 개입하기	타인의 문제나 고민에 항상 개입하고 신경 쓰면서 이것을 배려이자 관심이라고 생각함
11	완벽한 문제해결에 대한 집착	모든 문제에는 완벽한 해결책이 존재하며, 이것을 해결하지 못하면 매우 비참해진다고 생각함

살다 보면 세상이 너무나 불공평하고 불공정해서 내가 할 수 있는

일이 없다고 느낄 수 있다. 하지만 이런 생각이 고착화되면 점점 절망하게 되고 무기력도 심해져서 우울한 상태에 빠질 수 있다. 자신에게 유독 강렬한 비합리적 신념이 있다면 이 사실을 알아차리고 현실을 좀 더 냉철하게 바라볼 필요가 있다.

개인적으로 느끼는 불평불만에 주목하기

불평에도 종류가 있다. 자신도 모르게 자꾸 말과 행동으로 드러나는 불평이 있고, 혼자 마음속으로 생각하는 불평이 있다. 이 두 가지는 모두 분노처럼 억누르고 자제해야 하는 대상이 아니라 귀 기울여야 하는 내면의 목소리다. 언제 어떤 일이 생길 때 기분이 나빠지고 마음이 불편해지는지 알아차리면 자신을 이해하는 데 도움이 된다. 특히 은근하게 드러나는 불평은 자신을 성가시게 할 뿐 아니라, 수동 공격적인 태도를 취하게 한다.

특히 직장에서 느끼는 불평불만의 상당수는 업무 내용이나 조직의 문제와 관련되며 심해지면 이직, 결근, 생산성 저하, 신뢰 하락과 같은 부정적인 결과를 초래한다.[*] 다음 질문을 통해 직장에서 느끼는 불평불만을 어떻게 합리적으로 해결할 수 있을지 고민해보자.

- 내가 느끼는 불편감이 타당하고 건설적인 비판인가?
- 사람에 대한 것인가, 아니면 조직에 대한 것인가?

---

[*]   Walker & Hamilton, 2011

- 주로 어떤 상황에서 불평, 불만을 느끼는가?
- 이런 감정을 해결하려면 구체적으로 무엇을 해야 하는가?
- 문제를 해결하는 데 도움을 줄 수 있는 사람이 주변에 있는가?
- 반복되는 문제인가, 일시적인 문제인가?

분노 일기로 트리거 알아차리기

트리거란 현재 어떤 사건이 발생했을 때 과거의 충격적인 경험을 떠올리게 하는 감정적 반응을 뜻한다. 과거 특정한 상황에서 발생한 일로 정신적 충격을 받았던 기억을 떠올릴 때 주로 발생하는데, 오감에 관한 경험도 어느 정도 관련성이 있다. 과거에 보고 듣고 느낀 소리, 냄새, 이미지, 촉각이 어떤 경우에는 예전의 행복하고 긍정적이었던 기억을 떠올려주지만 어떤 경우에는 잊고 싶은 경험을 강제로 소환시키기도 한다. 그래서 과거에 큰 충격을 주었던 경험과 관련된 사람, 장소, 상황에 민감하게 반응하는 것은 절대 이상한 일이 아니다.

과거에 경험한 어떤 일 때문에 마음에 큰 상처를 받은 사람들은 그 일을 계기로 세상이 결코 안전하지 않다고 자각하는 경우가 많다. 그러나 시간이 지난 뒤에 그 상처를 다시 직면하지 않는다면, 일련의 경험을 스스로가 정확하게 인지하지 못할 수도 있다. 사실 이 경우가 더 문제가 되는 것이 사실이다. 스스로 어떠한 대처도 할 수 없기 때문이다.

불안, 공황, 절망감 같은 매우 불편한 감정이나 심리 증상을 촉발시키는 모든 것이 트리거가 될 수 있다. 물리적 위치부터 특정한 날짜, 냄새, 색깔, 소리, 말투, 억양, 목소리까지 트리거의 유형은 정말 다양하다.

　다행히 우리는 트리거를 예측할 수 있다. 만약 과거 자신이 어떤 말을 들을 때마다 부정적인 감정을 강렬하게 느꼈다면 특정한 단어나 표현이 트리거가 될 수도 있다. 물론 트리거를 유발시키는 단어가 너무 개인적이고 평범한 것이어서 다른 사람들은 전혀 짐작조차 못할 수도 있다. 그래서 누군가에게는 '별생각 없이 가볍게 내뱉는 말'이 어떤 사람들에게는 평생의 상처가 되기도 하고, 엄청난 분노를 유발할 수도 있다. 트리거는 어쩌면 방향지시등을 켜지 않고 내 차선을 침범하는 옆 차량과 같아서, 부지불식간에 트리거가 올라올 때 느끼는 감정을 스스로 진정시키기란 쉽지 않다. 아래 내용은 사람들이 가장 일반적으로 분노하는 트리거 예시다.

- 상대방이 나에게 관심이 없다.
- 상대방이 나에게 너무 많은 것을 요구하거나 기대한다.
- 상대방이 너무 무례하다.
- 상대방이 나를 이용한다.
- 상대방이 너무 이기적이다.
- 상대방이 나를 지속적으로 비난하거나 수치심을 준다.
- 상대방이 너무 잔인하거나 비열하다.
- 상대방이 너무 무능하고 어리석다.
- 상대방이 너무 무책임하다.
- 상대방이 나에게 전혀 도움을 주지 않는다.
- 상대방이 자신의 책임과 의무를 다하지 않는다.

- 상대방이 나를 통제하거나 조종하려고 한다.
- 상대방이 나를 너무 오래 기다리게 만든다.

이런 상황에서는 분노 일기를 쓰는 것이 큰 도움이 된다. '왜 나는 지금 이 상황에서 이렇게까지 화가 났을까?'를 생각하는 과정에서 답을 찾는 데 도움이 되기 때문이다. 일기 쓰기는 자신을 객관적으로 바라보고 성찰하는 데 훌륭한 수단이 된다. 일기를 쓸 때 아래 질문의 답을 써보는 것도 좋다.

- 어떤 일 때문에 이렇게 스트레스를 받았지?
- 이 상황에서 가장 화가 나는 지점은 뭐지?
- 지금 내가 느끼는 분노를 점수로 매기면 몇 점일까?
- 화가 날 때 하는 행동이 나나 주변에 어떤 영향을 미치지?
- 몸에서 어떤 반응이 나타났지?
- 화가 날 때 내가 실제로 하는 행동은 뭐지?
- 분노를 가라앉힌 뒤에는 어떤 기분이 들지?
- 지금처럼 화가 났던 예전의 사건은 어떻게 결론이 났지?

명상하기

요즘은 명상과 마음챙김을 비슷한 개념으로 부르기도 하는데, 마음챙김의 정확한 의미는 지금의 내면 상태를 일부러 바꾸려고 애쓰지 않고 한 발 떨어져 바라보면서 지금 이 순간에 집중하는 것이다. 마음챙김을 통해 자신이 아직도 상대방을 용서하지 못하고 있고, 결과적으로는 자기 자신에게 가장 큰 피해와 불편을 주고 있음을 자각하고 상대방을 용서하는 마음을 갖는 데 도움을 받을 수 있다.[◆] 마음챙김 수준이 높은 사람은 과거의 부정적인 기억과 미래의 불안에서 의식적으로 벗어나 현재에 집중할 수 있다고 알려져 있다.[■] 마음챙김의 가장 큰 장점은 언제 어디서나 연습할 수 있다는 것이니 지금 한번 시도해보길 바란다.

- 지금 나의 감정과 생각이 어디를 향해 있는지 천천히 들여다본다.
- 어떤 답도 틀리지 않았음을 기억한다.
- 지금 떠오르는 생각에 집중하되, 그 생각을 바꾸려 하거나 판단하지 말아야 한다.
- 화가 났다면 그 감정에 주목하고, 자꾸 떠오르는 부정적인 생각을 다른 단어로 바꿔본다.

마음챙김은 개인적인 의견, 생각, 판단을 '바라보는 방식'을 바꾸는 데도 도움이 된다. 물이나 차, 사탕 등을 입에 넣고, 삼키지 말고 천천히 음미하면서 위의 과정을 반복해도 좋다.

◆   Braun et al., 2020
■   Baer & Krietemeyer, 2006

주의를 분산시키기

순간적으로 분노에서 벗어나 다른 것에 집중하는 방법이 있다. 바로 주의를 분산시키는 것이다. 이 방법은 근본적인 해결책은 아니지만 분노를 조절하는 단기 전략이 될 수는 있다.[♦]

생각과 분노 사이에는 분명 인과 관계가 있다. 이때 주의를 분산시키면 분노를 유발시키는 원인을 일시적으로 제거할 수 있다. 주의를 분산시키는 활동, 예를 들면 고강도 신체 활동이나 아주 많이 집중해야 하는 퍼즐 맞추기, 청소, 가구 조립, 그림 그리기 등이 대표적이다. 찬물로 샤워하기, 아주 시거나 매운 음식 먹기, 음악을 듣거나 춤을 추는 것도 즉시 기분을 좋게 해준다. 오감을 강하게 자극하는 활동을 할 수도 있다. 좋아하는 향수 뿌리기, 달콤한 음식 먹기, 파도 소리나 바람 소리 듣기, 예능 프로그램이나 스포츠 경기 보기, 전화 통화, 산책도 모두 좋은 선택이 될 수 있다.

극심한 좌절감이 야기하는 분노 Frustration-Based Anger

우연히 아내의 핸드폰에서 이상한 문자를 보게 됐어요. 제가 모르는 사람이 아내에게 '♥우리 언제 만나?'라고 썼더라고요. 순간 굉장히 당황했는데 아내에게는 아는 척을 안 했어요. 그냥 아무렇지 않게 물어도 됐을 텐

[♦]   Chapman & Gratz, 2015

데, 저도 그때는 왜 그랬는지 모르겠어요.

그 후로 아내를 관찰하기 시작했는데 놀랍게도 그 싸한 느낌이 틀린 게 아니더라고요. 아내가 바람을 피우는 거예요. 저녁마다 왜 그렇게 열심히 운동을 다니나 했더니, 헬스장에서 딴 남자를 만나고 있었던 거예요. 현장을 덮쳐서 한바탕 난리를 쳐볼까 고소를 할까 별의별 생각을 다 했지만, 아직은 아내를 사랑하는 마음이 남아 있고 무엇보다 아이들이 마음에 걸려요. '내가 더 잘하면 곧 정리하겠지' 싶어 명품 백도 선물하고 함께 해외여행도 다녀왔지만, 그 남자의 연락이 계속되더라고요.

제일 괴로운 건 그 남자가 보낸 문자를 아내 몰래 제가 전부 찾아서 읽는다는 거예요. 아내가 알면서도 모르는 척하는 건지, 아니면 제가 아무것도 모른다고 생각해서 핸드폰을 아무데나 놓고 다니는 건지는 모르겠어요. 아내의 핸드폰을 뒤지다 보니 그 남자와 어디서 무엇을 하고 다니는지도 다 알게 됐고요.

어느 날, 도저히 참을 수가 없어서 아내에게 외식을 제안하고 빨리 정리하라고 했어요. 그런데 아내가 미안하다는 말도 없이 "그냥 이혼해. 언젠가 오늘 같은 날이 올 줄 알았어. 사실 당신이랑 살면서 행복하지 않았어. 당신이 성실한 건 인정하지만 한 번도 나한테 공감해준 적은 없잖아. 당신이 달라질 거라는 기대는 안 해" 하는 거예요.

저는 제가 그 남자에 대해서 아는 척을 하면 울고불고 애걸복걸하면서 매달릴 줄 알았어요. 아니, 적어도 변명이라도 할 줄 알았어요. 그런데 기다렸다는 듯이 먼저 이혼을 하자니요? 살면서 그렇게 좌절했던 적이 없어요. 내 인생은 다 뭐지? 나는 무엇을 위해서 이렇게 열심히 살았던 거지? 싶어서 아무 생각도 들지 않아요.

좌절은 어떻게 분노로 이어지는가

좌절감은 실망, 두려움, 스트레스 등에서 비롯되는 매우 복잡한 감정이자 다양한 반응을 이끌어낼 수 있는 핵심 감정이다. 유전적으로 반복되는 특정한 상황에 대처하기 위해 진화된 감정이자 해결되지 않은 문제에 직면할 때 주로 경험하는 감정이기도 하다. 또한 자신이 관심을 두고 있는 영역에서 예상치 못하게 거절당할 때 느끼는 불만이나 실망감에서 비롯되는 감정이자,◆ 부정적인 정서를 불러일으키고 긴장감, 각성 등을 촉발시켜 상대방에게 매우 방어적, 공격적으로 행동하게 만들기도 한다. 때로는 분노를 유발시켜 감정을 잘 통제하지 못하게 만들고, 위협적인 상황에서는 주의를 분산시켜 상대방을 향한 집중력을 흐트러뜨리기도 한다.▪

좌절과 분노는 상당히 밀접한 관계에 있어서 두 감정을 구분하기란 매우 어렵다. 좌절과 분노는 모두 인간의 자연스러운 감정적, 심리적 반응이며 두 감정 모두 서로에게 귀결될 수 있다. 두 감정은 모두 짜증을 촉발시키고 신체 반응을 유발하며, 개인이 원하는 대로 일이 진행되지 않으면 크게 실망하게 만든다. 좌절이 길어지다가 분노가 폭발하기도 한다.

일반적으로 좌절이 느리고 꾸준하며 내면의 상태에 대한 반응으로 나타난다면 분노는 빠르고 공격적이며 외부의 상태에 대한 반응으로 드러난다. 또한 좌절은 타인이 쉽게 눈치 채지 못하지만 분노는

◆   Berkowitz, 1993

▪   Jeronimus & Laceulle, 2017

가시적이고 식별 가능하다는 특징이 있다.

1939년에 좌절과 관련된 중요한 이론이 발표되었다. 바로 인간의 공격성에 관한 가장 오래된 이론 중 하나인 좌절-공격가설Frustration-Aggression Hypothesis이다. 심리학자인 존 돌라드John Dollard 등◆은 개인이 좌절을 경험하면 공격성으로 이어진다고 주장했다. 좌절은 원하는 것을 얻지 못하거나 목표를 달성하는 과정에서 방해를 받을 때 느끼는 감정인데, 이때의 좌절감이 분노로 바뀌었다가 분노를 자극하는 무언가가 주변에 있으면 공격성으로 바뀔 수 있다■는 것이다. 이때의 좌절은 공격성을 드러내는 직접적인 원인이 되지만, 좌절을 느끼되 상황이 합리적이라면 분노하지 않는다. 즉, 사회통념상 받아들일 수 없는 상황에서 좌절한다면 분노를 느낄 수밖에 없다.

이후 버코위츠●는 '수정된 좌절-공격성 가설'을 통해 좌절이 항상 공격성으로 이어지는 것은 아니라고 주장했다. 좌절하는 상황에서 받는 부정적인 감정이 모두 공격적인 행동으로 드러나지는 않으며, 대신 좌절감이 부정적인 감정을 불러일으키는 경우에는 공격성으로 드러날 수 있다고 보았다. 이 이론은 한마디로 공격성은 좌절하는 강도의 문제가 아니라, 좌절할 때 느끼는 감정이 얼마나 부정적인지와 더 관련이 있음을 밝혀냈다.

최근 우리나라 사람들이 점점 공격적으로 변해가는 것을 '수정된

◆   Dollard et al., 1939
■   Tucker-Lad, 2013
●   Berkowitz, 1989

좌절-공격 가설'로 이해하자면, 개인이 원하는 목표를 이루지 못해서 좌절할 경우, 그 목표가 얼마나 현실적인지 여부와 상관없이 당사자에게 부정적인 감정을 촉발시키기 때문에 공격성으로 드러날 수 있는 것이다.

그렇다면 사람들을 가장 좌절하게 만드는 확실한 촉발 요인은 무엇일까? 정당한 보상이 주어지지 않을 때, 특히 의도적이고 적대적인 행위로 방해를 받았다고 느낄 때 가장 큰 좌절을 경험하는 것으로 나타났다.◆ 반면, 좌절하더라도 자신이 어떤 문제를 통제할 수 있다고 생각하거나 목표를 달성할 수 있다고 인식하는 경우에는 화를 내서라도 뭔가를 얻게 만드는 경향이 있었다. 또한 자신을 좌절하게 만든 문제가 스스로 통제할 수 없는 것이라고 여기면 두려움이나 불안을 느낌으로써 좌절감을 해소시키고, 목표를 달성할 수 없다고 인식할 경우에는 기대치를 하향 조절하기도 했다.■

살면서 누구나 크고 작은 좌절을 경험하는 이유는 모든 상황에서 모두의 욕구를 항상 적절하게 충족시킬 수 없기 때문이다. 내가 바라는 욕구가 무엇인지, 그 욕구가 적합한지 파악하는 데 도움을 주는 것이 바로 좌절이며 그래서 좌절하는 상황에서 효과적으로 대처하는 능력은 매우 중요한 기술일 수밖에 없다.

우리는 가장 사랑하는 사람들에게 큰 기대와 희망을 안고 살아간

◆　　　Jeronimus et al., 2015
■　　　Jeronimus & Laceulle, 2017

다. 그래서 이들에 대한 기대치가 무너지면 더 많이 좌절하고 분노를 느낀다. 자신에게 실망해도 좌절 끝에 분노가 밀려올 수 있는데, 다른 사람들의 성공 때문에 스스로를 비참하게 느끼다가 화가 폭발할 수도 있다.

이러한 맥락에서 발생하는 분노는 인생을 어떻게 살아야 한다는 자신만의 정의 혹은 스스로에게 원하는 이상적인 기대치에 도달하기를 바라는 마음에서 비롯될 수 있다. 좌절하는 것은 누구에게나 평범한 일이지만 그 시간이 너무 오래 지속된다면 이토록 큰 좌절감을 야기하는 근본 원인이 무엇인지 고민할 필요가 있다. 일상에서 좌절감이나 분노를 느끼는 것 자체는 이상한 일이 아니지만 이런 감정을 너무 오래 방치하는 것도 장기적으로는 개인의 정신건강이나 대인관계에 도움이 되지 않는다. 어떤 문제를 맞닥뜨렸을 때 감정이 올라오는 것은 피할 수 없지만, 분노와 좌절감을 완화시키는 것은 얼마든지 가능하다.

좌절 후 밀려드는 분노를 다스리는 법

최근에도 어떤 문제 앞에서 좌절한 적이 있다면, 자신에게 삶의 목표가 있고 그 목표를 이루기 위해 뭔가를 열심히 했다는 뜻으로 받아들이자. 아무 일도 하지 않으면 좌절할 일도 없다. 그렇다면 지금의 실패는 어떤 일을 도모하는 과정이라고 봐야 한다. 여러 가지를 시도하면서 경험하는 좌절을 실패의 결과가 아니라 '새로운 학습이 주는 경험'이라고 받아들이자.

좌절감을 다스리고 대처하는 능력을 좌절내인력Frustration Tolerance

이라 하고, 좌절을 대하는 역치가 낮아서 드러나는 기분 상태를 과민
성이라고 한다.♦ 좌절내인력이 낮다는 것은 약간의 불편에도 고통을
느낀다는 것을 의미하는데, 이러한 점을 개선하기 위해 심리 전략을
사용할 필요가 있다. 잘 관리되는 좌절은 우리의 성장과 발전을 돕
는 중요한 도구이자 성공을 향한 원동력이 될 수 있다는 사실을 기억
하자.

할 수 있는 것과 할 수 없는 것을 구분하기

주어진 현실이나 상황을 어렵고 복잡하게 생각하는 것은 개인의
관점과 생각에 달려 있다. 같은 상황에서도 유독 다른 사람들보다 좌
절감을 크게 느낀다면 자신이 이 상황을 통제할 수 없다고 보는 관점
때문일 수 있다. 신학자 칼 폴 라인홀트 니부어Karl Paul Reinhold Niebuhr
는 기도문을 통해 '내가 변화시킬 수 없는 것들은 받아들이는 평온함
을 주시고, 변화시킬 수 있는 것들은 변화시킬 수 있는 용기를 주시
고, 이 두 가지를 구별할 줄 아는 지혜를 달라'고 청했다. 자신의 힘으
로 바꿀 수 없는 것에 집착하기보다 이미 가진 것과 할 수 있는 일에
집중하려고 노력해보자.

감정을 환기하기

지그문트 프로이트와 요제프 브로이어Josef Breuer는 치료 과정을 설

♦   Leibenluft & Stoddard, 2013

명하면서 '감정환기Catarsis'라는 용어를 처음 사용했다. 이들에 따르면 감정을 무조건 참는 것은 오랜 시간 좌절감을 심어줄 뿐 정신건강에 아무 도움이 되지 않는다. 어느 정도의 좌절감을 드러내는 것은 신체 뿐 아니라 정신건강을 유지하는 데도 필요하다. 감정을 환기하면 두려움, 불안, 분노 등을 적절히 표출함으로써 치유 효과를 얻을 수 있다.

운동, 일기 쓰기, 심호흡, 명상, 나와의 대화 등으로 감정을 환기시킴으로써 자신의 상태를 잘 알아차리고, 부정적인 감정을 가라앉히고, 나에게 해로운 요인을 제거할 수 있다. 또한 부정적인 감정을 해소한 뒤에는 자신의 문제를 더 객관적으로 파악해 관리하고 해결할 수 있다. 다만, 억눌려 있던 좌절감과 긴장을 해소하다 보면 처음에는 카타르시스를 느낄 수 있지만 나중에는 부정적인 감정과 행동을 다시 표면화하게 되어 또다시 위험한 감정을 느낄 수도 있다. 이럴 때는 전문가를 찾아가는 것이 도움이 된다.

나를 쉬게 하기

좌절감을 잘 관리한다는 것은 스트레스를 잘 관리한다는 뜻이기도 하다. 스트레스를 잘 관리하는 가장 좋은 방법 중 하나가 쉼이다. 너무 빨리 뭔가를 이루고 싶어 하는 조급한 마음을 내려놓고 재정비하는 시간을 갖는 게 중요하다. 우리나라 사람들은 쉼이라고 하면 가장 먼저 여행을 떠올리는데, 꼭 어딘가로 떠나야만 쉬는 것이 아니다. 가끔은 자신이 너무 앞만 보고 달리는 것은 아닌지 돌아보자.

회복탄력성 강화하기

회복탄력성이란 부정적인 경험이 야기하는 감정에서 벗어나는 능력, 스트레스에 유연하게 적응하는 능력이라 할 수 있다.◆ 특히 심리학에서 말하는 회복탄력성이란 좌절 후 빠르게 회복하고 지속적인 반복을 통해 자신만의 대처법을 파악함으로써 자신이 경험하는 좌절을 점점 더 잘 처리하고 성장할 수 있는 능력을 의미한다.■ 회복탄력성이 높은 사람은 유머를 잘 사용하고● 낙관적으로 사고하는 경향이 높다.▲ 신변에 갑작스러운 변화나 예기치 못한 사건이 생기는 건 누구나 경험하는 매우 자연스러운 일이다. 내가 못나거나 잘못하거나 부족해서 나쁜 일이 생기는 것이 아니라는 점을 받아들이자. 평소 긍정적인 생각과 낙관적인 태도, 유머를 가까이하면 실제로 힘든 일이 생겼을 때 좌절감을 극복하는 데 많은 도움이 된다.★

현실적인 목표 세우기

혹시 자신의 기대가 너무 비현실적이지는 않았는지 점검해볼 필요도 있다. 비현실적인 목표를 세웠다가 실패할 경우 좌절감이 더욱 강화될 수 있기 때문이다. 목표를 세울 때는 너무 이상적인 기준을 잡기보다 '간단하고 구체적이고 측정할 수 있으며 실현 가능한 목표'

◆   Lazarus, 1993

■   Wang & Jiang, 2018

●   Werner & Smith, 1992

▲   Kumpfer, 1999

★   Folkman & Moskowitz, 2000

를 설정하는 것이 중요하다. 특히 결과보다는 과정 중심의 계획을 세우는 것이 좋은데 '다이어트를 해서 10킬로그램을 빼겠다'가 아니라, '이달 안에 헬스장에 등록한다', '일주일에 3번, 한 번에 30분씩 운동한다'라고 계획을 세우는 게 좋다.

계획된 우연Planned Happenstance이 있다

사회학습 이론의 대가이자 스탠퍼드 대학교 교수인 존 크롬볼츠◆에 따르면 어떤 일을 계획해서 성공할 확률이 20퍼센트라면, 우연한 기회로 일을 성공시키는 경우는 80퍼센트라고 했다. 크롬볼츠는 이를 '계획된 우연'이라고 소개하며 개인의 진로 선택은 자신의 의지와 상관없이 우연히 발생하는 사건의 영향을 받는다고 주장했다. 특히 우리에게 생기는 우연한 사건을 좋은 기회로 삼기 위해서는 호기심, 인내심, 유연성, 낙관성, 위험 감수와 같은 5가지 태도가 필요하다고 했다.

그러니 좌절하는 대신 성취감과 효능감을 느끼고 싶다면 그저 행운을 기다릴 것이 아니라 위의 5가지 태도를 기반으로 살아가면서 나에게 찾아온 기회를 놓치지 않으려 하는 것도 좋은 방식이다. 대신 그 기회를 '선택하느냐, 선택하지 않느냐'는 전적으로 자신의 몫이다.

◆   Krumboltz, 2009

4-7-8 호흡 연습하기

대부분의 좌절감은 스트레스나 심리적 압박감 때문에 발생하는 만큼, 호흡만 잘해도 뇌에 산소를 공급하고 정신을 맑게 해주어 마음을 차분하게 다스리는 데 도움이 된다. 특히 4-7-8 호흡이 큰 도움이 될 수 있는데, 호흡의 각 단계에서 많은 시간을 보내는 것보다 각 단계의 시간 비율에 집중하는 것이 중요하다.

- 정자세로 앉는다.
- 혀끝을 앞니 뒤쪽에 대고 그 상태를 잠시 유지한다.
- 4를 세는 동안 코로 조용히 숨을 들이마신다.
- 7을 셀 때까지 숨을 참는다.
- 8을 셀 때까지 입으로 내쉬면서 "우"소리를 낸다.
- 이 과정을 3번 더 반복해, 총 4번 호흡한다.

낮은 자존감이 초래하는 분노

흔히 자아존중감Self-Esteem이라고 하면 '내가 나를 존중하는 느낌' 같은 매우 주관적인 개념을 떠올린다. 이것을 좀 더 구체적인 말로 표현하자면 긍정적 자기지각Positive Self-Regard이라고 할 수 있다. 많은 사람들이 알고 있듯 자존감이 결여되면 자신이 훌륭하지 못하고 사랑받지 못하는 존재라고 믿게 된다. 나만 빼고 다른 사람들은 모두 잘 살고 있는 것 같고, 나는 가치가 없고 무의미하고 절망적이며 실패만

한다고 느끼는 것과 같다.

사회학자 모리스 로젠버그Morris Rosenberg는 자아존중감이 자기 자신에 대한 주관적인 평가이며, 자아존중감이 높다는 것은 자신을 수용하고 존중하며, 스스로를 좋아하고 가치 있다고 느끼는 것이라고 정의했다.◆ 또한 명시적 자아존중감이 자신을 좋아하고 스스로를 가치 있다고 느끼며 수용하는 의식적인 감정이라면, 암묵적 자아존중감은 무의식적이고 자동적이며 학습된 자기평가라고 주장했다.▪ 건강한 자존감을 가진 사람은 개방적이고 인간관계에서 직면하는 갈등을 두려워하지 않으며 완벽함에 집착하지 않는다. 또한 문제가 발생했을 때 긍정적으로 대처할 수 있다고 믿는다.

- 자기 자신에 대해서 어떻게 느끼는가?
- 타인의 성공과 성취를 자신의 것과 얼마나 자주 비교하는가?
- 성공한 친구들이 모이는 자리에 갈지 말지를 고민하느라 얼마나 많은 시간을 쓰는가?
- 자신의 생각이나 판단이 가치 있다고 생각하는가?
- 자신의 약점이나 단점에 얼마나 예민한가?
- 자신의 성취를 무시하거나 가볍게 여기는가?
- 다른 사람의 긍정적인 피드백을 거부하거나 받아들이는 것이 어려운가?

◆　　　Rosenberg, 1986
▪　　　Zeigler-Hill, 2006

- 친구, 연인, 상사의 피드백 때문에 얼마나 자주 화가 나는가?
- 옷이나 가방, 시계, 신발 등을 사는 데 얼마나 많은 시간과 돈을 쓰고 있는가?
- 외모를 어떻게 바꿔야 할지 고민하는 데 얼마나 많은 시간을 할애하는가?

높은 자아존중감을 가진 사람들은 자신의 정서를 명확하게 인식하고 긍정적인 인지 전략과 정서조절 전략을 사용한다.◆ 반면 자아존중감이 낮은 사람들은 자신의 정서를 표현하는 것을 매우 어려워한다.■ 낮은 자존감은 '부정적인 안경'을 쓰고 자신과 타인과 미래를 바라보는 것과 같아서 자기의심, 자기비하, 자기비판, 자기혐오가 뒤따른다. 그래서 자존감을 낮은 사람들은 타인의 비판에 매우 민감하다.

어린 시절부터 겪은 트라우마가 낮은 자존감에 영향을 미칠 수도 있다.● 어린 시절부터 부모나 양육자에게 학대를 받은 사람들이 그 관계에서 벗어난다는 것은 절대 쉬운 일이 아니다. 다른 사람들이 보기에는 작은 문지방을 넘어 방문 밖으로 나가는 정도에 불과하지만, 양육자의 방임으로 오랜 시간 스스로 생존해야 했던 사람들은 사랑하는 사람을 만나도 관계를 지속하지 못하거나, 아무도 믿지 못하는 상태가 되기도 한다. 관심사가 오로지 생존에만 집중되어 있어서 누군

◆   John & Gross, 2004

■   Hirsch et al., 2004

●   Reiland & Lauterbach, 2008

가를 필요로 하지도 않는다. 이들이 트라우마를 치료하고자 한다면, 자신의 감정이 유의미하고 가치 있으며 존중받을 만하다고 느낄 수 있는 안전한 공간에서 시작해야 한다.

심리학자 에이브러햄 매슬로Abraham Maslow는 인간의 욕구는 중요도에 따라 일련의 계층을 구성한다는 욕구위계론Maslow's Hierarchy of Needs을 주장했다. 하위 욕구가 충족되어야 다음 단계의 욕구를 충족시키기 위해 동기화된다는 것이 그의 주장이지만, 반드시 하위 욕구가 충족되지 않아도 상위 욕구를 충족하고자 하는 예는 많다. 생존의 욕구를 위협받으면서도 단식투쟁을 하거나 몸이 아파도 공부를 포기하지 않는 것 등이 대표적이다.

인간은 어떤 사회적 집단에 소속되는 욕구를 충족시키고 나면, 그 집단에서 자유롭고 독립적이면서도 타인의 관심과 지지를 받으며 특별한 지위를 누리고 싶어 한다. 그러나 어린 시절의 트라우마로 기본 욕구를 충족받지 못하면 상위 단계인 자아존중에 관한 욕구를 충족시키기가 매우 어려울 수 있다. 기본 욕구를 충족받지 못한 채 성장하면 다양한 사회 경험이 부족해질 가능성이 높아서 자신을 돌보고 더 큰 욕구를 알아차리는 데 한계를 느끼기 때문이다.

우리 모두는 어떤 면에서는 열등하다. 그러나 어떤 면에서는 다른 사람들보다 우월하다. 모든 사람은 긍정적인 면과 부족한 면을 가지고 있기 때문에 한두 가지 특성만 비교해서 자신의 가치를 단편적으로 평가할 수는 없다.

자의식 과잉과 과민 반응이 분노에 미치는 영향

보통 자존감이 낮을수록 자의식Self-Consciousness이 왜곡되기 쉽다. 자의식은 자신과 타인을 비롯해 사회와 상호작용하는 인식 체계라고 정의할 수 있으며, 주변 사람들과의 소통을 통해 형성된 자신의 정체성을 어떻게 인식하는가 하는 점을 포함한다.◆ 즉, 타인의 시선과 대립되는 관점에서 자신을 어떻게 느끼고, 생각하고, 의지하고, 행동하는지를 포함해 자신의 존재를 의식하는 정도를 의미한다. 요즈음 타인의 평가를 예민하게 받아들여서 자신의 말과 행동을 왜곡하거나 과장되게 표현하는 사람들을 두고 '자의식 과잉'이란 말을 자주 쓴다. 타인의 평판에 지나치게 집착하는 특성을 말하는데, 이처럼 자의식은 외부 비판에 가장 취약하다.

자존감이 낮으면 다른 사람들 앞에서 자신을 드러내기를 부끄러워하거나 불안해하고, 스스로를 무능력하다고 생각해서 가혹하게 비판하기도 한다. 그 사실을 아는 사람도 있고 모르는 사람도 있는데, 낮은 자존감은 자신뿐 아니라 타인에게도 부정적인 영향을 미치며 특히 정신건강 문제를 매우 취약하게 만들 수 있다.▪ 또한 자신에게 능력이나 매력이 없다고 느껴서 주변의 말에 쉽게 상처받는다. 이들은 주로 낮은 자존감 때문에 받는 상처를 스스로 방어하기 위해 화를 내는 경우가 많다.

자존감이 낮은 사람이 분노를 폭발시킬 때는 자신의 의견이나 감

◆   Keromnes et al., 2019

▪   Silverstone & Salsali, 2003

정이 중요하지 않고 가치가 없다고 평가받는 데 대한 적개심과 반항심에서 비롯되는 경우가 일반적이다.[*] 실제로 자존감이 낮은 사람들은 어떤 상황에 처했을 때 매우 과민 반응하는 경향이 있다. 건설적인 피드백이나 비판을 받아도 분노, 죄책감, 수치심을 느끼고 그런 피드백을 주는 상대방을 가해자라고 생각해 화를 내기도 한다.

그래서 이들은 완벽함에 집착하는 경우가 많다. 일이든 생활이든 모든 면에서 완벽하기를 바라며, 그런 수준에 도달하기 위해서 열심히 노력한다. 때로는 이러한 노력 때문에 타인의 비판에 극도로 분노하기도 한다.

자존감을 떨어뜨리는 분노 유형 4

자존감이 낮은 사람들이 분노하는 상황은 크게 4가지로 구분할 수 있다.

공격적으로 반응할 때

어떤 사람들은 자신의 솔직한 욕망을 잘 인식하지 못해서 다른 사람을 괴롭히고 공격적으로 대해 상처를 준다. 그러나 나중에는 자신의 행동에 죄책감과 수치심을 느껴 자존감이 더 낮아질 수 있다. 자신의 욕구를 채우지도 못한데다 남을 괴롭히는 수준 낮은 행동을 했다는 생각 때문에 자존감이 더 떨어지는 것이다. 이때는 낮아진 자존

---

[*]   Averill, 1982

감을 회복하기 위해 실패감, 열등감, 수치심을 외면하고 평소보다 더 공격성을 드러낼 때가 많다.♦

물론 자존감이 낮은 사람들만 공격성이 증가하는 것은 아니다. 1부에서 소개했듯, 바우마이스터와 동료들■은 높은 자존감과 자기애성 성격을 가진 사람들도 공격성이 높다는 사실을 지적했다. 차이가 있다면, 자존감이 높은 사람들은 실패감을 피하기 위해 다른 사람이나 자신이 속한 집단보다 취약한 집단을 공격하는 경향이 있다.

어린 시절 학대와 방임으로 상처를 받은 아이들은 죄책감을 많이 느끼는데, 자신이 인간관계를 맺는 데 문제가 있다는 점을 부인하기 위해 공격성을 드러내기도 한다. 보통 학대받은 아이들은 '왜 나는 다른 아이들처럼 사랑받지 못할까'를 궁금하게 여긴다. 이 경우 대개는 자신이 나쁜 행동을 하는 사람이라고 스스로를 원망하기 때문에 '너는 문제가 없고 너의 잘못이 아니다'라는 점을 분명하게 말해줄 필요가 있다. 개인이 모든 문제를 책임질 수 없고 그럴 필요도 없다는 사실을 통찰할 수 있을 때 수치심, 무가치함, 분노에서 벗어나 한 걸음 나아갈 수 있다.

억압할 때

어린 시절 자신의 느낌이나 생각을 표현했다가 비난, 체벌, 조롱, 무시를 당했던 사람들은 어느 순간부터 침묵하고 분노를 참는 선택

♦　　Ostrowsky, 2010; Zapf & Einarsen, 2011

■　　Baumeister et al., 1996

을 계속 해왔을 수 있다. 이들은 감정을 억제하는 데 익숙하기 때문에 자신의 핵심 욕구를 깨닫지 못할 가능성이 크다. 특히 상대방을 무조건 받아들여야 한다고 생각하는 사람들은 타인과 나 사이의 적절한 거리와 경계를 설정하지 못한다. 그런데 자신의 영역을 보호할 자존감이 부족하면 타인에게 함부로 자신의 범위를 허락하게 된다. 가족이나 친구의 말은 흘려들으면서 낯선 사람의 말은 경계 없이 받아들이다가 평생 모은 재산과 인맥 등을 모두 잃어버리는 경우가 대표적이다.

반대로, 분노를 억누르다가 어느 순간 압력밥솥처럼 폭발하는 경우도 있다. 화를 참는 데는 생각보다 많은 에너지가 필요하기 때문에 계속 감정을 누르기만 하면 더 나은 방향으로 생각할 에너지가 부족해질 수밖에 없다. 그래서 항상 화를 참는 사람들은 평소에는 분노를 거의 느끼지 않지만, 점점 지칠 수밖에 없다. 그러다 어느 순간 감정을 터뜨리고 나면 후회와 수치심이 밀려와 또다시 자존감이 떨어진다.

화를 내는 대신 수치심을 느낄 때

자신의 행동이 남들 보기에 자랑스럽지 못하거나 품격이 떨어진다는 느낌에서 비롯되는 매우 불쾌한 자의식을 수치심이라고 한다. 기본적으로 감정을 회피하는 사람들은 분노 외에도 짜증, 실망, 좌절 등 부정적인 감정을 느끼는 것만으로도 자신이 부도덕하다고 믿는 경우가 있다. 이때 많은 사람들이 스스로에게 화를 내면서 수치심을 느낀다. 부끄러운 행동을 숨기거나 다른 사람의 관심에서 벗어나려 하는 등 인간관계를 회피하는 것이 특징이며, 방어적이고 보복성을 띤 분노를 유발할 수도 있다.

수치심은 주로 적대적인 행동이나 격분으로 드러나기 쉬우며 각성, 짜증, 부정적 사건, 의심으로 인한 타인의 비난, 적대감을 간접적으로 표현하기 등과 관련이 깊다.♦ 특히 사회적인 맥락에서 느끼는 수치심은 그 자체만으로도 고통스러운 경험이기 때문에 분노와 공격성을 더욱 강화시킬 수 있다.■

수치심을 느낄 때 타인을 외면할수록 자신의 삶을 더 많이 통제할 수 있다고 느끼지만, 사실은 심리적인 안녕감에 더 부정적인 영향을 미친다. 수치심을 떨쳐내기 위해 더 화를 내는 경우도 있지만, 결국은 어쩔 수 없이 난감한 상황에 처하는 경우가 많아서 수치심을 자주 느낄수록 자존감도 낮아질 수밖에 없다.●

분노 자체를 인식하지 못할 때

어떤 경우에는 화가 난다는 사실조차 인식하지 못하는 경우도 있다. 더욱이 분노를 인식하지 못하기 때문에 마음의 상처를 치유하거나 조절할 수도 없다. 보통 6세 전후로 감정에 이름을 붙이는 법을 배우는데, 이 시기 아이들은 자신의 분노를 인식하지 못하는 경우가 생각보다 많다. 다소 엄격하고 권위적인 훈육을 하는 부모 밑에서 성장하거나 부모가 너무 바빠서 아이가 혼자 있는 시간이 많아도 그럴

♦   Tangney et al., 1992
■   Geen & Berkowitz, 1967
●   Elison et al., 2014

수 있다. 어떤 부모는 특히 부정적인 감정만 엄격하게 통제하는 경우도 있다. 특히 한국에서는 분노가 그 대상이 되곤 한다. 과거에 "조그만 게 뭘 안다고 어른들 말에 끼어들어? 어디서 버릇없이, 어른에게 대들어? 어디서 화를 내?"라는 말을 듣고 성장했던 사람이라면 아마도 어린 시절부터 부모나 다른 사람들에게 사랑과 관심, 그리고 인정을 받기 위해 어쩔 수 없이 자기 스스로 감정을 억압하는 수밖에 없었을 것이다.

자존감을 높여 분노를 다스리는 법

우리가 저마다 자신에게 가치 있다고 느끼는 것은 외부에서 결정해주는 요소들이 아니라 우리 내면에서 우러나오는 것들이다. 그러니 자신을 다른 사람들과 비교하지 말고 모든 사람은 독특한 재능과 강점을 가지고 있다는 점을 기억할 필요가 있다. 과거에도 지금도 앞으로도 나는 가치 있는 사람이라는 사실을 기억해야 한다. 자신을 대수롭지 않다고 여기는 것은 다른 사람들이 나를 함부로 대해도 좋다고 허락하는 일과 같다.

자존감은 자신을 인식하는 지극히 주관적인 생각이기 때문에 부족한 점은 감싸주고 강점은 긍정적으로 인식할 때 건강하고 단단한 자존감이 생겨난다. 건강한 자존감을 가진 사람들은 자신이 좋아하고 스스로 성취한 것에 가치를 둔다. 아래 내용을 참고해 건강한 자존감을 만들어갈 수 있도록 노력해보자.

Want로 표현하기

자기비하의 핵심은 자신에게 분노하고 좌절한다는 것이다. 자존감이 낮은 사람들은 대체로 자신의 생각과 행동을 부정적으로 여기고 자의식이 강하며, 자신이 하는 모든 일이 잘못되었다고 느낀다. 그래서 작은 실수나 실패를 했을 때 자신을 수용하거나 용서하기가 매우 어렵다.

자기비하를 그만두기 위해 가장 먼저 할 일은 자신을 표현할 때 부정적인 단어를 사용하지 않는 것이다. 자신을 긍정적으로 표현할 단어들을 찾아보는 것도 좋은 방법이고, 당장 생각나는 단어가 없다면 자신을 소개할 때 소망이나 바라는 점을 포함시키는 것도 좋다.

- 나는 게을러 → 나는 부지런했으면 좋겠어
- 나는 너무 내성적이야 → 좀 더 적극적이 되면 좋겠어
- 나는 못생겼어 → 멋있어지고 싶어
- 나는 바보 같아 → 현명해지고 싶어

완벽주의에서 벗어나 부분과 전체를 구분하기

낮은 자존감이 치명적인 이유는 모든 면에서 너무나 완벽해지고 싶어 하기 때문이다. 완벽주의자는 거의 항상 실패에 대비하고 있으며, 어지간한 성공도 쉽게 인정하지 못한다. 어떤 성공을 해도 그 정도로는 부족하다고 느끼기 때문이다.

어떤 일에서 실패하는 것이 인생에서 실패하는 것은 아니라는 점을 기억하자. 부분과 전체를 혼동하지 말자. 둘은 매우 다르다. 몇 가

지 단점과 부족한 점을 머릿속에서 지우고, 제3자의 시점으로 멀리서 자신을 바라보자. 작은 성공을 축하하는 것도 잊지 말자. 세상에 별것 아닌 성공은 없다. 성취하고 달성한 것이 있다면 스스로를 인정하고 축하해주자.

부정적인 신체 이미지에서 벗어나기

신체 이미지는 생각보다 자존감에 큰 영향을 미친다. 외모는 쉽게 드러나기 때문에 감출 수가 없고 타인을 만날 때 가장 먼저 눈에 들어오기 때문이다. 특히 우리나라는 어릴 때부터 외모 칭찬과 지적을 정말 많이 주고받기 때문에 자신의 외모에 대한 평가와 만족도는 신체 이미지와 자존감에 매우 큰 영향을 미칠 수밖에 없다.

자신의 몸을 싫어하는 사람은 스스로를 좋은 이미지로 느끼기가 너무 어렵고 건강을 위해 노력하는 것도 힘들어지는 악순환이 반복된다. 외모보다는 규칙적인 운동과 건강한 식단, 좋은 생활습관을 유지하는 데 시간을 쓰자.

예민함에서 벗어나기

자존감이 낮은 사람은 완벽하지 못한 자신에게 불만이 많은 만큼 상대방이 건설적인 비판이나 피드백을 주어도 굉장히 예민해진다. 그래서 나 자신과 내가 하는 일을 분리하는 연습을 해야 한다. 상대방의 피드백이 불쾌하다면, 그 내용이 사실인지 아닌지만 판단하자. 만약 사실이라면 더 많이 배워서 한 단계 도약할 기회라고 여기자. 나를 지적하는 것 같아서 기분이 나쁘다면 그 피드백이 나라는 사람을 평가하는 것이 아니라는 생각을 의식적으로라도 가져보자.

하고 싶지 않은 일은 하지 않기

너무 하기 싫은 일은 잠시 미뤄도 된다. 가끔은 조금 이기적이라는 생각이 들어도 자신이 원하는 것들을 해주자. 이때 불안해하거나 죄책감을 느낄 필요가 없다. 자신의 한계를 알고 주변과의 경계를 잘 유지하는 것이 오히려 더 큰 오해와 갈등을 줄이는 방법이다.

과거의 상처를 끊임없이 되새기는 분노

저희 아버지는 모든 것을 본인 뜻대로 통제해야 직성이 풀리는 분이에요. 그래서 주변 사람들이 늘 긴장하고 눈치를 보게 만들었어요. 본인 사업에는 지나치게 자신감이 넘쳐서 경제적으로 힘들었던 경우도 많았고요.

아버지는 가부장적 사고가 상당히 강한 분이라 어릴 때부터 오빠에게 많은 기대를 하셨고 기회도 많이 주셨어요. 그런데 오빠는 경제적, 심리적 지원을 충분히 받으면서도 아버지에게 적개심이 있었어요. 성적표가 나오는 날에는 매도 자주 맞았고요. 거실에서 큰소리가 들릴 때마다 저는 이불을 뒤집어쓴 채 노래를 부르거나 음악을 들었는데 어머니는 한 번도 저에게 괜찮냐고 물어본 적이 없어요. 아마 어머니도 아버지를 막아봤자 소용없다는 것을 알았던 것 같아요.

어머니는 "하지 마, 아버지 화 내셔"라는 말을 유독 많이 하셨어요. "제발 너라도 문제 좀 일으키지 마. 엄마 죽을 것 같아. 너까지 속 썩이면 엄마 정말 못산다"라는 말도 많이 하셨고요. 지금 생각해보면 어릴 때는 집에서 숨도 거의 못 쉬고 살았던 것 같아요.

학교에서는 왕따를 당했어요. 친구들 눈에 띄지 않게 조용히 지내고 싶었는데, 제가 우울하고 만만해 보였는지 남자애들이 외모로 놀리는 일이 많았어요. 심지어 부모님을 욕해도 뭐라 따지지 못했어요. 사실 걔들이 하는 말이 틀린 게 없다고 생각했거든요.

저는 지금도 아버지와 비슷한 느낌을 주는 남자 어른이나 오빠처럼 자기주장이 강한 사람들을 만나면 심장이 쿵쾅대요. 얼마 전에 새 팀장님이 입사하셔서 같이 일하게 됐는데, 이분은 성과를 지나치게 요구하고 비판적인 성격인 것 같아요. 업무 스트레스가 점점 높아지니 불안감도 커지는데 팀장 때문에 너무 힘들어도 정작 앞에서는 대답도 제대로 못하는 나 자신에게 화가 나요. 워낙 오랫동안 저 자신을 싫어하고 비난하면서 살아서인지, 다른 사람이 나를 비난하면 그게 다 사실인 것 같아서 괴로워요.

이제는 예전의 기억을 다 잊고 싶고 더 이상 떠올리고 싶지도 않아요. 세상 사람들이 저의 과거를 몰랐으면 좋겠고요. 그런데 그게 너무 어려워요. 아무리 나이를 먹어도 저는 그 시절에 머물러 있는 것 같아요. 항상 남들에게 잘 보이려고 애쓰는 것도 지치고 누가 저에게 뭔가를 요구하는 것도 싫어요. 회사에서든 사회에서든 '하지 마', '금지'라는 말만 들으면 바로 어린 시절로 돌아가는 것 같아요. 세상 사람들이 전부 제 삶을 방해하고 있는 것 같아요.

지나간 좌절에 집착하는 분노반추

분노반추란 과거의 좌절에 집착하면서 그 당시 분노했던 경험을 회상하는 인지적, 정서적 과정을 의미한다.◆ 주로 과거의 실수나 후회, 단점과 결점을 계속 떠올리면서 고통스러워하고 스트레스를 받는 것이 특징인데■ 불편한 감정을 계속 유지하는 경우가 일반적이다. 특히 어린 시절 학교폭력이나 왕따 같은 심각한 트라우마를 겪었거나 개인의 노력으로 해결할 수 없는 문제가 있을 때 반추를 지속하는 경향이 있다.

캘리포니아 주립대학교 롱비치 심리학과 교수인 윌리엄 페더슨William C Pedersen과 동료들●은 분노반추를 자기중심적 반추Self-Focused와 도발중심적 반추Provocation-Focused Rumination로 구분했다. 전자는 부정적인 감정이 내면으로 향하기 때문에 좌절감이나 전위공격성이 강화될 수 있고 후자는 주로 분노를 폭발시키거나 보복하는 데 집중한다.

분노반추는 자신의 문제를 해결하고자 하는 단순한 욕구에서 비롯될 수도 있지만 죄책감, 수치심을 느끼거나 남을 비난하는 방식으로 드러날 수도 있다. 그래서 과거의 기억이나 그 당시 느낀 감정을 면밀히 분석하는 것은 감정 처리 면에서도 상당히 중요하다.

누구나 과거의 창피하고 부끄러웠던 일을 떠올리는 경향이 있지만, 그 수준이 심각하다면 정신건강에 문제를 일으킬 정도로 스트레스가 커질 수 있다. 개인이 스스로 과거의 감정에서 헤어 나오기 어렵다면

◆   Sukhodolsky et al. 2001

■   Nolen-Hoeksema et al., 2008

●   Pedersen et al., 2011

전문가의 도움을 받는 것도 필요하다. 다음 표에서 분노반추가 미치는 영향을 살펴보자.

분노반추가 미치는 영향	내용
분노감 증폭	• 처음에는 사소한 짜증을 느끼지만 시간이 지날수록 점점 불쾌해지면서 강렬한 분노로 지속될 수 있음◆
만성 스트레스	• 몸과 마음의 건강에 부정적인 영향을 미치며 전반적인 삶의 질을 떨어뜨림
문제해결능력 감소	• 부정적인 감정을 계속 반추할수록 문제해결능력이 감소하며,▪ 타인의 잘못을 수용하거나 쉽게 용서하지 못함◆ • 건설적인 방법을 찾는 대신 왜곡된 자기인식에만 사로잡힐 수 있음
경직된 인간관계	• 가까운 관계에서도 어려움이 발생하거나 심할 경우 의사소통이 단절될 수 있음▲ • 분노 자체보다 어떻게 분노를 표현하느냐가 인간관계에 더 큰 영향을 미침
일상 기능 방해	• 집중력을 떨어뜨리고 업무 성과에 악영향을 미침

분노반추를 조절하는 법

분노반추를 통해 자신에게 벌어진 유의미한 사건을 잘 성찰한다

◆ 민희진, 박경, 2015; Bushman, 2002; Sukhodolsky et al., 2001

▪ Lyubomirsky et al., 1995

● Chatzimike-Levidi & Collard, 2022

▲ Nolen-Hoeksema, 1991

면 발전의 기회로 삼을 수 있다. 그러나 자칫 잘못하면 자기통제를 어렵게 하고 공격성을 자극하며,♦ 보복과 복수를 상상하며 더 큰 자극을 유도할 수도 있다. 따라서 분노반추가 길어질수록 심리적 고통은 증폭될 수밖에 없으며 정신건강 문제에도 영향을 미친다.

과거에 생긴 트라우마 때문에 지금도 분노, 수치감, 죄책감, 적개심 등으로 고통받고 있다면 그 일이 이미 지나간 사건이라고 스스로에게 상기시키는 것도 도움이 된다. 의식적으로라도 온전히 현재에 집중해야 한다. 강렬한 감정을 불러일으키는 상대를 바라보면서 내가 힘든 이유가 지금 저 사람이 하는 말과 행동 때문인지, 아니면 저 사람과 상관없는 과거의 상처 때문인지 스스로에게 물어보자. 오늘의 나는 과거의 피해자가 아니기 때문에, 지금 이 순간에 머물기를 의식적으로 선택해야 한다.

불행 속에서 오랫동안 살아온 사람들은 생존하는 데 급급해서 자신을 인식할 기회가 부족했던 경우가 많다. 그렇다 해도 과거를 진정으로 이해하면 오늘을 살아갈 수 있지만, 과거의 미해결 과제를 풀지 못하면 불안한 미래가 늘 우리를 괴롭힐 것이다.

법철학자이자 여성학자인 시카고 대학교 누스바움 교수는 분노를 해결하는 대안으로 용서를 제시했다. 물론 화가 치솟는 상황에서 나를 고통스럽게 하는 사람을 용서하기란 너무 어려운 일이다. 하지만 미국 작가 말라키 맥코트Malachy McCourt가 말했듯 "분노하며 원한을

♦   Denson, 2013

품는 것은, 내가 독을 마시고 상대가 죽기를 바라는 것과 같다." 상대방에게 복수하겠다고 나를 죽일 수야 없지 않을까?

과거의 나를, 그때 그 사람을 용서하기가 어렵다면 먼저 스스로를 고립시키지 않는 행동부터 실천해보자. 친구든 직장 동료든 마음 통하는 사람과 자주 어울려보자. 아무리 노력해도 과거의 기억이 자꾸 떠올라서 괴롭다면 반추 시간을 따로 정해두는 것도 좋은 방법이다. 특정 시간대를 정해 그때는 온 신경을 집중해서 과거를 회상하면서 화를 내고 원망하면, 나머지 일상에 미치는 부정적인 영향을 줄일 수 있다.

9장

그냥 넘겨서는 안 되는, 병리적인 분노 유형

자기애적 분노-나르시시스트가 화를 내는 법Narcissistic Rage

직장 동료 P는 회의 때마다 불평불만을 엄청 쏟아내요. 평소에도 지적 우월감에 넘쳐 있는데 다른 사람의 의견을 듣거나 소통하려 하지 않아요. 그래서 팀원들이 늘 그 사람 눈치를 보고, 이제는 같이 일하는 것도 꺼리게 돼요.

P는 직원들이 자기 아이디어를 훔쳐간다고 화를 내고, 능력을 제대로 평가받지 못한다고 회사에 자주 항의해요. 팀원들을 자기 수준으로 끌어올리고 싶다고 주장하지만 팀원들은 그 사람이 하는 말에 관심이 없고, 그의 주장대로 일을 진행할 생각도 없어요. 그러다 보니 어느 순간부터 점점 고립되는 것 같더라고요. 그러면 P는 또 직원들이 자신을 따돌린다고 회사에 항의해요.

팀원들이 그 사람에게 업무 결과를 제출하면 자주 비아냥거리고 흠집을 내서 팀원들이 힘들어하는 경우도 많아요. 심지어 회의 시간에 그 팀원에게 노골적으로 망신을 주기도 하고요. 그러면서 자신의 안목이 얼마나 정확한지, 자기가 얼마나 객관적으로 평가하고 있는지 떠들어요. 누구라도 다른 주장을 하면 끝까지 물고 늘어져서 회의 시간도 길어지고요.

P의 가장 큰 문제는 자신이 주장한 아이디어를 제대로 책임지고 일을 진행하지 않는다는 거예요. 본인이 아이디어를 냈으니 실행은 다른 사람들이 하라는 식이에요. 그런데 정작 P가 제안한 방식으로 진행했다가 조금이라도 잘못되면 직원들이 무능해서 일을 망쳤다고 비난하고, 성공하면 아이디어가 자기 것이었으니 성과도 자기 것이라고 우겨요. 어떻게 이런 사람이 있는지 모르겠어요.

자기애적 성격장애자의 특징

언제부턴가 사이코패스와 소시오패스가 우리 일상에 자주 등장하기 시작했다. 이 둘은 모두 반사회적 성격장애Antisocial Personality Disorder에 속하는데, 사이코패스가 선천적 기질에 문제가 있는 '정신병질자'이라면 소시오패스는 성장 과정에서 문제가 나타나는 '사회병질자'라고 할 수 있다. 사이코패스는 감정이 아예 결여되어 있어 자신이 하는 행동의 심각성 자체를 인지하지 못하는 반면, 소시오패스는 행동의 옳고 그름은 구분하지만 양심의 가책을 느끼지 않는다.

그렇다면 나르시시스트는 어디에 해당할까? 이들은 자기애성 성격장애자로 자기만족을 위해서만 행동하고 심지어 타인을 착취하며, 주변의 인정을 받기 위해 노력은 하지만 자신의 부족함을 잘 받아들이지 않고, 문제가 생기면 쉽게 타인을 비난하는 경향이 큰 'B군 성격장애'에 해당한다. 사이코패스, 반사회적 성격장애, 자기애성 성격장애를 가진 사람들의 가장 큰 공통점이 특권의식, 착취적 대인관계, 공감능력 결여라 할 수 있다.◆

만약 직장 상사가 자기애성 성격장애를 가지고 있다면 팀원들을 매우 강압적이고 교묘하게 괴롭히며 대단히 오만하고 작은 실수도 용서하지 않을 가능성이 높다. 이들은 상대방이 자신에게 도전한다고 느끼면 예측할 수 없는 행동을 해서 위험한 상황을 초래할 수 있으며, 자신들의 자아가 얼마나 팽창하는지, 그리고 자아가 위협받을 때 얼마나 부정적으로 반응하는지를 스스로 느낄 수 있다.

이들의 특징을 한 단락으로 설명하자면 '무한한 성공욕으로 가득 차 있고 주위 사람들에게 존경과 관심을 받으려고 애쓰며, 지위나 성공을 위해 상대방을 착취하거나 때로 사기를 치기도 한다. 또한 형제가 없고 예술, 운동, 학문 분야의 전문가들에게 발생하는 경향이 있다.'

자기애성 성격장애는 3가지 하부 유형으로 구분할 수 있다. '쉐들러-웨스턴 평가방식-II'에 따르면 과장되고 악의적인 유형Grandiose Malignant Type, 유약한 유형Frail Type, 기능이 좋거나 자기과시적인 유형High-Function Exhibirionistic이 그것이다. 특히 첫 번째 유형은 자신의 중요성을 강조하고 본인의 행동에 후회가 없으며, 공감 능력이 현저하

◆　　　Murphy & Vess, 2003

게 부족해서 늘 타인을 조종하려 들며, 화를 자주 내고 특권의식을
갖는다.

악의적 자기애Malignant Narcissism라는 표현은 대상관계 학자인 오토
컨버그Otto F Kernberg◆가 처음 사용했다. 반사회적 행동, 편집증적 특징,
초자아가 완전히 소멸된 사이코패스적 성격을 의미하는데▪ 이들은
대개 충동적, 편집증적, 쾌락주의적 태도를 보이며 범죄를 자주 일으
킨다.

자기애적 성격장애와 범죄

자기애성 성격장애를 가진 사람들은 폭력 범죄와 매우 관련이 높
다.● 특히 과장되고 악의적인 자기애성 성격장애를 가진 사람들은 도
박, 물질 남용, 반사회적 행동, 공격성 등 충동성에 관한 외재화 행동
을 보이는 경우가 많다.▲ 또한 궁지에 몰리면 폭력적, 공격적인 행동
을 하고 어떤 대가를 치르더라도 성공하는 데 집착하며 병리적 거짓
말을 되풀이한다. 자신에게 이득이 되도록 타인을 조종하거나 유도
하고 책임을 전가시키는 것도 이들의 특징이다.

자기애성 성격과 공격성의 관계를 가장 잘 보여주는 이론 모델은

◆　　　Kernberg, 2001

▪　　　Siniscalco & Kernberg, 2001

●　　　Barry, et al., 2015; Lambe, et al, 2018

▲　　　Bogaerts, et al, 2021

정신역동적 가면 모델◆과 위협적인 이기주의 모델■이다. 정신역동적 가면 모델에 따르면 자기애적 성격장애자들은 높은 자아간 뒤에 낮은 자존감을 감춘다. 이들이 가진 웅장한 자아가 뿌리 깊은 불안과 낮은 자존감을 가리는 수단인 것이다. 반면 위협적인 이기주의 이론은 자기존중과 공격성의 상관관계를 가장 잘 설명해준다. 이 이론은 불안정하고 지나치게 부풀려진 자아존중감을 가진 사람들이 행사하는 폭력을 설명하는데, 자신을 위협한다고 느끼는 피드백을 철저히 거부하고, 상처를 주거나 도전한다고 생각하는 사람들에게 매우 적대적이고 공격적으로 반응한다.

위협적인 이기주의 이론에 의하면 폭력의 원인이 낮은 자존감 때문이라는 일반적인 믿음과 매우 배치된다. 또한 높은 성취동기, 근거 없는 자신감은 득보다 실이 많을 수 있다고 강조한다. 매우 비대하고 불안정한 자존감을 가진 사람들은 부정적인 피드백을 가장 위협적이라고 느낀다. 자신을 비난한다고 받아들이기 때문이다. 이 이론의 가장 중요한 핵심은 불안정하고 팽창된 자아야말로 가장 해롭다는 것이다. 그러니 낮은 성취동기, 사회적 박탈감, 공격성을 개선하겠다고 무조건 자존감을 높이려 하는 것은 오히려 역효과를 낳고, 인간관계에도 악영향을 미칠 수 있다는 점을 간과하지 말아야 한다.●

◆   Kernberg, 1975; Kohut, 1966

■   Baumeister et al., 2000

●   Baumeister et al., 2000

자기애적 성격장애자가 모두 범죄를 저지르는 것은 아니지만 타인에게 상처를 자주 입히는 것은 사실이다. 그래서 배우자, 자녀, 동료 등 가까운 사람들이 가장 큰 피해자가 된다. 아마 주변에 자기애적 성격장애자가 있다면 이들을 끊임없이 만족시키기 위해 부단히 노력해야 할 것이다. 또한 이들은 자신의 의견과 생각이 다른 사람에게 어떤 영향을 미치는지와 상관없이 모든 일이 자신의 뜻대로 흘러가길 바라는 데 너무나 익숙하다. 이들은 자신의 목적을 달성하기 위해 상대방에게 집착하거나 위협하거나 무시한다. 그래서 인간관계가 매우 어렵다.

내현적 자기애자의 특징

B는 매우 겸손한 편이다. 사석에서 동료나 친구들을 만날 때는 가급적 자신의 성과나 승진 소식을 말하지 않는다. 대신 누군가가 B의 의견에 조금이라도 비판하는 듯한 말을 꺼내면 매우 예민해진다. 하루는 B가 좋아하는 식당에 친구들을 초대했는데, 누군가 "근데 이 집이 그렇게 친절하진 않은 것 같아" 하자 B는 순간 화가 나서 표정 관리가 되지 않았다. '쟤는 언제나 불만투성이야. 저러니 성공을 못하지. 평생 그런 식으로 살아봐라, 살면서 좋은 일이 생기나.'

마치 상대방에게 가스라이팅을 하듯이 본인의 의견이나 생각을 자꾸 의심해보라고 말하는 사람들이 있다. "네 말이 틀렸다는 것은 아니지만…" 같은 표현이 대표적인데, 내현적 자기애자Covert Narcissism

들이 이런 특성을 많이 보여준다.

내현적 자기애자는 상대방이 스스로를 의심하게 민들어 결국 자신의 감정과 생각에 정당성을 갖게 만들고, 결과적으로 이들이 자신에게 의존하도록 만든다. 이들은 특정한 화법을 사용하면서 친구나 가족들의 인간관계를 약화시키고, 통제력을 발휘해 주변 사람들로부터 상대방을 고립시키기도 한다. 상대방의 방어체계를 무너뜨리고 자신에게 의존하도록 만들어 만족감을 충족시키려는 것이다.

내현적 자기애는 자기애성 성격장애의 하위 유형으로도 볼 수 있다. DSM-5에서 언급하는 나르시시스트의 특징인 부풀려진 자아감, 공감능력 부족, 과도한 존경과 관심에 대한 욕구 등을 이들도 가지고 있지만 상대적으로 덜 드러날 뿐이다. 내현적 자기애자는 자기중심적이고 허영심이 강하며 자신이 얼마나 중요한 존재인지를 은근슬쩍 표현하지만, 속으로는 불안과 부족함을 느끼는 경향이 있다. 이들은 화를 낼 때 자기비하적이거나 수동공격적인 행동을 하는 경우가 많다. 내현적 자기애자들이 자주 사용하는 말은 다음과 같다.

- "남들 눈에는 제가 자신감이 많아 보여도, 사실은 칭찬과 인정을 받아야 안심이 돼요."
- "행복하게 사는 사람들을 보면 화가 나요. 일을 엄청 잘하는 사람들을 봐도 부럽고요."
- "저는 이걸 누릴 자격이 있다고 생각해요."
- "제가 다른 사람들보다 능력이 뛰어나기 때문에 더 많이 받을 자격도 충분하다고 생각해요."

- "제가 이런 점은 제법 특별한데, 주변 사람들은 몰라요."
- "다시는 그렇게 하지 마세요. 부끄럽지도 않으세요?"
- "지난번에 제가 도와줬던 거, 기억 안 나세요? 나한테 빚진 게 있잖아요?"
- "나 정도면 괜찮지 않나요? 나 같은 사람을 찾기도 쉽지 않을 텐데요."
- "내가 옆에 있어준 것을 고맙게 생각해야 하는 것 아니에요?"
- "그냥 농담이에요. 농담을 그렇게 진지하게 받아들이다니 좀 놀랍네요."
- "도와주셔서 감사하지만, 제가 스스로 할 때까지 조금만 기다려주지 그랬어요."

이들은 다른 사람의 취약점을 이용해 자신의 욕구를 충족하고자 할 때 수동공격을 하는 경우가 많다. 특히 자신을 억압하는 방식으로 솔직한 감정을 감추기 때문에 보복을 더 잘할 수도 있다. 자기애를 감추는 사람들은 자신이 잘못하고 있다고 느끼지 않으며 오히려 다른 사람들에게 오해를 받는다고 느낀다.

이들의 특성과 방식이 아무리 은밀해도 시간이 지나면 언젠가는 정체를 알아차리겠지만, 이들의 특성을 알아차리기란 결코 쉽지 않다. 이들의 자기애적 성향에 맞춰주면서 사는 것을 진정한 적응이라고 할 수도 없다. 이들에게 익숙해질수록 우리의 삶이 더욱 피폐해질 뿐이기 때문이다.

자기애적 성격장애를 치료하는 법

자기애적 격노란 프로이트와 그의 학파들이 주장한 용어로 자기애적 성향을 가진 사람이 자신의 자존감과 가치가 공격받는다고 느낄 때 자기애가 손상됨으로써 '진정한 자아'를 드러낸다는 뜻을 가지고 있다.

나르시스트들은 기본적으로 누군가가 자기애적 상처를 건드리면 격노한다. 자기애적 격노는 원인은 매우 경미하지만 다른 분노와는 특성이 매우 다른데, 이들은 사회적 위치에 강박적으로 집착하기 때문에 상대방의 잘못을 처절하게 복수하려는 의도가 강하다. 보복하려는 이유도 상대방이 자신에게 뭔가를 잘못해서가 아니라, 상대방을 끌어내리고 자신을 끌어올려서 본인의 자존심을 유지하기 위해서다.

자기애적 격노의 종류로는 분노 폭발, 분노 발작, 끓어오르는 분노, 차가운 침묵, 고의적 무시, 날카로운 비꼬기에 이르기까지 다양하다. 자기애적 격노가 일반적인 분노와 구별되는 점은 대개 분노하는 이유가 비합리적, 불균형적이며 지독한 공격성을 띠는 동시에 수동 공격의 형태를 보인다는 점이다.

자기애적 성격장애는 치료로 변화시키기가 매우 어려운 것으로 알려져 있다. 자기 위주로 인간관계를 맺는 방식, 회피하기, 공격, 비판받거나 거부를 당했다고 느낄 때 격노하는 측면 때문에 상담실에서 치료자와 촉진적인 관계를 맺고 스스로 변화를 추구하는 데도 어려움을 느낀다.

- 자신의 삶에 부정적인 영향을 미치는 행동과 특성을 이해하기

- 자신의 행동에 영향을 미친 과거 트라우마 탐색하기
- 정서적으로 대인관계 맺는 법을 익히기
- 대인관계 기술을 개발하기
- 방어기제를 탐색하고 관리하기
- 공감능력 키우기

혹시 주변에 자기애적 성격장애자가 있다면 당사자의 내적동기와 통찰 능력, 감정조절, 인간관계, 적극적인 사회 참여가 치료에 매우 중요하게 작용한다는 점을 기억해두면 좋겠다. 물론 자기애적 격노를 가진 사람과 함께 지내는 것도 매우 어려운 일이다. 이들과 지낼 때 가장 중요한 것은 관계에서 선을 잘 설정하고 지키는 것이다. 자신의 경계를 명확하게 설정하고 지키려는 노력이 필요하다. 상대방이 무엇을 원하든 나를 통해 그것을 실현할 수 없다는 점을 보여줄 필요가 있다. 단호하게 행동하고 엄격하게 선을 정해두어야 그들의 희생양이 되지 않는다는 점을 명심하자. 건강한 인간관계에서 서로의 선을 지키는 것은 상호존중과 신체적, 정서적 안녕감을 유지하는 데 매우 중요한 기능을 한다는 점을 기억하자.

수동공격적 분노
─점잖아 보이는 사람이 은근슬쩍 화를 내는 법

'수동공격성'이라는 개념은 제2차 세계대전 때 장교의 명령을 거부

하는 군인의 행동을 설명하기 위해 임상적으로 처음 사용되었다.[◆] 정
신질환 진단 및 통계 매뉴얼 4판에 따르면 수동공격적 성격장애Pas-
sive-Aggressive Personality Disorder를 가진 사람들은 사회 이슈나 직업상 업
무에 대해 수동적인 저항을 많이 하고 사소한 오해에 대해서 불평이
많으며, 논쟁을 즐기고 권위를 비판하고 경멸한다. 또한 상대적으로
운이 좋은 사람을 시기하고 자신의 불행 앞에서 과장되게 좌절하며
적개심과 후회를 반복한다.

원인	내용
감정	부정적인 행동에 대한 분노
인지	가치관, 생활방식, 평가방식, 태도, 기억, 귀인양식
자기규제	수치심, 비난, 자기인식, 도덕성
환경	스트레스, 혐오 자극, 폭력적이거나 부정적인 사건에 대한 저항

수동공격성이 발휘되는 4가지 주요 원인[■]

때에 따라서는 티가 나지 않게 은밀한 방식으로 공격성을 표현하
는 경우도 있다. 의사소통을 하는 과정에서 의견이 달라 갈등이 생기
면 일부러 할 일을 하지 않거나 마무리하지 않은 상태에서 그만두고,
약속에 늦고, 다른 사람들이 선호하는 방식에서 미묘하게 빗겨나는
행동을 하기도 한다. 상대방에게 문제점을 알리기보다 침묵으로 일

◆   Millon, 1981
■   Rubio-Garay et al., 2016

관하거나 험담을 하기도 한다. 상대가 싫어하는 행동을 자주 하거나 상대방이 하는 말을 못 들은 척하거나 딴청을 피우는 것도 수동공격에 해당한다.

수동공격적 행동은 매우 부정적이고 미성숙한 방어기제로 분류되며,[◆] 문제해결 능력을 저하시키기도 한다.[■] 어린 시절 감정을 표현할 때마다 양육자에게 비난을 받거나 감정을 수용받지 못해 그에 대처하는 방식으로 발현되었을 가능성도 높다.[●]

수동공격성은 얼핏 보기에는 예의 바르고 친절하며 선한 모습으로 비칠 수 있다. 하지만 부정적인 감정을 분명하게 설명하지 못하고 간접적으로 표현하는 태도가 계속되면 오해와 갈등이 발생할 수 있고, 직장이라면 생산성 저하로 이어질 수 있다.

수동공격적인 행동을 보이는 사람들은 두 행동 사이에서 오락가락하는 것이 아니라 수동적인 동시에 공격성을 띤다. 이들은 자신의 의견을 전달하기 위해서 상대방의 욕구 충족을 방해해 좌절시키는 방식을 선호한다. 그래서 겉으로는 무해하거나 우발적이거나 중립적인 것처럼 보이지만 실은 무의식중에 간접적으로 공격성을 드러내는 행동이라고 봐야 한다.

분노를 직접 표현하면 직장에서 고립되거나 낮은 평가를 받거나

◆   Schauenburg et al., 2007
■   Cramer, 2015
●   Nickel & Egle, 2006

심지어 해고당할지도 모른다는 두려움이 있을 수 있다. 실제로 직장 내에서 벌어지는 수동공격적 행동을 보면, 상사의 지시를 무시하거나 회의에서 결정한 내용을 실행하지 않거나, 중요한 정보를 전달하지 않아서 어떤 문제에 적절하게 대응하기가 어렵거나, 부서 간 협력이 원활하지 않을 수 있다. 이 외에도 다양한 형태로 드러날 수 있지만, 직접적인 갈등과 충돌을 피한다는 것이 가장 중요한 지점이다.

직장에서 드러나는 수동공격의 예시

직장에서 공격성을 드러내는 주요 원인은 상사의 불공평한 대우, 조직에 존재하는 불공평함, 부적절한 평가와 보상, 상사의 과도한 통제, 사람들의 무례함, 구조조정, 해고 등 조직 차원에서 발생하는 요인 때문인 경우가 많다.◆ 조직이 권한의 범위를 불명확하게 설정하면 개인은 책임을 거의 지지 않게 되는데, 만약 업무 목표가 구체적이지 않거나 오해의 소지가 있으며 팀원들 사이에서 목표를 제대로 인식하지 않으면 수동공격성이 드러날 수 있다. 다음 표는 직장에서 주로 나타나는 수동공격적 행동이다.

◆　　LeBlanc & Barling, 2004

행동 유형	특징
상대에게 높은 기대치를 갖기	원하는 바를 직접 설명하지 않으면서 상대방이 자신의 말을 이해하지 못하면 화를 내거나 기분이 나빠짐
상대방이 불편한 감정을 갖도록 행동하기	무시하기, 연락을 받지 않기, 중요한 회의에서 제외시키키, 인사하거나 눈을 마주치지 않기 등
난처하게 하기	공개석상에서 상대방이 불편해하는 질문, 남들이 알면 난처한 일을 언급하기
하는 일이 잘 안 되기를 바라기	상대를 돕는 척하지만 일을 망치기를 바라거나, 그들이 원하는 것을 얻지 못하도록 방해하거나, 방해하기 위해 적극적으로 행동하기
숨은 의도가 있는 요구하기	상대방을 생각해서가 아니라 그들의 발전을 방해하기 위해 요구하기
거짓 칭찬하기	겉으로는 칭찬하면서 속으로는 무시하거나 모욕하기
팀워크 방해하기	중요한 업무에서 적극적으로 나서지 않고 주저하거나, 공동의 업무에서 협력하는 것을 피하기
해결되지 않은 문제를 방치하기	직접적인 의사소통을 회피하기, 어떤 문제를 미해결 상태로 방치해두고 다른 사람들이 모르게 하기
기대 이하의 성과 내기	진행 중인 프로젝트에 몰입하지 않거나, 원만하게 협업하지 않거나, 각자의 능력을 제대로 발휘하지 못하게 하기
상대의 노력을 폄하하기	진행 중인 프로젝트를 방해하기, 자신의 업무를 제대로 하지 않으면서 다른 사람들이 무능하거나 일을 방해했다고 적대적으로 대하기
조용히 퇴사하기	위에서 언급한 행동을 반복하다가 조용히 퇴사하기

수동공격에 당하지 않는 법

수동공격적 행동의 이면에는 낮은 자존감이 깔려 있다. 또한 이들은 스스로 자제력이 높다고 착각한다. 어떤 사람들은 자신의 분노를 깊이 감춰두는 데 너무 익숙해서 감정이 여전히 그 자리에 남아 있다는 사실조차 깨닫지 못한다. 수동공격성은 거절에 대한 두려움으로 '아니오'라고 말하지 못했거나, 개인적인 통제력을 유지하면서 하기 싫은 일을 피하기 위해 발현됐을 수도 있다. 불편하고 불쾌한 감정을 매번 직접 표현하면서 사는 것도 보통 힘든 일이 아니기 때문이다.

수동공격적 행동은 단순한 감정 표현이 될 수도 있고, 인간관계에서 통제력을 행사하려는 시도일 수도 있다. 특히 상대방과의 관계에서 어느 정도 의존성과 친밀감이 있거나 통제력을 행사할 수 있을 때 더 잘 드러난다. 그래서 배우자, 친구, 동료가 수동공격의 대상이 될 가능성이 높다.

그러나 다른 분노 행동과 마찬가지로 수동공격적 행동 역시 매우 해롭고 위선적인 방법일 뿐이다. 수동공격성은 남몰래 상대방을 공격하면서도 자신에게는 어떠한 악의도 없는 척하는 것과 같다. 솔직하고 정직하게 행동하는 것이 방어적인 태도로 앙심을 품는 것보다 건강한 관계를 만드는 데 훨씬 더 도움이 된다. 다음 표에서 소개하는 변증법적 행동치료는 대인관계와 감정을 관리하는 데 특히 도움을 준다. 자신과 타인 모두를 존중하기 위해 본인의 욕구를 적절하게 적용하는 방법을 연습해보자.

변증법적 행동치료	내용	예시
설명하기	• 판단을 배제하고 사실 위주로 명확하고 간결하게 설명하기	• "이번 주에만 벌써 3일이나 야근을 했습니다."
표현하기	• '나'를 주어로 써서 감정을 표현하기	• "저에게 맡겨진 업무가 너무 많아 지쳤습니다."
주장하기	• 자신이 원하는 것을 명확하게 말하기	• "그 일정을 다시 논의할 필요가 있습니다."
강화하기	• 상대방의 반응에 보상하기	• 인사하기 • 미소 짓기
마음챙김	• 다른 문제를 고민하느라 본질을 놓치지 않기	• "그 부분을 언급하기 전에, 제가 최근 계속해서 야근을 하게 되는 일을 먼저 상의하고 싶습니다."
자신감 드러내기	• 비언어적 메시지로 자신감을 표현하기	• 상대방의 눈을 바라보고 정확하게 말하기
협상하기	• 자신의 한계를 알고 그 안에서 기꺼이 협상하기	• "이번에는 일정을 맞춰야 하니 야근을 해서라도 끝내겠지만, 다음에도 이런 식이라면 기한 내에 업무를 처리할 수 없을 것 같습니다."

투사적 동일시
–'친밀한 파트너 폭력' 가해자들이 화를 내는 법

사디즘이란 타인을 고통스럽게 하면서 흥분하는 것, 마조히즘은 스스로 고통을 받으면서 흥분하는 것이다. 사디즘은 프랑스 귀족이자 군인이었던 사드 후작Marquis de Sade의 이름을 딴 용어로, 그는 혐오스러운 성행위로 인해 교도소와 정신병원을 오가며 오랜 세월을 보냈고 소설을 쓸 때 성적으로 잔인한 장면을 즐겨 묘사했다고 알려져 있다. 한편, 독일 소설가 레오폴트 폰 자허-마조흐Leopold von Sacher-Masoch는 고통받는 것을 즐기는 등장인물을 자주 묘사하면서 이러한 사람들을 자신의 이름을 따 마조히즘이라고 설명했다.◆

프로이트의 정신역동적 관점에 따르면 공격성은 성적 욕구가 잔혹하고 원시적인 충동으로 억압될 때 발생한다. 성욕을 참으면 우리 신체는 꿈과 환상을 통해서 잔인한 충동을 성적 쾌락으로 일그러뜨리는데, 그 결과 성적으로 비뚤어지고 파괴적인 행동을 하게 되는 것이다.

보통 사람들은 누군가에게 적개심을 품으면 죄책감도 동시에 느낀다. 그 결과 무의식중에 자신에게 상처를 주는 마조히즘적 행동을 하게 되는데, 이것은 매우 흔한 방식이다. 특히 부모에게 충분히 의존하고 수용된 경험이 없는 상태에서 학대, 거절, 비난을 받으면 성인이 되어서도 타인에 대한 의존성이 강하게 나타나는데, 이러한 심리가 상대방을 지배하거나 지배당하는 사도마조히즘 행동으로 이어질 수 있다.■ 그래서 좌절감, 적개심, 죄책감이 큰 사람과 결혼을 하거나 스스로에게 최악의 적개심을 품고 자신에게 고통을 주기도 한다.

사디스트는 파트너에게 친밀감과 밀착감을 느끼기 위한 정서적 감수성을 개발하지 않아도 상대방을 소유할 수 있으며 상처를 받거

◆　　Westheimer, 2000
■　　Saul, 1979

나 배신당하지 않도록 스스로를 방어할 수 있다. 반면 마조히스트는 복종과 무력감을 통해 자유를 느낀다. 아이처럼 심리적으로 의존하려는 태도도 수용받을 수 있다. 그러나 경우에 따라서는 사도마조히즘을 위장한 '친밀한 파트너 폭력IPV, Intimate Partner Violence'이 발생할 수도 있다.◆

여성 3명 중 1명이 피해자

친밀한 파트너 폭력이란 친밀한 관계에서 가하는 신체적, 정서적, 성적 폭력 및 통제 행동을 말하며■ 특히 코로나19 팬데믹 기간에 크게 증가했다.● 이 시기에 특히 여성에게 가하는 신체적, 성적, 정서적 학대가 증가했는데 이를 그림자 팬데믹Shadow Pandemic이라고 한다. 친밀한 파트너 폭력은 피해자의 정신건강 상태와 자존감에 악영향을 미치며,▲ 부모의 우울증과 불안 같은 문제와 관련이 있다.★ 친밀한 관계에서 행하는 폭력은 가해자가 피해자에게 신념이나 태도를 강요하는 수단으로 사용되는 경우가 많으며, 가해자의 욕구 충족이나 피해자의 금전 갈취를 목적으로 발생하기도 한다.▼

한편, WHO에 따르면 여성 3명 중 1명은 일생 동안 친밀한 파트

◆   Pitagora, 2015

■   Cotter, 2021

●   Peitzmeier et al, 2022

▲   Chapman & Monk, 2015

★   Carlson et al., 2003

▼   Bloch & Rao, 2002

너에게 폭력을 당하는 것으로 추정되며 전 세계적으로 '여성 살인의 38퍼센트가 친밀한 파트너에 의해 발생한다'고 명시되어 있다. 피해자와 가해자의 친밀한 관계 때문에 이러한 폭력이 미치는 영향력과 파급력은 매우 크다. 가해자는 피해자의 개인 정보를 상당수 알기 때문에 더 쉽게 접근할 수 있으며, 서로를 너무 잘 알고 있기에 더 파괴적일 수밖에 없다.

물론 분노가 항상 가해자에게 동기를 부여하는 것은 아니라는 연구 결과도 있다.◆ 반면 메타 분석을 통한 문헌 고찰에 따르면 분노는 가해자 성별, 측정 방법, 파트너와의 관계, 소속 집단의 특성과 상관 없이 일관된 위험 요인■이라고 주장했다. 친밀한 파트너 폭력을 가하는 남성은 폭력적이지 않은 남성보다 분노 수준이 높았으며, 가해자들의 폭력 수준이 심각할수록 보고된 분노 수준도 더 높았다.● 즉, 분노가 친밀한 파트너 폭력의 전반적인 위험을 증가시킬 뿐만 아니라, 심각한 가해자가 될 가능성도 증폭시켰다고 볼 수 있다.

친밀한 파트너 폭력은 가해자에게 술이나 마약 문제가 있거나, 그 날 유독 스트레스가 많아서 발생하는 것이 아니다. 폭력은 그냥 '폭력'일 뿐이다. 무엇보다도 친밀한 파트너 폭력을 당하는 피해자는 내 잘못이 아니라는 사실을 잘 알아차려야 한다. 어떤 이유로도 폭력의 피해자는 자신을 탓하지 말아야 하며, 가해자 대신 책임을 지지 말아

◆   DiGiuseppe & Tafrate, 2007
■   Birkley & Eckhardt, 2015
●   Norlander & Eckhardt, 2005

야 한다.

친밀한 관계에서 투사적 동일시가 이루어지는 과정

다른 사람과의 관계에서 뭔가 불편감이 느껴지는데 이게 나의 문제인지 상대방의 문제인지, 이 불편감이 어디서 비롯되는 건지 모를 때가 있다. 투사적 동일시는 A가 회피하고 싶은 욕구나 감정, 개인적 특성을 무의식적으로 B에게 투사하는 것을 말한다. A가 투사한 것들에 B가 반응해서 A의 의도대로 행동하거나 특정한 감정을 느낀다면 투사적 동일시가 이뤄진 것이다. 스스로 용납하기 어려운 자아 일부를 분열시켜 상대방에게 투사하고, 그것이 마치 상대방의 특성인 것처럼 비난하는 경우가 일반적이다. 하지만 많은 경우 투사는 실패로 끝나는 경우가 많다. 자신이 투사하는 것들을 상대방이 수용하지 않는 경우가 훨씬 많기 때문이다.

실제로 매우 폭력적인 남성이 자신의 욕구를 충족시키는 방법으로 투사적 동일시를 활용하는 경우가 있다. 만약 연인이나 부부 관계에서 투사적 동일시가 발생하고 있다면, 폭력이 발생하기 전 긴장이 고조되는 데 중요한 역동으로 사용될 것이다. 즉, 친밀한 관계에서 투사적 동일시가 발생한다면 두 사람 사이에 지금 긴장감이 조성되고 있으며, 머지않아 폭력이 발생할 수 있다는 하나의 신호가 될 수 있다는 뜻이다. 그 결과, 가해자는 피해자에게 지속해서 혼란스러운 정체성을 만들어주고 피해자는 시간이 지날수록 트라우마에 시달리게 된다.

L은 어린 시절부터 아버지의 가정폭력에 시달렸다. 장사를 하던 아버지는 거의 매일 술을 마셨고, 일하면서 받는 스트레스를 가족들에게 풀곤 했다. 술을 드신 아버지는 어머니에게 늘 트집을 잡아 비난했고, 언제나 부부 싸움으로 끝이 났다. 한번은 어머니가 심하게 반항하자 아버지가 칼을 들고 죽이겠다고 협박한 적도 있었다. L은 울면서 아버지에게 매달렸지만, 아버지는 L을 밀치고 나가버렸다.

아버지가 집에 없는 날이면 L은 어머니에게 매를 맞았다. 어머니는 "남편 복이 없으면 자식 복이라도 있어야지. 넌 뭐가 되려고 그 모양이냐? 너도 네 아빠처럼 살래?" 어머니는 L이 공부를 안 해도 공부를 잘해도 야단을 쳤다. 그런 어머니에게 화가 났지만 어머니는 아버지와 싸우고 나면 "확 죽어버릴 거야", "이놈의 집구석, 그냥 도망가야지" 했기 때문에 제대로 된 반항을 하지 못했다.

L은 성인이 되어 취직을 했지만 회사에 잘 적응하지 못했고 사람들과 갈등을 겪어 이직을 자주 했다. L의 탈출구는 연애였으며, 가급적 조용하고 소극적인 여성을 만났다. L이 자신의 쌓인 분노를 다루는 가장 쉬운 방법은 여자 친구에게 자신의 감정을 투사하는 것이었다. L은 여자 친구를 비난하고 화가 나면 손찌검을 했지만, 다음 날이면 여자 친구가 떠날까 봐 싹싹 빌고 다시 잘해주었다. 두 사람은 서로 몸싸움을 하거나 쌍방 폭행을 할 때도 있었다. 여자 친구는 매번 이제는 정말 끝이라고 했지만, 어느새 여자 친구도 L에게 의존하고 있었고 이별 통보를 받을까 봐 두려워했다.

어린 시절 형성된 부모에 대한 이미지는 성인이 되었을 때 하나의 기준 값이 되곤 한다. L은 아버지를 통해 권력을 가진 남성은 무섭고,

두렵고, 차갑고, 친밀한 관계를 맺기가 거의 불가능하다는 이미지가 만들어졌다. 또한 어머니를 통해 여성은 신경질적이고 예민하며, 언제든 자신을 버리고 떠날 수 있는 사람이라는 이미지가 만들어졌다. 이처럼 우리 안에 생생하게 살아 있는 '내면의 대상'은 마치 진짜인 것처럼 평생 우리의 삶에 영향을 미친다. 심할 경우 그 이미지에 완전히 사로잡혀 지금 만나는 사람의 실제 특성을 거의 파악하지 못하게 되는 경우도 있다.

투사	투사적 동일시
자신이 거짓말을 하면서 다른 사람들이 거짓말을 한다고 비난한다.	자신이 화가 났으면서, 상대방이 화를 낼 때까지 너는 항상 화를 낸다고 비난한다.
자신이 앙심을 품고 있으면서 다른 사람들이 앙심을 품고 있다고 생각한다.	자녀가 반항할 때까지 너는 매번 반항적이라고 꾸짖는다.
다른 이성을 만나고 싶은 사람이 상대방이 외도를 했다고 비난한다.	자신이 헤어지기를 바라면서 상대방이 헤어지자고 할 때까지 '넌 매번 나랑 헤어질 생각만 한다'고 비난한다.

부부나 연인처럼 더 큰 친밀감과 밀착감을 형성해야 하는 관계라면 서로를 깊게 이해할 필요가 있다. 서로에 대한 이해를 바탕으로 각자 가진 문제를 보다 공감 어린 시선으로 바라보고 위로해주어야 더 나은 관계를 만들 수 있다. 친밀감과 밀착감은 좋은 인간관계

의 핵심◆이지만 이것을 단단하게 만들어가는 과정은 쉽지 않다. 친밀한 관계에서는 상대방이 자신이 싫어하는 고유한 특성까지도 이해해 줄 수 있는 이상적인 사람이라고 생각하기 때문에, 방어수단으로서의 투사적 동일시는 부부 또는 연인 사이에서 매우 자주 발생한다.▪

투사와 투사적 동일시는 모두 무의식적으로 일어나기 때문에 알아차리기가 어렵다. 어린 시절 매우 권위적인 아버지 밑에서 성장했던 부인은 남편에게 아버지의 모습을 투사하고, 아버지에게 느꼈던 분노와 적개심을 남편에게서 느낄 수 있다. 남편은 부부 관계를 개선해보려고 노력했지만 부인이 아무 노력도 하지 않아 참다못해 화를 낼 수 있다. 아버지에게 적개심과 분노를 가진 아내가 남편을 지속적으로 괴롭혀서 결국 화를 내게 만들고 남편은 아내를 수시로 실망시키면서 잔소리를 듣게 된다면, 남편은 자신에게 매우 비판적이었던 어머니를 아내에게 투사한 것일 수 있다. 실제로 부부나 연인 사이에서 감정적 양극성을 보이는 경우가 많은데, 대표적인 예가 불안정 vs 냉정하고 논리적, 강함 vs 약함, 냉정 vs 열정, 무력함 vs 능동성, 분노 vs 온순함, 우울함 vs 쾌활함 등이다.●

다음은 부부나 연인 사이에서 많이 나타나는 문제 유형이다.

• 타인의 평가에 따라 자존감이 달라진다고 느낀다. 자신을 신뢰

◆　　Saul, 1979
▪　　Feldman, 2014
●　　Zinner, 1989

하고 독립적인 한 사람으로서의 존재감을 인정하기가 어렵다.

- 상대방이 약간만 실수나 오해를 해도 화를 내고 늘 민감하다.
- 자신의 욕구를 주장하는 능력이 매우 부족하고 주장을 하더라도 마음속으로 죄책감을 느낀다.
- 다른 사람들의 태도, 행동, 반응에 영향을 크게 받는다.
- 타인과 심리적 경계를 설정하는 능력이 부족하다.
- 혼자 남는 것을 두려워하며 버림받거나 거절당하는 것을 극도로 싫어한다.
- 자신의 감정보다는 타인의 감정에 주로 영향을 받는다.
- 자신이 항상 피해자이기 때문에 상대방의 입장을 경청, 공감, 이해하지 못한다.
- 강박적인 집착을 사랑이라고 오해한다.
- 갈등을 피하려고 개인적인 가치를 자주 희생하거나 무시한다.

일상에서 흔히 경험하는 투사의 예시

인간관계에서 투사 과정을 이해하는 것이 중요한 이유는, 투사가 우리의 인생 전반에 미치는 영향 때문이다. 우리는 사람들이 보편적으로 싫어하는 어떤 특성을 자신이 가지고 있다고 생각하지 않으려 한다.

투사가 가진 묘한 특성은 자신이 불편감을 느끼면서도 스스로 전혀 인식하지 못한다는 점이다. 뭔가 불편하지만 이게 자신의 내면에서 비롯되는 것이 아니라고 생각하기 때문에, 틀림없이 상대방의 문제라고 확신하게 된다. 투사의 가장 큰 문제라면, 이처럼 매번 상대방에게 던져버리는 감정이 자신에게 미치는 영향을 알 수 없게 만든다는 점이다. 다음 내용은 일상에서 쉽게 저지르는 가장 흔한 심리적 투사의 몇 가지 예시다.

너, 나 싫어하지?

아무 근거나 이유 없이 "저 사람이 나를 싫어하는 것 같아"라고 말하는 사람들이 있다. 누군가가 매우 불편할 때 그 감정을 다른 사람에게 투사함으로써 자신을 보호하는 것은 매우 흔하게 발생하는 과정이다.

저 사람 정말 뚱뚱하고 못생겼어

우리는 타인의 외모를 정말 쉽게 평가한다. 주변 사람들의 외모를 수시로 지적하고 비난하는 사람이라면, 자신의 몸에 대한 혐오감을 무의식중에 다른 사람들에게 투사하는 것일 수 있다.

사람들이 나를 불편하게 해

주변 사람들에게서 느끼는 불안과 긴장을 타인에게 투사하는 방식이다. 개인적으로 불안감이 너무 높거나 자존감이 낮을 때, 자신이 아닌 타인의 문제로 인식하는 것이 일반적이다.

내가 했으니 너도 할 수 있어

모든 사람은 서로 다른 능력을 가지고 있다는 사실을 고려하지 않는 투사다. 자수성가한 사람들이 자녀에게 하는 조언과 충고가 이런 경우가 많다.

민망해서 도저히 볼 수가 없네!

미디어에서 병리적, 폭력적, 성적인 장면을 보면 유독 못 참는 사람들이 있다. 이것은 개인적으로 느끼는 불안이나 숨겨진 성적 수치심을 투사하는 것일 수 있다.

투사적 동일시를 해결하는 법

부부와 연인은 부모와의 관계에서 만들어진 마음의 상처나 특성을 가장 자주, 무의식적으로 느끼는 관계다. 우리는 상대방이 무엇을 느끼는지 완벽하게 알 수 없다. 그저 살아온 경험과 알고 있는 사실을 기반으로 상대방을 이해할 뿐이다.

미국 아델피 대학교 더너 심리학대학의 로버트 멘델손Robert Mendelsohn 교수는 커플 간 '투사적 동일시의 양과 질', '대상관계의 수준', 그리고 '전능감 통제'에 대한 방어 유무가 둘의 관계에서 역동을 만드는 강력한 3가지 요인이며 이 요인을 통해 커플이 상호작용하는 방식을 이해하는 것이 관계 개선에 매우 중요한 역할을 한다고 했다.◆ 아래의 질문에 함께 답하면서 두 사람 사이의 갈등을 해결할 수 있다.

- 서로에게 이끌린 이유가 무엇인가?
- 상대에게 바라는 기대는 무엇인가?

◆ Mendelsohn, 2017

- 두 사람 사이에서 발생하는 문제를 어떻게 정의하고 있는가?
- 부모와의 경험이 지금 두 사람의 관계에 어떤 영향을 미치고 있는가?
- 각자가 가진 두려움은 무엇인가?
- 주로 사용하는 방어기제는 무엇인가?
- 그 방어기제가 두 사람 사이에서 어떤 역할을 하고 있는가?

배우자를 잘못 선택해서 후회하고 있거나 원하는 것을 얻지 못해 불평하고 있다면, 사실 무의식중에 우리가 원하는 모든 것을 정확하게 실현시켜줄 수 있는 사람을 선택하려 했던 건지도 모른다. 우리는 자신이 하기 싫은 역할을 대신해줄 사람을 선택함으로써 미처 충족시키지 못한 욕구나 욕망을 대리 해결하고 있는지도 모른다.

지금 누군가에게 불평불만을 가지고 있다면, 그 일부는 우리 자신이 만든 것일 수 있다. 상대방이 내가 감당하기 어려운 성격을 가진 것이 아니라 어쩌면 상대방이 나를 미치게 만드는 언행을 하도록 무의식중에 내가 자극하고 있을지도 모른다.

미국의 저명한 심리학자 가트맨 박사는 커플 사이에서 갈등을 촉발시키는 4가지 원인으로 '비판하기, 무시하기, 방어하기, 돌담 쌓기'를 꼽았다. 또한 관계 개선을 위한 노력은 갈등 상황에서만 하는 것이 아니라 우호적인 상황에서도 해야 한다고 주장했다.

필자가 오래전 진행한 '부부를 위한 MBTI 특강'에 이혼을 진지하게 고민 중인 부부가 참석한 일이 있다. 그때 배우자의 MBTI 유형을 생각해보는 시간을 가졌는데, 놀랍게도 성격 차이로 이혼을 생각 중이라는 부부가 상대방의 MBTI 유형을 전혀 다르게 알고 있었다. 그 부부가 지금도 행복하게 살고 있기를 바라지만, 배우자의 성격을 전혀 모르고 살면서 성격 차이로 이혼하려고 했다는 사실이 지금 생각해도 참 안타깝다. 가장 친밀해야 할 두 사람의 갈등을 문제로만 볼 것이 아니라, 건설적인 힘으로 변화시킬 수 있도록 함께 배우고 성장하는 기회를 가져야 한다.

경계선적 분노-기분이 곧 태도인 사람들이 화를 내는 법

K는 남자 친구가 있어야 안정감을 느끼는, 심리적 불안감이 큰 여성이다. 연애를 할 때마다 진지하게 교제하고 싶어 하지만 관계가 오래가지 못하는 것이 K의 고민이다. K는 언제나 매우 사소한 문제로 남자 친구와 갈등을 빚었고, 가끔은 거친 싸움으로 이어지기도 했다. K는 연인이 단지 자신에게 집중해주길 바라는 것뿐인데 만나는 사람들은 하나같이 자신에게 질린다고 말했다고 한다.

그동안 만난 남자 친구들은 주로 K의 집착에 질식할 것 같다는 말을 했다. K는 남자 친구가 다른 사람들을 만나는 동안 자해한 사진을 보내거나, 연락을 받을 때까지 수십 통씩 전화를 걸었다. 불안을 느끼면 한밤중에도 잠깐이나마 남자 친구를 만나고 와야 안심이 되었는데, 그렇게 잠을 설치고 나면 다음 날은 일정을 제대로 소화할 수가 없었다.

K는 혼자 있을 때 남자 친구의 SNS 계정을 팔로우하는 사람들을 일일이 검색했으며, 모르는 여성이 남자 친구와 친밀해 보이면 극도로 흥분해서

화를 쏟아냈다. 연애를 하지 않을 때는 우울감과 공허감을 수시로 느끼며 괴로워했고, 그럴 때마다 폭식을 하거나 충동적으로 쇼핑을 해서 카드 값이 연체되는 경우도 있었다.

경계선 성격장애BPD, Borderline Personality Disorder는 기분과 감정을 조절하지 못하는 심각한 성격장애다. 이들은 급격한 기분 전환, 불안정한 감정, 충동 조절, 왜곡된 자아정체성 등 여러 증상을 경험한다.◆ 이들은 기쁨과 행복을 느끼다가도 순간 격분해서 몇 초 만에 기분이 달라지며, 화가 나 있는 동안에는 절대 분노를 가라앉힐 수 없는 것처럼 보인다. 또한 가장 가까운 사람들에게 가장 크게 분노하며, 거절당하는 데 대한 두려움이 너무 커서 상대방이 자신을 떠나기 전에 먼저 관계를 끊어버린다. 한바탕 분노하고 난 뒤에는 후회와 우울증이 밀려오며, 이러한 불안정성 때문에 자해나 자살 충동을 느끼기도 한다.▪

경계선 성격장애자에게 분노는 격노에 가깝다. 이들의 격노는 강도가 엄청나서 인간관계에 정말 심각한 손상을 입힐 정도로 고통스럽고, 통제도 불가능한 정도다. 그래서 경계선적 분노Borderline Rage라고 부르기도 한다. 경계선적 분노는 화의 강도가 1이었다가 갑자기 100으로 매우 빠르게 올라가는 것처럼 보이는데, 그 시작은 두려움이다. 인간관계에서 비난, 거절 같은 부정적인 감정을 느끼는 것을 매우 두려워한 나머지 유기공포를 느끼고 이를 처리하기 위해 엄청

◆   American Psychiatric Association, 2013
▪   Chapman, 2019

나게 화를 내는 것이다. 이들은 인간관계에서 발생하는 많은 문제를 흑백논리로 인식하기 때문에 모두 좋거나 모두 나쁘다고 생각한다.

이처럼 경계선 성격장애자들이 타인과 세상을 바라보고 생각하고 느끼는 방식은 보통 사람들과 매우 다르다. 더욱이 이들은 자신이 이런 장애를 안고 있다는 사실을 모르기 때문에 사람들과 건강하게 관계를 맺는 방법도 잘 알지 못한다.

경계선 분노를 유발하는 요인

버림받을지도 모른다는 두려움

버림받을지도 모른다는 두려움은 이들에게 매우 강렬하고 고통스러운 감정이다. 이러한 두려움은 건강한 인간관계를 유지하는 것을 방해하기 때문에 타인에게 매우 방어적이 될 가능성이 높다. 경계선 성격장애의 특성으로 '버림받는 두려움'의 중요성을 처음 제시한 학자는 성격장애를 이해하고 치료하는 데 기본 개념을 정립한 제임스 매스터슨James Masterson◆이다.

오늘날 '버림받을지도 모른다는 두려움'은 불안정한 애착 증상으로 이해된다.■ 버려지는 데 대한 두려움이 너무 강해지면 편집증적 의심을 하거나 사소한 문제도 잠재적인 위협으로 간주하곤 한다. 다음 내용은 이들이 자주 쓰는 표현이다.

◆　　　Masterson, 1972

■　　　Bowlby, 1988

- 사람들이 모두 나를 떠날 것 같아
- 나는 결국 혼자가 될 거야
- 아무도 나를 좋아하지 않아
- 지금 내 곁에 아무도 없잖아
- 너도 결국 나를 떠날 거야
- 너는 나 말고도 친구가 많으니까 나를 그리 중요하게 생각할 것 같지 않아

이런 불안을 강하게 느끼는 사람들은 혼자 남을지도 모른다는 두려움을 막연하게가 아니라 정말 현실적으로 느낀다. 이 사람은 절대 나를 두고 떠나지 않는다는 강한 확신이 들어야 어느 정도 안정이 된다. 만약 자신에게 이런 두려움이 있다면 스스로를 너무 비판적인 관점으로 바라보지 않기를 바란다. 우리는 언제나 누군가의 좋은 친구, 멋진 배우자가 될 수 있다. 대신 다른 사람들이 나의 모든 기대와 바람을 실현시켜줄 것이라는 기대도 접어야 한다. 세상에 나보다 나의 욕구를 더 잘 충족시켜줄 수 있는 사람은 없다.

무시당하거나 소외된 느낌

이들은 가까운 사람들이 자신을 무시했다고 느끼거나, 전화나 문자에 답을 받지 못하거나, 모임에 초대받지 못해도 엄청나게 화를 낼 수 있다. 실제로 거부당했는지 여부와 상관없다. 이들은 자신이 배제되었다는 느낌을 받으면 자기 자신과 그 상황에 대해 생각할 수 있는 최악의 경우를 믿는다.

부정적인 결과에 대한 주변의 반응

이들은 일상에서 발생하는 부정적인 사건, 예를 들면 회사에서 업무상 실수를 하거나 일이 생각대로 되지 않아 실망하거나 기대한 만큼 대가가 돌아오지 않는 정도로 매우 격노할 수 있다. 인생에서 실패했다는 느낌, 사람들에게 비난과 조롱을 받을 것 같은 두려움을 강화시키기 때문이다.

개인이 경험하는 부정적인 일

이들은 커피가 식었다, 밥을 적게 줬다, 인사를 하지 않고 먼저 전화를 끊었다 같은 아주 소소한 일로도 극대노할 수 있다. 보통 사람들에게는 전혀 중요하지 않거나 그냥 넘어갈 일도 이들에게는 과거의 부정적인 경험을 떠올리게 하는 계기가 된다.

경계선 성격장애자가 분노를 관리하는 법

이들은 기본적으로 자아가 불안정하다. 스스로 생각하는 이상적인 자아상에 뭔가가 영향을 미친다고 느끼며 그 이유가 무엇이든 화가 폭발하는 경우가 많다. 이들은 거절이나 버림받음에 대한 두려움 때문에 매우 강렬한 감정을 자주 경험하고, 이런 감정을 스스로 진정시키는 것을 어려워한다.

이들이 분노를 가라앉히기 위해 즉각 실천할 수 있는 행동으로는 심호흡, 점진적 근육 이완, 타임아웃 등이 있는데 모두 극도로 흥분한 상태에서 마음을 진정시키는 데 효과가 있다. 참고로 점진적 근육 이완이란 근육을 작은 부분으로 나누어 긴장할 때와 이완될 때의 차이를 비교하면서 몸의 긴장을 푸는 것이다.

이들은 다른 사람들의 의견을 우선시하면서 자신의 의견은 무시한다고 느끼면 자제하기 어려운 분노를 느끼기 때문에 자기주장을 정확하고 침착하게 하는 연습을 해두면 자신의 의사를 건설적으로 표현할 수 있다. 물론 단기간에 드라마틱한 결과를 가져올 순 없겠지만 관계를 파국으로 몰고 가는 상황은 피할 수 있다. 자기주장 훈련을 통해 배울 수 있는 기술은 다음과 같다.

- 분노가 어디서 비롯되었는지 알아차리기
- 자신의 생각과 감정을 받아들이고 차분하게 표현하기
- 하고 싶은 말을 미리 구상하되, 구체적이고 정중하게 전달하기
- 통제력을 유지하면서 다른 사람의 말을 적극적으로 경청하기
- 다른 사람의 생각과 감정을 알아차리고, 의견이 달라도 그들의 입장에서 생각하려고 노력하기
- 서로 다른 의견이 있으면 협상하기

하지만 이들에게 무엇보다도 중요한 것은 상담이다. 인지행동 치료법CBT, 변증법적 행동치료법, 정신화에 기초한 치료법MBT 등은 큰 도움이 될 수 있다. 경우에 따라 약물 처방과 상담치료를 함께 진행하면 가장 큰 효과를 볼 수 있다.

분노중독
-자신의 진짜 마음을 알려고 하지 않는 사람들이 화를 내는 법

영화 〈조커〉의 주인공 아서 플렉은 착하게 살려고 노력하지만 세상의 부조리함과 불공평함 때문에 끊임없이 절망한다. 사랑도, 직업도 원하는 대로 되지 않고, 자신을 향한 편견에 맞서다 지친 그는 끝내 최악의 악당 조커가 되어 자신을 이렇게 만든 세상에 복수하기로 결심한다.

아서의 웃음과 조적방어

감정은 표현하는 것만큼이나 숨기는 것도 어렵다. 그래도 화를 참는 건 비교적 쉽지만 웃음이나 울음을 참는 일은 정말 어렵다. 영화 〈조커〉에는 주인공이 웃음을 참지 못해 곤란한 상황에 처하는 장면이 등장하는데, 전두엽이나 뇌의 신경회로에 문제가 생기면 의지와 상관없이 웃게 된다. 이것을 가성감정표현 혹은 병리적 웃음Pathological Laughing이라고 한다.

우리도 항상 웃기만 하는 사람을 만나는 경우가 있다. 그 사람이 워낙 긍정적이어서 늘 웃고 지낼 수도 있지만, 적절하지 않은 순간에도 지속적으로 웃음을 보인다면 정신분석학 입장에서는 일종의 방어적 태도라고 볼 수 있다. 영화에서 아서는 어린 시절 심한 학대와 방치를 당하는데, 몇몇 장면을 통해 유추하자면 망상에 빠진 어머니가 아들의 고통은 완전히 무시한 채 아서가 항상 행복한 아이라고 생각했다는 장면에서 이러한 방어기제가 생겼음을 짐작할 수 있다. 아마 어린 아서는 엄청난 슬픔과 신체적, 정신적 고통을 겪으면서도 어머니에게는 항상 행복한 모습을 보여주고자 했을 수 있다.

아서의 광기에 가까운 웃음은 어머니를 포함한 주변 사람들이 행복하기를 바라는 마음이자 아서의 조적방어로도 보인다. 아마 그는 불편한 감정을 느낄 때마다 일부러 그와 반대되는 감정을 떠올리려 했을 수 있다. 그래서 평범한 웃음이 아닌 광기어린 웃음을 지었을 것이다. 불안하거나 어색하거나 부적절하다고 느낄 때 자아를 손상시킬 수 있는 생각이나 지각으로부터 스스로를 보호하기 위한 반사적인 행동이 이런 웃음이다. 조적방어의 핵심은 자신의 감정과 반대되는 감정을 드러냄으로써 상대방이 전능적인 통제감Omnipotent Control을 느끼는 것을 방지하고 본인의 무력감과 좌절감을 막으려는 일종의 방어인 것이다.

조적방어는 정신분석학자이자 대상관계 이론가인 멜라니 클라인◆이 발전시킨 심리적 방어기제의 하위 유형으로, 그는 이것을 자기애적 방어기제의 한 변형이라고 정의했다. 이상화된 자아를 유지하고 상대방을 온전히 지배 또는 융합하려는 환상을 만들어내고자 할 때 어느 정도의 심리적 고통도 함께 느끼는데, 이 고통을 견디기 위해 사용하는 것이 조적방어다. 조적방어는 상대방에 대한 통제, 성취, 경멸이라는 세 가지 특성을 지니며 주로 과도한 웃음이나 광란에 가까운 활동 등 매우 경쾌하고 희열에 찬 행동으로 드러난다. 그러나

◆   Klein, 1940

정작 당사자는 전혀 행복을 느끼지 못하고 슬픔을 어떻게 다루어야 할지, 어떻게 안녕감을 누리면서 살아갈 수 있을지를 잘 알지 못한다.

공격자 동일시가 초래하는 무의식적 행동

흔히 스톡홀름 증후군이라고도 알려진 공격자 동일시는 1973년 스웨덴 남성 4명이 은행 강도에 의해 6일간 억류되었던 사건에서 유래되었다.

미국심리학회는 공격자 동일시를 '자신에게 위협을 가하는 사람과 스스로를 동일시하는 무의식적 메커니즘'이라고 정의했다. 여기에는 공격성을 받아들이거나 공격자의 또 다른 특성을 모방하는 것도 포함될 수 있는데, 정신분석 이론에서는 아이가 부모와 자신을 동일시하는 오이디푸스 시기가 끝날 무렵에 발생한다고 설명했다. 반면 양육자와의 관계에서 발생하는 트라우마에 대해 역설한 산도르 페렌치Sándor Ferenczi◆는 가학적인 어른을 두려워하는 아이가 "공격자의 의지에 자신을 종속시켜 그의 욕망 하나하나를 신성시하고 자신을 망각한 채 공격자와 본인을 동일시"하는 것이라고 주장했다. 어쩌면 공격자 동일시는 취약한 피해자가 아닌 힘 있는 가해자가 되기 위한 무의식적 행동일 수 있다.

매우 취약하고 미성숙한 사람이 외부에서 오는 공격을 스스로 방어하지 못할 때 공격자와 자신을 동일시할 수도 있다. 심각한 트라우

◆　　Ferenczi, 1932

마를 겪은 사람들은 인격의 핵심에 자아 이질적Ego-Dystonic으로 반응할 수가 없어서 무서운 가해자를 흉내 내는 식으로만 행동할 수밖에 없다. 자아 이질적으로 반응한다는 것은 자신에게 어떤 문제가 있고, 이 때문에 괴로워한다는 것을 의미하는데 아서는 자아 이질적이 아니라 자아 동조적Ego-Syntonic이다. 자신이 아닌 타인이나 환경이 문제라고 생각하는 것이다. 특히 인격 구조가 쾌락을 추구하는 이드와 옳고 그름, 죄책감을 느끼게 하는 초자아로만 구성되어 있다면 매우 파괴적이고 가학적인 환경에서 자신을 지킬 수가 없다.

아서는 어머니의 소원인 광대가 되어 순종적이고 도덕적인 사람으로 살아가는 것 같지만, 아버지와 자신을 동일시해서 숨겨둔 욕망을 분출한다. 아서는 사랑받기 위해 태어난 사람이 아니라 부모의 욕망의 희생자로서, 어머니와 다른 사람들을 위해 억지웃음을 강요당한다. 어머니를 사랑할 수도, 버릴 수도 없어 혼란스러웠던 아서의 심리적 취약성, 그리고 분노와 슬픔이 그를 살인으로까지 내몰았을 것이다. 게다가 아서가 바라보는 세상은 매우 파괴적이고 공격적이어서, 자신에게 상처 주는 사람들을 죽이는 행위에 아무런 죄책감도 느끼지 못했을 것이다.

분노중독을 알아차리는 징후

분노도 심리적, 신체적 습관으로 자리 잡으면 중독될 수 있다. 미국심리학회에서는 중독을 '약물이나 알코올 같은 기타 물질의 사용이나 성, 운동, 도박 같은 활동이나 행동에 대한 심리적 또는 신체적 의존 상태'라고 정의하는데, 좀 더 쉽게 설명하면 심리적, 신체적으로 습관을 형성하는 것에 강박적으로 집착하는 상태라 할 수 있다. 화를 낼 때 통쾌함을 느끼다 보면 분노가 생활의 중심이 되고 기쁨, 희망, 우울, 슬픔 같은 다른 정서들은 자주 억제되면서 분노에 중독되는 것이다.

분노를 조절하거나 관리하지 않는 시간이 길어질수록 인간관계는 더욱 악화되는데, 이때 감정을 다스리겠다고 술이나 약물을 사용하면 공격성과 폭력성이 더 쉽게 드러난다. 분노중독의 증후를 보여주는 아래 내용을 통해 자신은 분노를 얼마나 잘 관리하고 있는지 체크해보는 것도 도움이 될 것이다.

- 타인에게 기하는 언어적, 신체적, 정서적 학대
- 지나친 욕설 혹은 위협적인 행동
- 지적하면서 고함치거나 적절하지 않은 순간에도 비아냥거리기
- 물건을 던지거나, 힘을 자랑하거나, 상황을 통제하려 하기
- 다른 사람을 공격적으로 비난 또는 비하하기
- 공공장소에서 불특정 다수에게 화를 내기
- 알코올이나 약물을 복용할 때 화가 더 많이 남
- 예측 불가능한 충동 행동
- 화가 났음을 부인함
- 복수하는 상상을 함
- 위험해질 가능성이 있는 상황에서도 화를 참지 못하거나, 일단 화가 나면 분노 표현 방식을 전혀 바꾸지 못함
- 사건이 끝난 후에도 오랫동안 화가 남

병리적 분노중독이 초래하는 문제

화를 통제하지 못한다고 해서 모두가 정신질환이라고 할 수는 없지만 아래와 같은 정신건강 문제의 증상이 될 수는 있다.

- 우울 장애   • 양극성 장애   • 강박증   • 불안 장애
- 품행 장애   • 파괴적 기분 조절 장애   • ADHD
- 간헐적 폭발성 장애   • 외상 후 격분장애   • 조현병
- 적대성 반항장애   • 정신병적 장애   • 반사회적 성격장애
- 자기애성 성격장애   • 경계성 성격장애

이 중 간헐적 폭발성 장애와 외상 후 격분장애는 분노중독과 가장 잘 부합하는 질환이라, 좀 더 구체적으로 소개하겠다.

간헐적 폭발성 장애와 외상 후 격분장애

간헐적 폭발성 장애란 상황에 맞지 않게 분노를 폭발시키면서 공격하는 행동장애를 말한다. 매우 사소하고 일상적이며 중요하지 않은 사건에도 이성을 잃고 누군가를 공격하는 경우가 대표적인데, 공격성과 충동성이 잘 조절되지 않아서 매우 파괴적인 결과로 이어진다. 언어 공격, 재물 파괴, 폭행 등을 모두 포함하는데 사건의 크기나 스트레스 정도에 비해 지나치게 공격적이라는 것이 문제다. 게다가 반복적인 공격적 폭발은 미리 계획된 것도, 실질적인 목적을 위한 것도 아니어서 당사자도 실직, 소송, 인간관계 파탄 등 다방면에서 큰 피해와 고통을 받을 수 있다.

외상 후 격분장애는 독일 통일 이후 서독과 동독 사이의 사회적 불평등에서 발생했다고 알려져 있다. 불공평, 부당한 결과, 신뢰감 단절, 굴욕감 등을 느끼면 상대에게 원한을 느낄 수 있는데, 보통 사람들에게는 사소해 보일 수 있지만 일부 사람들에게는 자존감에 큰 상처를 남기기 때문에 매우 심각하고 지속적인 격분으로 이어질 수 있다.◆ 아직은 정신장애 진단 및 통계 매뉴얼에 포함되지 않았지만, 최근 몇 년간 점점 더 많은 관심을 받고 있는 정신건강 문제에 해당한다. 아래 표는 서울대학교 보건대학원 울분 연구팀이 발표한 우리나라 사람들이 울분을 느끼는 주요 원인이다.

	2018년	2021년
1위	직장, 학교에서의 따돌림, 괴롭힘, 차별, 착취	정치, 정당의 부도덕과 부패
2위	지배적 지위를 이용한 개인 혹은 기업의 갑질	정부(입법, 사법, 행정)의 비리나 잘못 은폐
3위	정부(입법, 사법, 행정)의 비리나 잘못 은폐	언론의 침묵, 왜곡, 편파 보도
4위	언론의 침묵, 왜곡, 편파 보도	지배적 지위를 이용한 개인 혹은 기업의 갑질
5위	정치, 정당의 부도덕과 부패	직장, 학교에서의 따돌림, 괴롭힘, 차별, 착취

◆　　Linden, 2020

외상 후 격분장애는 부정적인 사건을 통해 발생하며 모욕감, 분노, 울분, 수치심, 무력감을 느낀다는 점에서 화병과 유사하다.[*] 다만, 감정이 겉으로 드러난다는 점에서 화병과는 조금 다른 특징을 보인다. 2007년 정신과 의사 마이클 린든과 동료들이 외상 후 격분장애를 앓고 있는 피험자 48명을 대상으로 실시한 연구에 따르면, 72퍼센트는 업무와 관련된 부정적 사건, 12.5퍼센트는 가족 관계, 8.3퍼센트는 사랑하는 사람의 죽음, 6.3퍼센트는 질병과 관련된 부정적인 사건을 겪었다고 보고했다.[■]

외상 후 격분장애는 누군가에게 부당한 공격을 받고 분노와 복수심을 느끼지만, 도저히 그 문제를 해결할 수 없어서 무기력감과 무력감, 굴욕감을 느끼는 과정을 거친다. 개인차가 있어서 어떤 사람들은 매우 사소한 사건에도 지속적으로 울분을 터뜨리는데 어떤 사람들은 대수롭지 않게 넘기기도 한다. 이것은 성격 차이라기보다는 개인의 느끼는 스트레스 강도에 따른 결과로 보인다.[●] 외상 후 격분장애의 주요 원인은 다음과 같다.

- 이혼
- 파트너 불신
- 법적 분쟁
- 부당 해고, 승진 실패, 직장 내 괴롭힘
- 가족, 친구, 이웃. 공공기관과의 갈등

◆   Joe et al., 2017
■   Linden et al., 2007
●   Lazarus & Folkman, 1984

외상 후 격분장애를 가진 사람들은 과거에 있었던 불공평하고 부당한 결과에 너무 집착한 나머지 삶의 다른 모든 영역을 무시하는 경향이 있다. 이들의 격분에는 절망감, 간힌 느낌, 자살 충동, 분노, 스트레스 등이 혼란스럽게 뒤섞여 있다. 원한을 품고 있으니 정신건강 상태는 계속 악화되지만 이 모든 원인을 남 탓으로 돌린다. 이들이 사회적, 심리적으로 느끼는 주요 특징은 다음과 같다.

- 몇 달 또는 몇 년이 지나도록 과거의 사건을 반추함
- 희생당한 듯한 배신감, 굴욕감을 느낌
- 해당 사건과 관련된 사람들을 불신함
- 과거의 인간관계나 취미 활동을 중단함
- 일이나 사회 활동을 지속하는 데 문제가 발생함

분노중독을 관리하는 법

중독은 뇌의 화학적 성질을 변화시키기 때문에 기분과 행동에 영향을 미친다. 감정 조절을 담당하는 뇌의 보상 시스템이 제대로 작동하지 않아 극심한 기분 변화와 정서적 불안정을 초래한다.♦ 이러한 특징 때문에 개인이 감정 반응을 통제하기가 어려우며, 분노 폭발을 관리하기가 더욱 어려울 수 있다.

중독은 신체적으로든 심리적으로든 부정적인 영향과 스트레스를

♦   Powledge, 1999

준다. 만성피로, 불면증, 통증을 유발해 분노를 더욱 촉진시키기도 하며 죄책감, 수치심, 절망감으로 이어져 또 다른 분노가 올라오기도 한다. 주변 사람들이 빨리 문제를 해결하라고 거듭 요구하기 때문에 인간관계가 점점 단절되어 고립으로 이어질 수도 있다.

분노중독의 징후	특징
극단적 분노	아주 작은 일에 쉽게 화가 나고 오랫동안 그 사건에 집착하느라 계획했던 일들을 하지 못하며, 극심한 좌절을 느낌
폭력적인 행동	사소하고 무의미한 일로 주변 사람들에게 신체적, 언어적 폭력을 행사함
후회의 반복	분노한 뒤에 후회와 사과를 반복하지만 행동이 개선되지 않음
약물 남용	약물을 남용한 뒤 분노가 폭발하거나, 분노를 표출한 뒤 약물을 남용함

모든 중독 치료가 마찬가지지만, 분노중독 역시 스스로 자신의 상태를 인식하는 것이 가장 중요하다. 사람에 따라서는 가족이나 친구가 개입해야 자신이 화를 낼 때 얼마나 충동적이고 파괴적이 되는지 깨닫거나, 전문 상담과 약물치료를 받아야 하는 경우도 있다. 어떤 사람은 이런 상황에서 패배감과 무력감을 느끼기도 한다.

분노는 합리적 판단이나 공감과 조화를 이룰 때 긍정적인 감정이 될 수 있으며, 이때 분노는 불공정하고 불공평한 상황에서 사람들과 원활하게 문제를 해결할 수 있도록 돕는다. 모든 감정이 그렇듯 과도하게 억제되거나 억압된 것들은 매우 파괴적이고 퇴행적으로 변질될 수 있다. 심호흡, 운동, 명상 같은 심리 이완 기술은 분노가 초래하는 신체 증상을 완화시켜 무조건 공격하려는 반응을 조절할 수 있게 도와준다. 산책, 일기 쓰기, 신뢰하는 친구에게 솔직한 감정 표현하기 등도 도움이 된다.

거듭 강조하지만 분노 관리의 핵심은 억제와 억압이 아니다. 치솟는 분노를 잘 느끼고 자각하고 대처해서 자신과 주변에 부정적인 결과를 초래하지 않도록 해결해야 한다.

4부

분노를 제대로
관리하는 법

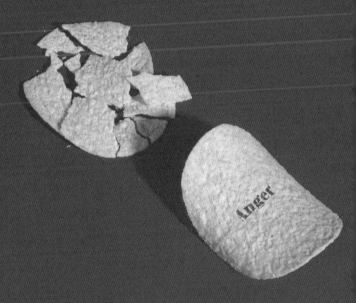

쉽게 분노하는 사람이 받는 벌은
늘 행복 곁에 살면서도
행복을 손에 넣지 못한다는 것이다.

피에르 보나르
프랑스 화가

10장

분노는
나를 가장 잘 알고 있다

감정 관리를 잘하기 위해서 가장 중요한 첫 번째는, 자신에게 이러한 감정이 존재한다는 사실 자체에 민감해지는 것이다. 사실 감정뿐만이 아니다. 지금 어떤 일이 잘못되어가고 있다고 느낀다면, 그 상태가 걷잡을 수 없이 커지기 전에 무엇이 문제인지 정확하게 인지하는 것이 중요하다.

분노는 지금 내 마음에 들지 않는 문제가 발생했다는 신호를 보내주는 매우 유용한 정보다. 화를 낸다고 해서 달라지는 것은 없지만, 적어도 내가 관심 가져야 할 문제가 발생했다는 사실을 알 수 있다. 다만, 분노는 그 신호만 보내줄 뿐 정확한 문제가 무엇인지는 알려주지 않기 때문에 화가 나는 원인을 잘 파악하려는 노력이 필요하다.

물론 문제를 아는 것에서 그쳐서도 안 된다. 이 문제를 어떻게 처리하고 싶은지 개인적인 바람을 알아차려야 한다. 어떤 목표를 향해 나아가고 싶은지를 깨달아야 한다. 이 과정은 우리가 바라는 삶의 방향을 결정하는 일이기도 하다. 삶의 방향이 분명하지 않으면 인생이 불안정해지고, 여러 문제가 해결되지 못한 채 혼란스러운 상태가 지속된다. 물론 삶의 방향만 알아서는 우리가 추구하는 구체적인 계획을 실행하지 못한다.

그러나 이제 우리는 변화의 본질과 방향을 고민할 수 있다. 이 시점에서, 우리가 구체적으로 무엇을 할 수 있는지를 고민해야 한다. 바로 과거의 비슷한 경험을 통해 성찰하는 것이다. 무엇이 효과적이고 비효과적인지, 무엇이 상황을 악화시키는지 이해하는 것도 도움이 된다. 이 모든 정보를 종합한 다음에야, 직면한 문제를 해결하기 위한 노력을 시도할 수 있는 상태에 도달한다. 거듭 강조하지만, 이유 없는 분노는 없다. 지나친 분노는 마음이 보내는 신호다.

분노를 알면 우리 마음을 이해할 수 있다

분노는 언제 우리에게 찾아올까? 일반적으로는 누군가가 나를 이해하지 못할 때, 문제를 바라보는 관점이 다를 때, 일이 기대했던 바와 다른 방향으로 진행될 때, 하기 싫은 일이 생겼을 때, 경제적 손실을 입었을 때, 누군가가 나를 모욕할 때, 거짓말을 하거나 비난을 들을 때 화가 난다. 많은 경우 우리는 살면서 무슨 일을 맞닥뜨릴지 알 수가 없고, 지금부터 무엇을 해야 할지 혼란스러울 때도 화가 나는 걸 느낀다. 분노가 내면에서만 일어날 때조차도 많은 고통을 느낀다. 때로는 평생 해결하지 못한 분노를 가슴에 품고 살아가기도 한다.

그러면 분노의 한계는 어디까지일까? 만약 분노하게 되는 상황 때문에 관계가 망가지고 더 나쁜 결과가 발생한다면 서로의 감정을 더욱 부추기기보다 여건을 개선할 수 있는 구체적인 행동을 취하는 것이 맞다. 적어도 분노 때문에 파괴적인 관계가 되고 자신의 정신건강에도 문제가 생긴다면 이미 '이건 그냥 감정일 뿐이야' 하는 시점은 지난 것이다.

그런데 분노를 경험하고 느끼는 방식은 사람마다 다르다. 어떤 사람들은 쉽게 화를 내지만 분노를 드러내는 데 많은 노력이 필요한 이들도 있다. 어떤 사람들은 자신의 감정을 쉽게 알아차리지만, 아예 인식하지 못하는 사람도 있다. 그래도 각자의 특성에 맞게 적절히 대응할 수 있는 방법을 알 수 있다면, 분노는 우리 삶에서 매우 유익한 역할을 할 수 있다. 무엇보다도 분노를 효과적으로 활용하는 가장 중요한 핵심은 상황에 맞게 적절하게 분노를 표현하는 것이다. 그러나 이 과제는 말처럼 쉽지 않으며 우리 모두 충분한 연습이 필요하다.

분노는 어떤 문제를 무조건 참는 대신 적극적으로 해결하고자 하는 동기를 부여함으로써 스트레스를 해소하는 데 도움을 준다. 분노는 부정적인 감정에 대해 솔직한 대화를 할 수 있도록 계기를 마련해주기도 하고, 때로는 생존에 큰 영향을 미치기도 한다. 우리나라 사람들은 유독 감정을 솔직하게 표현하는 걸 어려워해서 분노하는 모습이 더 두드려져 보이기도 한다. 또한 슬픔, 우울, 불안, 두려움 같은 부정적인 감정은 나약하거나 문제가 있는 사람들이 느끼는 것이라고 생각해서인지 분노로 방어하기도 한다.

다른 모든 감정이 그렇듯 분노도 그 자체로 좋거나 나쁘다고 말할 수 없다. 분노의 결과는 상대방의 반응에 달려 있다. 분노를 매번 억누를 수도, 매번 표출할 수도 없다. 무엇보다 분노는 결국 자신을 향한다. 좌절에 대처하기 위해서 자신을 비난하지만 결과적으로는 자존감을 떨어뜨리고, 심할 경우 자기혐오에 빠지게 한다.

상처를 받았을 때 감정적으로 대응하는 것은 정상 반응이지 절대 나약하거나 부족한 것이 아니다. 감정은 타인과 세상, 그리고 궁극적으로는 내가 누구인지 더 잘 알 수 있게 해주는 '마음의 나침반'이라는 사실을 꼭 기억해야 한다.

분노가 핵심감정인 이유

앞서 말했듯 분노는 우리가 삶을 어떻게 살아야 하고 어떻게 살아남을 것인가를 알려주는 마음의 신호다. 분노는 기본적으로 쉽게 없앨 수는 없지만, 다른 사람들에게 해를 끼치지 않으면서 자신에게 도움이 되는 방식으로 충분히 관리하고 표현할 수 있다. 먼저 분노에 대한 편견을 없애기 위해서는 분노가 왜 우리의 핵심감정 중 하나인지 이해해야 한다.

분노에 관한 여러 가지 오해 중에서도 가장 잘못된 것이 "참으면 병 난다. 오히려 화를 내는 것이 정신건강에 도움이 된다"라는 점이다. 물론 이 말이 틀린 것은 아니다. 분노를 무조건 참고 피하다간 언젠가 더 큰 분노가 올라오기 때문에 정신건강에 도움이 되지 않는 것은 사실이지만, 무턱대고 감정을 표출하는 것이 더 좋다고 말할 수는 없다.

"분노는 노력한다고 통제할 수 있는 것이 아니다"라는 생각도 오해 중 하나다. 우리가 처한 상황이나 기분을 항상 통제할 수는 없지만, 화를 내는 방식은 결정할 수 있다. 선택권은 우리 자신에게 있기 때문이다.

분노 관리의 진정한 목표는 감정 억제가 아니라 그 감정의 이면에 담긴 의미를 깨닫고 스스로 조절하면서 건강하게 표현하는 것이다. 이렇게만 하면 화를 내면서도 얼마든지 욕구를 충족시키고 갈등을 관리하며 인간관계를 강화하는 데 도움을 받을 수 있다. 또한 분노를 관리하는 기술은 일상에 적용할수록 점점 향상된다. 분노 하나만 잘 관리해도 인생이 훨씬 편안해질 수 있다는 점을 꼭 기억하기 바란다.

일상에서 분노를 예방하는 4가지 방법

지금 느끼는 분노를 단지 분노라고 생각하지 말고, 그와 관련된 다른 감정을 알아차리는 것이 중요하다. 실망감, 좌절감, 무시, 두려움과 같은 1차 감정 때문에 생겨난 2차 반응이라면, 화가 나는 상태보다 지금 느끼는 감정에 더 집중해야 한다. 또한 자신이 어떤 감정을 느낄 때 화가 나는지 이해하고 적극적인 의사소통, 타인과의 공감대 형성, 스트레스 관리 등을 활용해야 한다. 내적 신호를 알아차릴 수 있으면 화가 나더라도 폭발하지는 않는다. 아래 내용을 통해 분노를 예방하는 데 도움이 되는 행동을 미리 습득해두는 것이 도움이 될 것이다.

정확하게 의사소통하기

지나치게 화가 난 상태에서는 자신의 감정과 생각을 정확하게 전달할 수 없다. 화가 났다는 사실 자체에 집중하느라 정작 전달하고 싶은 메시지를 제대로 설명하지 못하기 때문이다. 화가 난 이유를 단호하면서도 정중하게 이야기함으로써 불편한 감정을 표현할 수 있다면 상대방도 우리의 말을 경청하거나 이해할 가능성이 높다. 이러한 소통 방식을 '나-전달I-message'이라고 하는데 자신의 생각을 예의 바르면서도 명확하게 밝히는 태도를 말한다. 이와 반대되는 소통 방식을 '너-전달You-message'이라고 하는데 '너'를 주어로 소통하게 되면 상대방 입장에서는 이것을 자신에 대한 공격이라 느낄 수 있다.

문학 작품 읽기로 공감능력 키우기

소설을 읽는 것만으로도 다양한 수준에서 뇌 기능을 향상시킬 수 있다.◆ 연구팀이 대학생 12명을 대상으로 처음 5일간 휴식 시간을 갖게 한 뒤 fMRI를 촬영했다. 이후 9일간 매일 저녁마다 스릴러 소설을 한 장씩 읽게 하고 다음 날 다시 fMRI를 촬영했다. 연구를 마친 후에도 5일간 아침마다 fMRI를 촬영했다. 그 결과, 소설을 읽은 다음

◆　　Berns et al., 2013

날 아침까지 언어 감수성을 관장하는 좌측두엽의 신경회로가 활성화된다는 사실이 밝혀졌다. 좌측 측두엽은 뇌에서 언어 습득과 1차적 감각을 담당하는데 이 영역의 신경세포는 경험하지 않은 일을 실제 경험한 것처럼 생각하도록 만드는 체화된 인지Embodied Cognition와 관련되어 있다. 소설을 읽을 때 좌측 측두엽과 감각피질, 운동피질이 모두 활성화되어 자신이 마치 소설 속 주인공이 된 것처럼 느끼고, 이런 경험을 통해 타인의 마음을 이해할 수 있는 마음을 향상시킬 수 있다는 것이 연구진의 결과다.◆

한편, 공감 능력도 분노 관리에서 중요한 부분을 차지한다. 공감이란 상대방에게 무슨 일이 어떻게 왜 벌어졌고 지금 어떤 상황인지를 누구나 알고 있을 것이라고 가정하는 게 얼마나 위험한지를 자각하는 데서 시작된다. 자신이 어떻게 이해받고 싶은지 확인함으로써 다른 사람들을 좀 더 잘 이해할 수도 있다. 예를 들어 이분법적 사고방식, 개인화, 파국화, 인지적 왜곡 때문에 화가 났다면 이러한 사고는 다른 사람들이 실제로 반응할 수 있는 수준보다 더 격렬하게 반응하도록 만들기 때문에 우리가 인간관계에서 유연하게 대응할 수 있는 능력을 제한시킨다. 삶의 경험은 모두가 다르고 자신의 생각이나 감정에 문제가 있다고 느끼지 못할 수도 있기 때문에 '왜 저 사람은 저런 식으로 말하고 행동할까?', '저 사람은 어떤 생각, 느낌, 경험 때문에 저렇게 행동할까?'를 고민할 필요가 있다. 어떤 선입견이나 편견

◆　　Berns et al., 2013

이 타인에게 공감하지 못하도록 가로막고 있는지도 고민할 필요가 있다. 우리 모두는 각자의 자리에서 저마다의 삶을 살아내기 위해 최선을 다하고 있는 만큼, 누구에게도 공감받지 못할 이유는 없다.

나와 다른 사람들과 자주 소통하기

다른 집단에 속한 사람과 긍정적으로 소통하는 것이 뇌의 학습효과를 촉발해 공감 능력을 증가시킬 수도 있다.♦ 심리학자이자 신경과학자인 그릿 하인Grit Hein과 동료들은 자신에게 낯선 그룹과 친숙한 그룹에서 각각 긍정적인 경험을 한 실험 참가자의 뇌 활동을 측정했다.

실험에서 참가자들은 손등에 충격을 받을 가능성이 있으며, 그 대가로 소정의 금액을 받을 수 있다는 말을 들었다. 그런 다음 연구자들은 실험 참가자들이 각자 자신에게 친숙한 그룹과 낯선 그룹의 다른 참가자들이 통증을 느끼는 모습을 관찰할 때 어떻게 반응하는지 각각 측정했다. 실험 초반에는 자신이 속한 집단보다 낯선 집단의 사람이 고통받는 모습을 볼 때의 뇌 활성화가 상대적으로 약했다. 그러나 낯선 집단의 참가자들과 서로 협력하는 몇 가지 긍정적인 경험을 한 후 낯선 집단의 참가자에게 고통을 가하자 뇌의 활성화 정도가 크게 증가했다. 낯선 사람에 대한 긍정적인 경험을 하고 나서 뇌의 공감 반응이 더 크게 드러난 것이다. 이 실험을 통해 긍정적인 경험으

♦　　　Hein et al., 2016

로 인한 공감 능력의 증가와 그에 따른 뇌의 변화가 서로 영향을 주고받는다는 것이 입증되었다. 우리와 다른 집단과 긍정적인 경험을 할수록 공감 능력이 커진다는 사실이 증명된 것이다.◆

이러한 연구 결과는 다양한 사회 계층과 문화에 속한 사람들 사이에서 벌어지는 갈등은 결국 낯선 사람에 대한 공감이나 연민의 부족에서 비롯된다는 점을 시사한다. 다양한 구성원들과의 긍정적인 상호작용을 통해 나와 다른 이들에 대한 공감 능력을 향상시킨다면, 분노를 유발하는 갈등을 최소화하는 데도 도움이 될 것이다.

스트레스 관리하기

스트레스가 어떻게 쌓이는지, 그것이 우리의 감정과 행동에 어떤 영향을 미치는지 인식하는 것은 분노를 관리하는 데 도움이 된다. 분노는 많은 사람들이 불편해하면서도 어떻게 다뤄야 할지 한 번도 배운 적이 없는 감정이기도 하다. 그래서 많은 사람들은 두 가지 극단적인 접근법 중 하나를 선택하는 경향이 있다. 하나는 내면에 분노가 가득 차도 억지로 참는 경우, 다른 하나는 말이나 행동으로 분노를 폭발시키는 경우다.

문제는 두 가지 모두 엄청난 스트레스를 만들어낸다는 점이다. 분노는 투쟁 또는 도피 반응에 불을 붙여서 우리 몸에서 아드레날린과 코르티솔이 분비되도록 만든다. 이것들이 스트레스 호르몬이다. 그

◆   Hein et al., 2016

래서 화가 나면 심박수 증가, 혈압 상승, 호흡 변화와 같은 신체 증상이 나타난다. 오랫동안 분노를 관리하지 못한 사람들은 두통, 소화불량, 심장마비, 뇌졸중을 포함한 여러 질환을 경험할 수 있다. 이처럼 과도한 분노는 여러 정신건강 문제에 영향을 준다.

분노의 본질을 이해하는 5가지 방법

분노 뒤에 가려진 원인 탐색하기

우리가 주변 사람들과 갈등을 빚거나 다투게 되는 일의 대다수는 사소한 것들이다. 음식을 남겨서, 문을 제대로 안 닫아서, 인사를 대충 해서, 늦으면 늦는다고 미리 말하지 않아서 삐쳐 있다가 싸움이 일어난다.

그런데 이러한 작은 요소들 이면에 더 큰 문제가 있을 수 있다. 그래서 아주 소소한 사안 때문에 갑자기 짜증과 분노가 치솟는 자신을 발견했다면 '내가 정말로 무엇 때문에 화가 났을까?'를 스스로에게 물어야 한다. 나의 욕구와 그것이 좌절된 근본 원인을 확인하는 것은 분노를 더 잘 표현하고 건설적인 행동을 취하며, 서로 원만한 해결책을 찾아가는 데 도움을 준다. 또한 분노에는 겉으로 드러나는 행동보다 더 많은 의미가 담겨 있어서 화를 내고는 있지만 사실은 불안감, 두려움, 마음의 상처, 수치심, 취약함 같은 다른 감정들을 감추고 싶은 건 아닌지 점검해보아야 한다.

감정 표현을 엄격하게 금지시키는 가정에서 자랐다면 이 작업이 특히 어려울 수 있다. 부모에게 알코올 중독 문제가 있거나 화가 나면 소리를 지르거나 누군가를 때리거나 물건을 부수는 모습을 보면서 성장했다면, 공격자 동일시에 의한 전이가 일어나서 자녀 또한 같은 방식으로 분노해야만 자신의 감정을 제대로 전달할 수 있다고 생각할 수 있다.

개인의 성격 특성 때문에 상대방의 관점에서 이해, 배려, 양보, 용서하기가 어려울 수도 있다. 특히 어떤 사람들은 상대방이 자신과 다른 의견을 내는 것 자체를 본인에 대한 도전이라고 느끼기도 한다. 이들은 항상 자신이 옳다고 믿으며 다른 사람들이 자신에게 동의하지 않으면 화가 난다. 타인을 통제할 때 자부심을 느끼는 타입이라면 분노로 상대방을 제압하려 할 가능성도 높다. 이 외에도 분노 유발 요인이 많지만, 대략 아래와 같은 이유들이 가장 일반적이다.

- 인간관계의 어려움
- 경제적 문제
- 불안정하고 열악한 집안 환경
- 상대방이 일으키는 문제(일방적인 약속 취소 등)
- 교통체증, 교통사고
- 따돌림, 차별처럼 깊은 상처를 남긴 사건에 대한 기억
- 어린 시절의 트라우마 때문에 형성된 독특한 성격
- 호르몬의 변화
- 정신병리 문제(우울증 등)

분노가 보내는 사전 경고를 알아차리기

화는 어느 순간 갑자기 올라오는 것처럼 느껴질 수도 있지만, 사실 우리 몸에는 물리적으로 경고하는 신호가 있다. 분노가 끓어오르기 시작했다는 신호를 미리 알 수 있다면, 분노가 걷잡을 수 없이 커지기 전에 화를 조절할 수 있다. 화가 날 때 자신의 몸에서 어떤 증상이 느껴지는지 주목해보자. 대개 다음과 같은 징후가 나타날 수 있다.

- 뱃속이 불편하거나 조이는 느낌
- 어지럼증, 가슴이 꽉 조이고 답답한 느낌
- 심장박동이 빨라지거나 몸이 떨림
- 다리에 힘이 빠지거나 근육이 경직됨
- 갑자기 몸에서 열기가 느껴짐
- 여러 차례 화장실에 가고 싶은 충동
- 식은땀, 두통, 긴장감, 이갈이 등

이러한 신호를 미리 알아차리면 어떤 행동을 취하기 전에 상황에 어떻게 반응할지 생각하는 데 도움이 될 수 있다. 긴박한 순간에는 이런 생각을 하기가 어렵지만 일찍 연습할수록 적절한 분노 관리법을 선택하기가 더 쉬워진다. 특히 호흡에 집중하면 잠시 주의를 돌릴 수 있기 때문에 분노 조절에 도움이 된다. 우리가 집중한 상태에서 처리할 수 있는 뇌의 용량에는 한계가 있기 때문이다.

분노의 스위치 알아차리기

일상에서 자주 스트레스를 유발하는 일들은 대부분 일정한 패턴을 가지고 있기 때문에 시간, 사람, 장소, 상황 등을 어느 정도 파악할 수 있다. 친구들 모임에 특정인이 참석하면 꼭 신경전을 벌인다든지, 월요일 오전 출근시간의 교통체증이라든지, 직장에서 누구와 협업을 하면 꼭 감정이 상한다든지 하는 식이다. 이때 화를 불러일으키는 요인을 가급적 피하거나 분노가 터지지 않도록 상황을 다르게 바라볼 수 있는 방법을 생각해보자.

트리거 탐색하기

어떤 상황에서 주로 화가 나는지 알아두는 것도 도움이 될 수 있다. 그런 상황이 발생할 것 같으면 미리 일기를 쓰거나 화가 날 때마다 메모를 하는 것도 도움이 된다. 화가 날 때의 기분을 녹음해서 들어보는 것도 도움이 된다.

- 누가 어떤 말과 행동을 했을 때 화가 났지?
- 그때 나의 기분은 어땠지?
- 그래서 어떻게 행동했지?
- 이후 기분이 어떻게 달라졌지?

녹음을 하든 분노 일기를 쓰든, 이 작업을 반복하다 보면 자신만의 패턴이 보일 것이다. 상황과 사람이 달라져도 일정하게 드러나는 자신의 스타일을 파악할 수 있으면 스스로를 돌아보고 더 건강하게 화를 내는 방법을 찾을 수도 있다.

부정적인 사고패턴 이해하기

다른 사람들의 무관심하고 무신경한 태도, 개인에게 실패감이나 좌절을 안겨주는 문제 등도 분노를 일으킬 수 있다. 예를 들면 이런 태도다.

- "일이 이렇게 된 게 전부 저 사람 잘못이야."
- "저 사람들이 언제 내 말을 들었어?"
- "내 인생이 그렇지 뭐. 항상 나에게만 나쁜 일이 일어나."
- "그러니 자신들이 일을 더 제대로 처리했어야지."

항상, 절대, 언제나, 반드시 무엇을 해야 한다는 생각이 너무 강하면 문제를 해결할 방법이 없다. 살면서 벌어지는 어떤 문제도 그렇게까지 극단적인 흑백논리로 구분할 수 없기 때문이다. 어떤 문제를 바라볼 때 '때로는', '그럴 수도 있다'라는 표현으로 바꿔서 생각하는 연습을 하면 문제 상황에서 한 발자국 떨어져서 쉬어갈 수 있는 여유를 만들어준다.

감정을 있는 그대로 인정하고 받아들이도록 노력해보자. 입 밖으로 소리 내어 말하거나 글로 써보는 것도 도움이 된다. 가장 좋은 방법은 화가 나면 잠시 멈추고 그 심정과 고통에 대해 스스로에게 물어보는 것이다. 자신의 고통에 공감하면 적어도 엉뚱한 사람에게 화풀이를 하는 상황이 발생하지는 않을 것이다.

분노를 가라앉히는 방법

분노조절능력이 결핍되면 정신건강에 악영향을 미치고 부적응적인 의사결정에도 영향을 미친다. 때로는 자살 충동의 기저 요인이 되거나 가정폭력의 근원이 될 수 있다. 지금부터 소개하는 다양한 전략을 참고해 자신에게 맞는 방식을 적극 활용해보자.

적응적 정서조절과 역기능적 정서조절 전략을 구분하기

분노를 스스로 조절하는 것은 그 자체만으로 일상 기능을 유지하고 심리적인 안정감을 누리는 데 필수적이다.◆ 개인적으로 분노조절 전략을 익혀두고 싶다면 자신이 현재 사용하고 있는 적응적 분노조절 전략과 부적응적 분노조절 전략을 모두 인식해두는 것이 중요하다.

감정 조절은 의식적인 과정일 수도 있고 무의식적인 과정일 수도 있다. 또한 개인의 정서조절 전략은 자동화된 인지 과정일 수도, 감정이 발생하기 전에 느끼는 선행 반응일 수도, 감정이 발생한 이후에 느끼는 후행 반응일 수도 있다. 감정의 다양한 측면, 예를 들어 주관적 경험, 행동 표현, 생리적 반응 등도 다방면으로 영향을 미칠 수 있다. 아래 표를 통해 적응적 정서조절 전략과 부적응적 정서조절 전략의 세부 내용을 살펴보자.

◆   Gross, 2015

적응적 정서조절 전략	내용
수용	• 생각을 바꾸거나 의미를 부여하지 않고 단순하고 온전하게 느낌
분산	• 부정적인 자극을 받았을 때 긍정적, 중립적인 자극으로 주의를 집중시킴 • 단기적으로 부정적인 영향을 줄일 수 있지만, 불안을 유발하는 상황에서는 회피 성향을 강화시킬 수 있음
인지적 재평가	• 당시 사건을 재해석해 개인의 감정 경험을 변화시킴
문제해결	• 분노를 완화하거나 변화시키기 위한 방법을 찾아 해결하고자 함
사회적 지지 추구	• 정서적으로 지지하는 사람들과의 소통을 통해서 심리적 안정감을 유지함

부적응적 정서조절 전략	내용
표현 억제	• 감정이 이미 올라온 뒤에 개입하며 적응력이 떨어질 수 있고, 지속적인 자기 관찰이 요구되기 때문에 더 많은 인지적 자원이 필요할 수 있음
수동 전략	• 부정적인 감정을 각성하기 전에 미리 억제함
회피성 조절	• 일을 미루거나 현실을 외면하기, 감정 대립을 피하고 신체화 증상으로 드러내기, 대인관계 외면, 지나친 완벽주의, 약물이나 알코올 남용, 성공할 기회를 거절하기, 지나친 허풍과 풍자, 계획이나 결정 회피, 과도하게 분석적이거나 비판적인 태도, 예전의 실패에 대한 지나친 집착 등
역기능적 반추	• 화가 나는 원인과 결과를 지나치게 부적응적인 점에만 맞추고 고민함

조절 곤란	• 개인이 가진 목표 지향적인 활동을 방해하는 감정이나 감정표현 패턴을 의미하며 감정을 관리하거나 통제하기가 어려움
	• 급격한 기분 변화, 불안정한 상태, 강렬한 감정을 유발하는 상황 등에서 분노를 더 크게 느낌

몸을 움직여 활동하기

뜨개질을 하든 빵을 굽든 그림을 그리든, 우리는 뭔가를 할 때 자신이 삶을 주도하고 있다고 느낀다. 최소 20분만 시간을 내어 뭔가를 하다 보면 화가 난 상태에서 벗어나 발전적인 일을 하고 있는 자신을 만날 수 있다. 실제로 신체 활동을 하면 억눌린 에너지가 사용되기 때문에 문제 상황에 좀 더 차분하게 접근할 수 있다. 미국의 정신과 의사이자 현실요법 창시자인 윌리엄 글래서William Glasser ◆ 박사는 선택이론을 설명하면서 모든 행동에는 목적이 있으며, 인간은 원하는 것과 실제로 얻었다고 지각하는 것 사이의 간격을 줄이기 위해 행동을 하게 된다고 설명했다. 우리가 뭔가를 하는 동안에는 뇌가 부정적인 생각이나 느낌을 동시에 갖기는 어렵다는 사실을 기억해두면 좋겠다.

감각기관 활용하기

선행연구 결과를 보면, 단맛은 가장 높은 각성을 보였으며 쾌감과

◆   Glasser, 1984

연관되었고, 쓴맛은 분노와 혐오에 해당하며, 짠맛과 신맛은 복합적인 감정을 불러일으키며,[◆] 바닐라와 라벤더 향은 다른 향에 비해 더 로맨틱하고 따뜻한 감정을 떠올리게 한다.[■] 이렇게 오감을 활용해 스트레스를 빠르게 해소하고 열감을 식히는 것도 효과가 있다. 좋아하는 향수 뿌리기, 초콜릿이나 커피 마시기, 음악을 듣거나 아끼는 사진을 꺼내보거나, 부드러운 털이나 옷감을 만지는 것도 도움이 된다.

지각된 세계와 현실 세계의 차이를 깨닫기

사람들은 같은 경험을 하고도 서로 다른 의견이나 관점을 가지곤 한다. 같은 경험을 해도 각자가 지각하는 부분이 모두 다를 수 있다는 뜻이다. 직접 경험한 것에 대해 저마다 느끼는 관점은 개인이 그 경험을 어떻게 지각하느냐에 따라 좌우된다.[●] 우리 모두는 현실에 대해 저마다 다른 지식과 경험을 가지고 있는데, 이러한 사실은 우리의 가치관이 모두 다르기 때문에 현실에 대한 우리의 인식 또한 다르다는 것을 의미한다.

예를 들어, 우리가 현재라고 보는 것은 사실 과거다. 뇌가 빛과 소리를 통해 정보를 알아차리는 데 다소 시간이 걸리기 때문이다. 그런데 우리의 뇌는 이것을 무의식적으로 조정하려고 한다. 그러다 보니 고정된 물체보다 움직이는 물체가 좀 더 앞에 있다고 느끼는 착시가

◆ Robin et al., 2003; Wang et al., 2016
■ Rétiveau et al., 2004
● Glasser, 1998

일어난다. 이러한 현상 때문에 축구에서 '오프사이드'의 오심 판정이 자주 일어나기도 한다.

어쩌면 우리는 장님이 코끼리를 만지듯 각자가 지각하는 방식을 현실이라고 생각하면서 살아가고 있을지도 모른다. 그래서 같은 상황에서도 그렇게나 수많은 관점이 존재하는 것이다. 이 차이는 가족, 직장, 사회 집단, 정치적 이슈 등에서 분명하게 드러난다. 그러니 뭔가에 대해 화가 나기 시작했다면, 잠시 그 상황 자체를 생각해보자.

- 나의 인생에서 이 일이 얼마나 중요한가?
- 이것에 대해 정말로 화를 낼 가치가 있나?
- 남아 있는 하루마저 망칠 가치가 있나?
- 나의 반응이 이 상황에 적합한가?
- 다른 방식으로 할 수 있는 일이 있나?

화가 난 감정을 종이에 적은 다음 찢어버리기

화가 나는 이유와 그에 따른 생각을 종이에 적은 다음 폐기하는 것도 분노를 가라앉히는 데 도움이 된다. 연구 결과, 분노하게 만든 내용을 적은 종이를 폐기한 집단의 주관적 분노가 의미 있게 감소한 반면, 종이를 그대로 가지고 있던 집단의 주관적 분노는 상대적으로 더 높았다.◆ 회사에서 분노를 낮추고자 할 때 아주 간단하게 실천할

◆　　Kanaya & Kawai, 2024

수 있는 방법이다.

비용-편익 분석해보기

노먼 코터렐Norman Cotterell◆ 박사가 주장한 내용으로, 아래의 단계에 따라 분노의 비용-편익을 스스로 계산할 수 있다.

- 감정을 잘 관리하는 사람이 가진 자질을 적어본다.
- 만약 내가 그런 사람이 된다면, 감정 조절을 잘하는 나의 비용-편익과, 화를 마구 쏟아낼 때의 비용-편익을 각각 계산해본다.
- 각각의 비용과 이득이 어느 정도인지 등급을 매긴다.
- 계속 화를 낼 때의 이득이 감정 조절을 잘할 때 얻는 이득보다 더 큰지 생각해본다.

분노 관리를 위한 3R 이해하기

분노 조절로 어려움을 겪는 사람들은 대개 자신의 행동이 가져올 부정적인 결과를 생각하기도 전에 일단 행동으로 옮기는 경우가 많다. 이때는 3R을 이해해두면 도움이 된다. 일단 그 자리에서 후퇴하고Retreat, 다시 생각하고Rethink, 대응하기Respond를 고민하는 것이다. 이 간단한 3가지만으로도 화가 나는 상황에서 즉각 반응하게 되는 것을 방지할 수 있다. 일반적으로는 먼저 반응하고(소리 지르고) 후퇴

◆　　　Cotterell, 2021

한 다음(상황에서 벗어나기), 관계가 악화된 후에야 생각(자신의 행동을 검토)한다. 이러한 악순환을 끊기 위해 안전한 장소로 가서, 사건을 다시 생각한 다음 더 신중하게 대응할 수 있는 방법을 찾아보자.◆

건강하게 분노 표현하기

어떤 상황에서 화를 낼 가치가 있고 상황을 더 좋게 만들기 위해 불가피한 선택이라고 판단했다면 건강하게 분노를 표현하는 것이 중요하다. 누구에게든 화를 낼 수는 있지만, 타인의 가치를 폄하하는 언행은 관계를 파괴시킨다. 분노를 표현하는 방식과 관련해서도 연구자들의 연구 결과가 매우 다른데, 감정정화 이론에 따르면 분노를 표현하는 것은 기분을 좋게 하는 데 도움을 주기 때문에 매우 긍정적이지만■ 만약 부정적으로 표현할 경우에는 분노와 공격성을 감소시키기보다 오히려 분노반추를 자극할 수도 있다.

관계에 집중하기

갈등 상황이 발생하면 우선 어디에 집중할지 결정하자. 어떤 사람은 '문제 자체'에 집중하고 어떤 사람은 문제를 '해결'하는 데 초점을 두는 반면, 처음부터 '인간관계'에 신경 쓰는 사람도 있다. 갈등 상황에서 이기는 것보다 관계를 유지하고 강화하는 것이 더욱 중요하다. 상대방은 나와 다른 관점을 가지고 있다는 것을 인정해야 한다.

◆   Schimmel & Jacobs, 2011

■   Bushman et al., 2001

지금-여기에 머물기

과거는 지나갔고, 흘러간 시간은 바꿀 수 없다. 예전의 기억을 계속 떠올리면서 분노하거나 후회하는 것은 자연스러운 반응이지만, 너무 지나치게 사로잡혀 있으면 무력감과 불행이 밀려올 뿐이다. 특히 상대방과 논쟁하다 보면 예전의 불평불만을 다시 꺼내기 쉬운데, 과거의 문제까지 들추다가 지금 발생한 문제보다 더 크게 분노할 수도 있다. 정말 문제를 해결하고 싶다면 지금 할 수 있는 일에 집중하려는 노력이 필요하다.

용서하기

말은 쉬워도 실천하기 가장 어려운 것이 용서. 특히 분노는 용서를 가로막는 주요 요인이며 동서양을 막론하고 분노와 용서 사이에는 부정적인 상관관계가 있는 것으로 드러났다.◆ 단순히 문제를 해결하는 것만으로 마음의 상처를 모두 치유받을 수 없다면 상대방을 용서하는 것이 최선이지만, 그럴 마음이 없다면 갈등을 해결하는 것은 거의 불가능하다. 용서는 상대방을 위해서가 아니라 자신을 위해서 하는 것이다. 분노의 끝에 남는 것은 황폐해진 삶과 상처받은 마음뿐이라는 것을 기억해야 한다.

◆　　　Zhang et al., 2015

감정 정화하기

비극을 다루는 예술작품을 보고 난 뒤 자신도 모르게 우울, 불안, 긴장감이 풀리면서 마음이 한결 가벼워지는 것을 한번쯤 경험한 적이 있을 것이다. 이를 카타르시스라고 하는데, 분노가 가득 찼을 때 격렬하지만 주변에 피해를 끼치지 않는 활동을 하면 실제로 각성 수준이 낮아지고 공격성이 줄어든다. 카타르시스는 분노가 우리 안에서 만들어내는 압력을 완화하는 방식으로, 더 큰 폭발이 일어나기 전에 분노를 배출하게 만들어 도움을 준다. 샌드백 치기, 곰 인형이나 쿠션 때리기 같은 것이 대표적이다.

다만, 홀리건의 난동 등에서 볼 수 있듯 경우에 따라서는 카타르시스가 분노를 부추기기도 한다. 핵심은 상대방의 감정과 문제 행동에 대해서 진정성이 있고 구체적이며, 명확하고 상세하게 설명하는 것이 상대방의 분노와 공격성을 완화하는 데 훨씬 효과적일 수 있다는 사실이다.

잠시 일상을 중단하기

자제하기 어려울 정도로 감정이 폭발할 때 그 상황에서 잠시 벗어나는 것은 매우 좋은 방법이다. 짧게는 몇 분, 길게는 몇 시간 정도 그 상황에서 벗어나 화를 식히면 나중에 후회할 수도 있는 많은 일을 방지할 수 있다.

인간은 양립할 수 없는 감정을 동시에 처리하기가 불가능하다. 분노로 가득 찬 상태에서 상대방에게 공감하고 배려하며 적절한 유머를 구사할 마음의 여유를 가질 수 없다. 긍정적인 감정을 느끼면 부정적인 감정이 자연스레 감소하고, 잔뜩 각성되었던 분노 수준도 제법 낮출 수 있다.

삶의 방향을 바꾸기

필자는 상담심리 전문가로서, 한쪽 문이 닫히면 다른 쪽 문이 열린다는 말을 인간관계에서도 여실히 느낀다. 만약 자신의 분노를 잘 관리하고 싶어서 이 책을 읽었다면 작은 부분에서라도 방법을 찾았기를 바란다. 대신 내 인생을 너무나 힘들게 하는 누군가를 변화시켜보고자 이 책을 읽었고, 여기서 소개한 모든 방법을 동원했는데도 상대방에게 달라지는 것이 없다면 이제는 선택을 해야 한다. 한쪽만 노력하는 일방적인 관계는 우리를 더욱 지치게 할 뿐, 그런 인연을 계속 유지하는 것이 과연 자신의 삶에 무슨 의미가 있는지 생각해보길 바란다. 기분이 태도가 되지 않는 성숙한 사람들과 행복하게 살아가는 것만으로도 충분하다.

참고문헌

- 고경봉, 박중규(2005). 〈분노대응 척도 개발〉, 신경정신의학, 44(4), 477-488
- 민희진, 박경 (2015). 〈분노반추가 분노에 미치는 영향: 작업기억용량의 조절효과를 중심으로〉, 한국심리학회지 : 임상, 34(2), 391-409.
- 전겸구, 김교헌, 류준범, (2000). 〈한국인과 미국인의 분노 경험과 분노 표현〉, 재활심리연구, 7(1), 61-75.
- 한규석 (2017). 《사회심리학의 이해》 학지사.

- Albrecht, K. (2012). *The (Only) 5 Fears We All Share. Psychology Today*, https://www.psychologytoday.com/us/blog/brainsnacks/201203/the-only-5-fears-we-all-share
- Al-Dajani, N., & Uliaszek, A. A. (2021). The after-effects of momentary suicidal ideation: A preliminary examination of emotion intensity changes following suicidal thoughts. *Psychiatry Research, 302*, 114027.
- Alia-Klein, N., Gan, G., Gilam, G., Bezek, J., Bruno, A., Denson, T. F., Hendler, T., Lowe, L., Mariotti, V., Muscatello, M. R., Palumbo, S., Pellegrini, S., Pietrini, P., Rizzo, A., & Verona, E. (2020). The feeling of anger: From brain networks to linguistic expressions. *Neuroscience & Bio-behavioral Reviews, 108*, 480-497.
- AlRyalat, S. A. (2016). The age of 40, a cut-point for the change in the emotional responses of the brain; a voxel-based meta-analysis. *Journal of Systems and Integrative Neuroscience, 2*(3), 176-179.
- American Psychiatric Association (2013). *Diagnostic and Statistical Manual of Mental Disorders* (5th ed.). American Psychiatric Publishing.

- Archer J., & Coyne S. M. (2005). An integrated review of indirect, relational, and social aggression. *Personality and Social Psychology Review, 9*(3), 212-230.

- Arnold, M. B. (1960). Emotion and personality. Columbia University Press.

- Averill, J. R. (1982). *Anger and aggression: An essay on emotion.* New York: Springer-Verlag.

- Averill, J. R. (1983). Studies on anger and aggression: Implications for theories of emotion. *American Psychologist, 38*(11), 1145-1160.

- Ax, A. F. (1953). The physiological differentiation between fear and anger in humans. *Psychosomatic Medicine, 15,* 433-442.

- Baer, R. A., & Krietemeyer, J. (2006). Overview of Mindfulness- and Acceptance-Based Treatment Approaches. In R. A. Baer (Ed.), *Mindfulness-based treatment approaches: Clinician's guide to evidence base and applications* (pp.3-27). Elsevier Academic Press.

- Baker, L., McNulty, J. K., & Overall, N. C. (2014). When Negative Emotions Benefit Close Relationships. In W. G. Parrott (Ed.), *The Positive Side of Negative Emotions* (pp.101-125). New York: Guilford Press.

- Bari, A., & Robbins, T. W. (2013). Inhibition and impulsivity: Behavioral and neural basis of response control. *Progress in Neurobiology, 108,* 44-79.

- Barry, C. T., Loflin, D. C., & Doucette, H. (2015). Adolescent self-compassion: associations with narcissism, self-esteem, aggression, and internalizing symptoms in at-risk males. *Personality and Individual Differences, 77,* 118-123.

- Batson, C. D. (2011). What's wrong with morality? *Emotion Review, 3*(3), 230-236.

- Batson, C. D., Kennedy, C. L., Nord, L. A., Stocks, E. L., Fleming, D. Y. A., Marzette, C. M., & Zerger, T. (2007). Anger at unfairness: Is it moral outrage? *European Journal of Social Psychology, 37*(6), 1272-1285.

- Baumeister, R. F., Bushman, B. J., & Campbell, W. K. (2000). Self-esteem, narcissism, and aggression: Does violence result from low self-esteem or from threatened egotism? *Current Directions in Psychological Science, 9*(1), 26-29.

- Baumeister, R. F., Smart, L., & Boden, J. M. (1996). Relation of threatened egotism to violence and aggression: The dark side of high self-esteem. *Psychological Review, 103*(1), 5-33.

- Beck, A. T. (1963). Thinking and depression: I. Idiosyncratic content and cognitive distortions. Archives of General Psychiatry, 9(4), 324 -333.

- Beech, A., & Ward, T. (2016). The Integrated Theory of Sexual Offending – Revised: A Multifield Perspective. In D. P. Boer (Ed.), The Wiley Blackwell Handbook on assessment, treatment and theories of sexual offending, Volume 1 (Vol. 1). Wiley.

- Bendersky, C., & Pai, J. (2018). Status dynamics. *Annual Review of Organizational Psychology and Organizational Behavior, 5*(1), 183-199.

- Berkowitz, L. (1989). Frustration–aggression hypothesis: Examination and reformulation. *Psychological Bulletin, 106*(1), 59-73.

- Berkowitz, L. (1993). *Aggression: Its causes, consequences, and control.* Philadelphia: Temple University Press.

- Berkowitz, L. (2012). A different view of anger: The cognitive-neoassociation conception of the relation of anger to aggression. *Aggressive Behavior, 38*(4), 322-333.

- Berkowitz, L., & Harmon-Jones, E. (2004a). More thoughts about anger determinants. *Emotion, 4*(2), 151-155.

- Berkowitz, L., & Harmon-Jones, E. (2004b). Toward an understanding of the determinants of anger. *Emotion, 4*(2), 107-130.

- Berlin, G. S., & Hollander, E. (2014). Compulsivity, impulsivity, and the DSM-5 process. *CNS Spectrums, 19*, 62-68.

- Berns, G. S., Blaine, K., Prietula, M. J., & Pye, B. E. (2013). Short-and Long-Term Effects of a Novel on Connectivity in the brain. *Brain Connectivity, 3*(6), 590-600.

- Birkley, E. L., & Eckhardt, C. I. (2015). Anger, hostility, internalizing negative emotions, and intimate partner violence perpetration: A meta-analytic review. *Clinical Psychology Review, 37*, 40 -56.

- Bloch, F., & Rao, V. (2002). Terror as a bargaining instrument: A case study of dowry violence in rural India. *The American Economic Review, 92*(4), 1029-

1043.

- Bogaerts, S., Garofalo, C., De Caluwé, E., & Janković, M. (2021). Grandiose and vulnerable narcissism, identity integration and self-control related to criminal behavior. *BMC Psychology, 9*(1), 191.

- Bolger, E. A. (1999). Grounded theory analysis of emotional pain. *Psychotherapy Research, 9*(3), 342-362.

- Boone, R. T., & Buck, R. (2003). Emotional expressivity and trustworthiness: The role of nonverbal behavior in the evolution of cooperation. *Journal of Nonverbal Behavior, 27*, 163-182.

- Bowlby, J. (1988). *A secure base. Parent-child attachment and healthy human development.* New York: Basic Books.

- Braun S. S., Cho, S., Colaianne, B. A., Taylor, C., Cullen, M., & Roeser, R.W. (2020). Impacts of a mindfulness-based program on teachers' forgiveness. *Mindfulness, 11*, 1978-1992.

- Brescoll, V. L., & Uhlmann, E. L. (2008). Can an angry woman get ahead? Status conferral, gender, and expression of emotion in the workplace. *Psychological Science, 19*, 268-275.

- Brickman, P., Rabinowitz, V. C., Karuza Jr., J., Coates, D., Cohn, E., & Kidder, L. (1982). Models of helping and coping. *American Psychologist, 37*, 368-384.

- Bushman, B. J., & Baumeister, R. F. (1998). Threatened egotism, narcissism, self-esteem, and direct and displaced aggression: Does self-love or self-hate lead to violence? *Journal of Personality and Social Psychology, 75*(1), 219-229.

- Bushman B. J., Baumeister R. F., & Phillips C. M. (2001). Do people aggress to improve their mood? Catharsis beliefs, affect regulation opportunity, and aggressive responding. *Journal of personality and social psychology, 81*(1), 17-32.

- Calder, A. J., Keane, J., Manly, T., Sprengelmeyer, R., Scott S., Nimmo-Smith, I., & Younget, A. W. (2003) Facial expression recognition across the adult life span. *Neuropsychologia, 41*, 195-202.

- Campbell, A. (1993). *Men, Women, and Aggression.* New York, NY: Basic Books.

- Campbell, A., Muncer, S., Coyle, D. (1992). Social representations of aggression as an explanation of gender differences: A preliminary study. *Aggressive Behaviour, 18*, 95-108.

- Carlson, B. E., McNutt, L.-A., & Choi, D. Y. (2003). Childhood and adult abuse among women in primary health care: Effects on mental health. *Journal of Interpersonal Violence, 18*(8), 924-941.

- Chapman, A. L. (2019). Borderline personality disorder and emotion dysregulation. *Development and Psychopathology, 31*(3), 1143-1156.

- Chapman, A. L., & Gratz, K. L. (2015). *The dialectical behavior therapy skills workbook for anger: Using DBT mindfulness and emotion regulation skills to manage anger.* New Harbinger Publications.

- Chapman, A. L., & Monk, C. (2015). Domestic violence awareness. *The American Journal of Psychiatry, 172*(10), 944-945.

- Chatzimike-Levidi, M. D., & Collard, J. J. (2023). An integrated model of aggression: Links between core self-evaluations, anger rumination and forgiveness. *Current Psychology, 42*, 30235-30249.

- Cherry, M. (2018). *The Errors and Limitations of our 'Anger-Evaluating' Ways. In The Moral Psychology of Anger,* edited by M. Cherry and O. Flanagan, pp.49-65. Lanham, MD: Rowman & Littlefield.

- Cheung, R. Y. M., & Park, I. J. K. (2010). Anger suppression, Interdependent Self-Construal, and Depression among Asian American and European American College Students. *Cultural Diversity and Ethnic Minority Psychology, 16*(4), 517-525.

- Chin, E. Y., So, S. S., & Lee, M. I. (2020). Effect of Life Stress and Anger Expression in College Students on Suicidal Ideation. *Journal of Digital Convergence, 13*(8), 409-418.

- Cotter A. (2021). *Intimate partner violence in Canada, 2018: An overview.* Juristat: Canadian Centre for Justice Statistics. 1-23.

- Cotterell, N. (2021). *Seven steps for anger.* The Beck Institute for Cognitive Behavior Therapy. Retrieved from https://beckinstitute.org/blog/seven-steps-for-anger/

- Cox, D., Bruckner, K., & Stabb, S. (2003). *The anger advantage: The surprising benefits of anger and how it can change a woman's life*. Broadway.

- Cox, D. L., Van Velsor, P., & Hulgus, J. F. (2004). Who me, angry? Patterns of angry diversion in women. *Health Care for Women International, 25*, 872–893.

- Cramer, P. (2015). Understanding defense mechanisms. *Psychodynamic Psychiatry, 43*, 523–552.

- Crane, C., Barnhofer, T., Duggan, D. S., Eames, C., Hepburn, S., Shah, D., & Williams, M. G. (2014). Comfort from suicidal cognition in recurrently depressed patients. *Journal of Affective Disorders, 155*, 241–246.

- Crick, N. R., & Dodge, K. A. (1996). Social information–processing mechanisms in reactive and proactive aggression. *Child Development, 67*, 993–1002.

- Dalley, J. W., & Robbins, T. W. (2017). Fractionating impulsivity: Neuropsychiatric implications. *Nature Reviews. Neuroscience, 18*, 158–171.

- Davidson, K. W., & Mostofsky, E. (2010). Anger expression and risk of coronary heart disease: Evidence from the Nova Scotia Health Survey. *American Heart Journal, 159*(2), 199–206.

- deCatanzaro, D. A. (1999). *Motivation and emotion: Evolutionary, physiological, developmental, and social perspectives*. Prentice-Hall, Inc.

- deHooge, I. E., Breugelmans, S. M., & Zeelenberg, M. (2008). Not so ugly after all: When shame acts as a commitment device. *Journal of Personality and Social Psychology, 95*(4), 933–943.

- Denson, T. F. (2013). The multiple systems model of angry rumination. *Personality and Social Psychology Review, 17*, 103–123.

- DeWall, C. N., Finkel, E. J., & Denson, T. F. (2011). Self-control inhibits aggression. *Social and Personality Psychology Compass, 5*(7), 458–472.

- Dewi, I. D. A. D. P., & Kyranides, M. N. (2022). Physical, verbal, and relational aggression: The role of anger management strategies. *Journal of Aggression, Maltreatment & Trauma, 31*(1), 65–82.

- DiGiuseppe, R., & Tafrate, R. C. (2004). *Anger Disorders Scale (ADS): Technical manual*. Multi-Health Systems.

- DiGiuseppe, R., & Tafrate, R. C. (2007). *Understanding anger disorders*. Oxford

University Press.

- Direkvand-Moghadam, A., Sayehmiri, K., Delpisheh, A., & Kaikhavandi, S. (2014). Epidemiology of Premenstrual Syndrome (PMS)-A systematic review and meta-analysis study. *Journal of Clinical and Diagnostic Research, 8*(2), 106-109.

- Dodge, K.A. (1991). The structure and function ofreactive and proactive aggression. In D.J. Pepler, & K. H. Rubin (Eds.), *The development and treatment of childhood aggression* (pp. 201-218). Hillsdale, NJ: Erlbaum.

- Dollard, J., Doob, L. W., Miller, N. E., Mowrer, O. H., & Sears, R. R. (1939). *Frustration and aggression*. New Haven, CT, Yale University Press.

- Dubreuil, B. (2015). Anger and Morality. *An International Review of Philosophy, 34*, 475-482.

- Du, Y., Yang, Y., Wang, X., Cong, X., Liu, C., Liu, C., Hu, W., & Li, Y. (2021). A positive role of negative mood on creativity: the opportunity in the crisis of the COVID-19 epidemic. *Frontiers in Psychology, 11*, 3853.

- Eastwick, P. W., Finkel, E. J., Krishnamurti, T., & Loewenstein, G., (2008). Mispredicting distress following romantic breakup: Revealing the time course of the affective forecasting error. *Journal of Experimental Social Psychology, 44*, 800-807.

- Eisenberg, N. (2003). Prosocial behavior, empathy, and sympathy. In M. H. Bornstein, L. Davidson, C. L. M. Keyes, & K. A. Moore (Eds.), Well-being: Positive development across the life course (pp. 253 – 265). Lawrence Erlbaum Associates Publishers.

- Ekman, P. (1992). Are there basic emotions? *Psychological Review, 99*, 550-553.

- Ekman, P., & Friesen, W. V. (1969). The repertoire of nonverbal behavior: Categories, origins, usage, and coding. *Semiotica, 1*, 49-98.

- Elison, J., Garofalo, C., & Velotti, P. (2014). Shame and aggression: Theoretical considerations. *Aggression and Violent Behavior, 19*(4), 447-453.

- Ellis, A. (1962). *Reason and emotion in psychotherapy*. Lyle Stuart.

- Elnagar, MAE-R, & Awed, HAEM. (2015). Self-care measures regarding premenstrual syndrome among female nursing students. *International Journal of*

Nursing Studies, 5(2), 1 – 10.

- Engel, S. G., & Boseck, J. J. (2007). The relationship of momentary anger and impulsivity to bulimic behavior. *Behaviour Research and Therapy, 45*, 437–447.

- Feldman, T. (2014). From Container to Claustrum: Projective Identification in Couples. *Couple and Family Psychoanalysis, 4*, 136-154.

- Ferenczi, S. (1932). The Clinical Diary of Sandor Ferenczi, J. Dupont (ed.), M. Balint and N. Z. Jackson (trans.), Cambridge, MA: Harvard University Press, 1988.

- Fernandez, E. (2005). The relationship between anger and pain. *Current Pain and Headache Reports, 9*, 101-105.

- Fernandez, E. (2008). The angry personality: A representation on six dimensions of anger expression. In G. J. Boyle, G. Matthews, & D. H. Saklofske (Eds.), *The SAGE handbook of personality theory and assessment,* Vol. 2. Personality measurement and testing (pp. 402 – 419). Sage Publications.

- Finucane, A. M. (2011). The effect of fear and anger on selective attention. *Emotion, 11*(4), 970-974.

- Folkman, S., & Moskowitz, J. T. (2000). Positive affect and the other side of coping. *American Psychologist, 55*, 647-654.

- Friedman, N. P., & Miyake, A. (2017). Unity and diversity of executive functions: Individual differences as a window on cognitive structure. *Cortex, 86*, 186-204.

- Friedrichs, J., Stoehr, N., & Formisano, G. (2021). Fear-anger contests: Governmental and populist politics of emotion. *Online Social Networks and Media, 32*, 100240.

- Geen, R. G., & Berkowitz, L. (1967). Some conditions facilitating the occurrence of aggression after the observation of violence. *Journal of Personality, 35*, 666-676.

- Gibaldi, C., John, S., & Cusack, G. (2019). Fear in the workplace. *Review of Business: Interdisciplinary Journal on Risk and Society, 39*, 60-74.

- Glasser, W. (1984). 당신의 삶은 누가 통제하는가(김인자 역). 한국심리상담연구소.

1996.

- Glasser, W. (1998). 선택이론, 개인 자유를 위한 새로운 심리학, (김인자, 우애령 번역, 김인자 개정본), 한국심리상담연구소. 2017.

- Golden, S. H., Williams, J. E., & Ford, D. E. (2006). Anger temperament is modestly associated with the risk of type 2 diabetes mellitus, The atherosl-cerosis risk in communities study. *Psychoneuroendocrinology, 31*(3), 325-332.

- Goldman, L., & Haaga, D. A. F. (1995). Depression and the experience and expression of anger in marital and other relationships. *Journal of Nervous and Mental Disease, 183*, 505-509.

- González-Prendes, A. A., & Thomas, S. A. (2011). Powerlessness and anger in African American women: The intersection of race and gender. *International Journal of Humanities and Social Science, 1*(7), 1-8.

- Gottfredson, M. R., & Hirschi, T. (1990). *A general theory of crime*. Stanford University Press.

- Greenberg, M. T., Kusche, C. A., Cook, E. T., & Quamma, J. P. (1995). Promoting emotional competence in school-aged children: The effects of the PATHS curriculum. *Development and Psychopathology, 7*(1), 117-136.

- Gross, J. J. (2015). Emotion Regulation: Current status and future prospects. *Psychological Inquiry, 26*(1), 1-26.

- Gross, J. J. & John, O. P. (2003). Individual Differences in two emotion regulation processes: Implications for affect, relationships, and well-being. *Journal of Personality and Social Psychology, 85*, 348-362.

- Gross, J. J., & Levenson, R. W. (1997). Hiding feelings: The acute effects of inhibiting negative and positive emotion. *Journal of Abnormal Psychology, 106*(1), 95-103.

- Habib, M., Cassotti, M., Moutier, S., Houd, O., & Borst, G. (2015). Fear and anger have opposite effects on risk seeking in the gain frame. *Frontiers in Psychology, 10*(6), 253.

- Hart, A. D. (2001). *Unmasking male depression : Recognizing the root cause to many problem behaviors such as anger, resentment, abusiveness, silence, addictions, and sexual compulsiveness*. 1st edition. Thomas Nelson.

- Hatch, H., & Forgays, D. K. (2001). A comparison of older adolescents and adult females' responses to anger-provoking situations. *Adolescence, 38*(143), 557-570.

- Häusser, J. A., Stahlecker, C., Mojzisch, A., Leder, J., van Lange, P. A., & Faber, N. S. (2019). Acute hunger does not always undermine prosociality. *Nature Communications, 10*(1), 1-10.

- Hawkins, K. A., & Cougle, J. R. (2011). Anger problems across the anxiety disorders: findings from a population-based study. *Depress Anxiety, 28*(2), 145-152.

- Hein, G., Engelmann, J. B., Vollberg, M. C., & Tobler, P. N. (2016). How Learning Shapes the Empathic Brain. *Proceedings of the National Academy of Sciences, 113*(1), 80-85.

- Hieronymi, P. (2004). The force and fairness of blame. *Philosophical Perspectives, 18*, 115-148.

- Hinojosa, A. S., Gardner, W. L., Walker, H. J., Cogliser, C., & Gullifor, D. (2017). A review of cognitive dissonance theory in management research: Opportunities for further development. *Journal of Management, 43*. 170-199.

- Hirsch, C. R., Meynen, T., & Clark, D. M. (2004). Negative self-imagery in social anxiety contaminates social interactions. *Memory, 12*(4), 496-506.

- Jeronimus, B. F., Laceulle, O. M. (2017). Frustration. In book: *Encyclopedia of Personality and Individual Differences*, Edition: Springer, New York, Editors: Virgil Zeigler-Hilland Todd K. Shackelford, pp.1-8.

- Jeronimus, B. F., Riese, H., Oldehinkel, A. J., & Ormel, J. (2015). Why does frustration predict psychopathology? Multiple prospective pathways over adolescence: A TRAILS study. *European Journal of Personality, 31*(1), 85-103.

- Joe, S., Lee, J. S., Kim, S. Y., Won, S-H., Lim, J. S., & Ha, K. S. (2017). Posttraumatic embitterment disorder and hwa-byung in the general Korean population. *Psychiatry Investigation, 14*(4), 392-399.

- John, O. P. & Gross, J. J. (2004). Healthy and unhealthy emotion regulation: personality processes, individual differences, and life span development. *Journal of Personality, 72*(6), 1301-1333.

- Jones, E. E. (1985). Major developments in social psychology during the past five decades. In G. Lindzey & E. Aronson (Eds.), *The handbook of social psychology* (3rd ed., pp.47-108). New York, NY: Random House.

- Kamphuis, J., Meerlo, P., Koolhaas, J. M., & Lancel, M. (2012). Poor sleep as a potential causal factor in aggression and violence. Sleep Medicine, 13(4), 327-334.

- Kanaya, Y., & Kawai, N. (2024). Anger is eliminated with the disposal of a paper written because of provocation. *Scientific Reports, 14*, 7490.

- Kassouf, S. (2019). On the feeling of powerlessness. *Psychoanalysis and History, 21*(3), 311-329.

- Kernberg, O. F. (1975). *Borderline conditions and pathological narcissism*. New York, NY: Jason Aronson.

- Kernberg, O. F. (2001). Object relations, affects, and drives: Toward a new synthesis. Psychoanalytic Inquiry, 21(5), 604-619.

- Keromnes, G., Chokron, S., Celume, M.-P., Berthoz, A., Botbol, M., Canitano, R., Du Boisgueheneuc, F., Jaafari, N., Lavenne-Collot, N., Martin, B., Motillon, T., Thirioux, B., Scandurra, V., Wehrmann, M., Ghanizadeh, A., & Tordjman, S. (2019). Exploring self-consciousness from self- and other-image recognition in the mirror: Concepts and evaluation. *Frontiers in Psychology, 10*, 719.

- Knight, R. A., & Thornton, D. (2007). Evaluating and improving risk assessment schemes for sexual recidivism: A long-term follow-up of convicted sexual offenders. The U.S. Department of Justice.

- Kitayama, S., & Markus, H. R. (1994). Emotion and Culture: Empirical Studies of Mutual Influence. Washington DC: American Psychological Association.

- Kitayama, S., Mesquita, B., & Karasawa, M. (2006). Cultural affordances and emotional experience: Socially engaging and disengaging emotions in Japan and the United States. *Journal of Personality and Social Psychology, 91*(5), 890-903.

- Kleiman, E. M., Turner, B. J., Fedor, S., Beale, E. E., Picard, R. W., Huffman, J. C., & Nock, M. K. (2018). Digital phenotyping of suicidal thoughts. *Depress and*

Anxiety, 35(7), 601-608.

- Klein, M. (1940). Mourning and Its Relation to Manic-Depressive States. International Journal of Psychoanalysis, 21, 125-153.

- Kohut, H. (1966). Forms and transformations of narcissism. *Journal of the American Psychological Association, 14,* 243-272.

- Korte, S. M., Koolhaas, J. M., Wingfield, J. C., & McEwen, B. S. (2005). The Darwinian concept of stress: Benefits of allostasis and costs of allostatic load and the trade-offs in health and disease. *Neuroscience & Biobehavioral Reviews, 29,* 3-38.

- Krumboltz, J. D. (2009). The happenstance learning theory. *Journal of Career Assessment, 17,* 135-154.

- Kumpfer, K. L. (1999). Factors and processes contributing to resilience: The resilience framework. In: Glantz, M. D., Johnson J. L., editors. *Resilience and development: Positive life adaptations.* New York: Kluwer Academic/Plenum Publishers, pp.179-224.

- Lambe, S., Hamilton-Giachritsis, C., Garner, E., & Walker, J. (2018). The role of narcissism in aggression and violence: A systematic review. *Trauma, Violence, & Abuse, 19,* 209-230.

- Langer E. J., & Rodin J . (1976). The effects of choice and enhanced personal responsibility for the aged: A field experiment in an institutional setting. *Journal of Personality and Social Psychology, 34*(2), 191-198.

- Larkin, K. T., & Zayfert, C. (2004). Anger expression and essential hypertension, Behavioral response to confrontation. *Journal of Psychosomatic Research, 56,* 113-118.

- Lazarus, R. S. (1991). *Emotion and adaptation.* New York: Oxford University Press.

- Lazarus, R. S. (1993). From psychological stress to the emotions: A history of changing outlooks. *Annual Review of Psychology, 44,* 1-21.

- Lazarus, R. S., & Folkman, S. (1984). *Stress, appraisal, and coping.* New York: Springer.

- Lee, Y. H. & Kim, M. A. (2013). The effects of beliefs about anger and anger expression on anxiety, depression, somatization, psychopathy, and narcissism. *Journal of Human Understanding and Counselling, 34*(2), 193-213.

- Lee, Y. M. (2002). The lived experiences of the middle-aged women's anger. *Unpublished doctoral dissertation. Korea University, Seoul, Korea.*

- Leibenluft, E., & Stoddard, J. (2013). The developmental psychopathology of irritability. *Development and Psychopathology, 25*(4-2), 1473-1487.

- Lench, H. C., Reed, N. T., George, T., Kaiser, K. A., & North, S. G., (2023). Anger has benefits for attaining goals. *Journal of Personality and Social Psychology, Advance online publication.* https://doi.org/10.1037/pspa0000350

- Lerner, J. S., & Keltner, D. (2001). Fear, anger, and risk. *Journal of Personality and Social Psychology, 81*(1), 146-159.

- Lieberman, M. D., Eisenberger, N. I., Crockett, M. J., Tom, S. M., Pfeifer, J. H., & Way, B. M. (2007). Putting feelings into words. *Psychological science, 18*(5), 421-428.

- Linden, M. (2020). Querulant delusion and post-traumatic embitterment disorder. *International Review of Psychiatry, 32*(5-6), 396-402.

- Linden, M., Baumann, K., Rotter, M., & Schippan, B. (2007). The psychopathology of posttraumatic embitterment disorders (PTED). *Psychopathology, 40,* 159-165.

- Linehan, M. (1993). *Cognitive behavioral treatment of borderline personality disorder.* New York Guilford Press.

- Liu, J., Lewis, G., & Evans, L. (2013). Understanding aggressive behavior across the lifespan. *Journal of Psychiatry and Mental Health Nursing, 20*(2), 156-168.

- Livingston, R. W., Rosette, A. S., and Washington, E. F. (2012). Can an agentic black woman get ahead? The impact of race and interpersonal dominance on perceptions of female leaders. *Psychology Science, 23*(4), 354-358.

- Luutonen, S. (2007). Anger and depression-Theoretical and clinical considerations. *Nordic Journal of Psychiatry, 61,* 246-251.

- Lyubomirsky, S. L., & Nolen-Hoeksema, S. (1995). Effect of self-focused rumination on negative thinking and Interpersonal problem solving. *Journal of Personality and Social Psychology, 69*(1), 176-190.

- Marcus-Newhall, A., Pedersen, W. C., Carlson, M., & Miller, N. (2000). Displaced aggression is alive and well: a meta-analytic review. *Journal of Personality and Social Psychology, 78*, 670-689.

- Markus, H. R., & Kitayama, S. (1991). Culture and the self: Implications for cognition, emotion, and motivation. *Psychological Review, 98*(2), 224-253.

- Marshburn, C. K., Cochran, K. J., Flynn, E. & Levine, L. J. (2020). Workplace anger costs women irrespective of race. *Frontiers in Psychology, 11*, 3064-3078.

- Martin, L. A., Neighbors, H. W., & Griffith, D. M. (2013). The experience of symptoms of depression in men vs. women: Analysis of the National Comorbidity Survey replication. *JAMA Psychiatry, 70*(10), 1100-1106.

- Martin, R. C., & Dahlen, E. R. (2007). Anger response styles and reaction to provocation. *Personality and Individual Differences, 43*(8), 2083-2094.

- Martinez, M. C., Zeichner, A., Reidy, D. E., & Miller, J. D. (2008). Narcissism and displaced aggression: Effects of positive, negative, and delayed feedback. *Personality and Individual Differences, 44*(1), 140-149.

- Masterson, J. (1972). *Treatment of the borderline adolescent: a developmental approach.* New York: Wiley.

- Matsumoto, D., & Yoo, S. H. (2006). Toward a new generation of cross-cultural research. *Perspectives on Psychological Science, 1*(3), 234-250.

- Matsumoto, D., Yoo, S. H., & Chung, J. (2010). The expression of anger across cultures. In M. Potegal, G. Stemmler, & C. Spielberger (Eds.), *International handbook of anger: Constituent and concomitant biological, psychological, and social processes* (pp.125-137).

- McCormick-Huhn, K., & Shields, S. A. (2021). Favorable evaluations of black and white women's workplace anger during the era of #MeToo. *Frontiers in Psychology, 12*, 396.

- McFarland, C., Beuhler, R., von Rüti, R., Nguyen, L., & Alvaro, C. (2007). The impact of negative moods on self-enhancing cognitions: the role of reflective versus ruminative mood orientations. *Journal of Personality and Social Psychology, 93*(5), 728-750.

- Meloy, K. C. (2014). *Constructive vs. destructive anger: A model and three pathways for the expression of anger*. Theses and Dissertations, 4075. Brigham Young University. https://scholarsarchive.byu.edu/etd/4075

- Mendelsohn, R. (2017). *A three factor model of couple therapy: Projective identification, couple object relations, and omnipotent control (Psychoanalytic studies: Clinical, social, and cultural contexts)*. Lexington Books.

- Miller, A. B., McLaughlin, K. A., Busso, D. S., Brueck, S., Peverill, M., & Sheridan, M. A. (2018). Neural correlates of emotion regulation and adolescent suicidal ideation. *Biological Psychiatry: Cognitive Neuroscience and Neuroimaging, 3*, 125–132.

- Millon, T. (1981). *Disorders of personality: DSM-III Axis II*. New York: John Wiley and Sons.

- Milovchevich, D., Howells, K., Drew, N., & Day, A. (2001). Sex and gender role differences in anger: An Australian community study. *Personality and Individual Differences, 31*(2), 117–127.

- Moeller, F. G., Barratt, E. S., Dougherty, D. M., Schmitz, J. M. & Swann, A. C. (2001). Psychiatric aspects of impulsivity. *American Physiological Society, 158*, 1783–1793.

- Moon, K. J., Lee, J. Y., & Heo, J. Y. (2015). Psychological characteristics of college students with suicide risk in MMPI-2-RF. *Korean Journal of Clinical Psychology, 34*, 809–827.

- Morris, A. S., Criss, M. M., Silk, J. S., & Houltberg, B. J. (2017). The impact of parenting on emotion regulation during childhood and adolescence. *Child Development Perspectives, 11*(4), 233–238.

- Muehlenkamp, J., Brausch, A., Quigley, K., & Whitlock, J. (2013). Interpersonal features and functions of nonsuicidal self-injury. *Suicide and Life-Threatening Behavior, 43*(1), 67–80.

- Murphy, C. M., & Vess, J. (2003). Subtypes of psychopathy: Proposed differences between narcissistic, borderline, sadistic, and antisocial psychopaths. *Psychiatric Quarterly, 74*(1), 11–29.

- Nakagawa, S., Takeuchi, H., Taki, Y., Nouchi, R., Sekiguchi, A., Kotozaki, Y., Miyauchi, C. M., Iizuka, K., Yokoyama, R., Shinada, T., Yamamoto, Y.,

Hanawa, S., Araki, T., Hashizume, H., Kunitoki, K., Sassa, Y., & Kawashima, R. (2017). The anterior midcingulate cortex as a neural node underlying hostility in young adults. *Brain Structure and Function, 222*(1), 61-70.

- Nickel, R., & Egle, U. T. (2006). Psychological defense styles, childhood adversities and psychopathology in adulthood. *Child Abuse & Neglect, 30*, 157-170.

- Nock, M. K., Prinstein, M. J., & Sterba, S. K. (2009). Revealing the form and function of self-injurious thoughts and behaviors: A real-time ecological assessment study among adolescents and young adults. *Journal of Abnormal Psychology, 118*(4), 816-827.

- Nolen-Hoeksema, S. (1991). Responses to depression and their effects on the duration of depressive episodes. *Journal of Abnormal Psychology, 100*(4), 569-582.

- Nolen-Hoeksema, S., Wisco, B. E., & Lyubomirsky, S. (2008). Rethinking rumination. *Perspectives on Psychological Science, 3*(5), 400-424.

- Norlander, B., & Eckhardt, C. (2005). Anger, hostility, and male perpetrators of intimate partner violence: A meta-analytic review. *Clinical Psychology Review, 25*(2), 119-152.

- Novaco, R. W. (2000). Anger. In A. E. Kazdin (Ed.), *Encyclopaedia of psychology* (pp. 170-174). Washington, DC: American Psychological Association and Oxford University Press.

- Nussbaum, M. (2015). Transitional anger. *Journal of the American Philosophical Association, 1*(1), 41-56.

- Ohman, A., & Mineka, S. (2001). Fear, phobias, and preparedness: Toward an evolved module of fear and fear learning. *Psychological Review, 108*(3), 483-522.

- Okuda, M., Picazo, J., Olfson, M., Hasin, D. S., Liu, S-H., Bernardi, S., & Blanco, C. (2015). Prevalence and correlates of anger in the community: Results from a national survey. *CNS Spectrums, 20*(2), 130-139.

- Orbach, I., Mikulincer, M., Sirota, P., & Gilboa-Schechtman, E. (2003). Mental pain: A multidimensional operationalization and definition. *Suicide and Life-Threatening Behavior, 33*, 219-230.

- Ostrowsky, M. K. (2010). Are violent people more likely to have low self-esteem or high self-esteem? *Aggression and Violent Behavior, 15*(1), 69-75.

- Page, J. R., Stevens, H. B., & Galvin, S. L. (1996). Relationships between depression, self-esteem, and self-silencing behavior. *Journal of Social and Clinical Psychology, 15,* 381-396.

- Palfai, T. P., & Hart, K. E. (1997). Anger coping styles and perceived social support. *Journal of Social Psychology, 137*(4), 405-411.

- Panksepp, J. (1998). *Affective neuroscience. The foundations of human and animal emotions.* Oxford: Oxford University Press.

- Parks, M. R., & Floyd, K. (1996). Meanings for closeness and intimacy in friendship. *Journal of Social and Personal Relationships, 13,* 85-107.

- Pedersen, W. C., Denson, T. F., Goss, R. J., Vasquez, E. A., Kelly, N. J., & Miller, N. (2011). The impact of rumination on aggressive thoughts, feelings, arousal, and behavior. *British Journal of Social Psychology, 50,* 281-301.

- Peitzmeier, S. M., Fedina, L., Ashwell, L., Herrenkohl, T. I., & Tolman, R. (2022). Increases in Intimate Partner Violence During COVID-19: Prevalence and Correlates. *Journal of Interpersonal Violence, 37*(21-22), NP20482-NP20512.

- Pitagora, D. (2015). Intimate partner violence in sadomasochistic relationships. *Sexual and Relationship Therapy 31*(1), 1-14.

- Plickert, G., & Pals, H. (2019). Parental anger and trajectories of emotional well-being from adolescence to young adulthood. *Journal of Research on Adolescence, 30*(3), 440-457.

- Plutchik, R. (1980). A general psychoevolutionary theory of emotion. In R. Plutchik, & H. Kellerman (Eds.), *Emotion: Theory, research, and experience.* Vol.1: *Theories of emotion,* Academic Press, New York, pp.3-33.

- Potegal, M., & Archer, J. (2004) Sex differences in childhood anger and aggression. *Child and Adolescent Psychiatric Clinics of North America, 13*(3), 513-528.

- Powledge, T. M. (1999). Addiction and the brain: The dopamine pathway is helping researchers find their way through the addiction maze. *BioScience, 49*(7), 513-519.

- Pruessner, L., Barnow, S., Holt, D. V., Joormann, J., Schulze, K. (2020). A cognitive control framework for understanding emotion regulation flexibility. *Emotion, 20*(1), 21-29.

- Reiland, S. & Lauterbach, D (2008). Effects of trauma and religiosity on self-esteem. *Psychological Reports, 102*(3), 779-790.

- Reilly, P. M., & Shopshire, M. S. (2019). *Anger management for substance use disorder and mental health clients; A cognitive-behavioral therapy manual.* Substance Abuse and Mental Health Services Administration.

- Rétiveau, A., Iv, E. C., & Milliken, G. (2004). Common and specific effects of fine fragrances on the mood of women. *Journal of Sensory Studies, 19*(5), 373-394.

- Ribeiro, J. D., & Joiner, T. E. (2009). The interpersonal-psychological theory of suicidal behavior: Current status and future directions. *Journal of Clinical Psychology, 65*(12), 1291-1299.

- Robin, O., Rousmans, S., Dittmar, A., & Vernet-Maury, E. (2003). Gender influence on emotional responses to primary tastes. *Physiology and Behavior, 78*(3), 385-393.

- Robinson, L. R., Morris, A. S., Heller, S. S., Scheeringa, M. S., Boris, N. W., & Smyke, A. T. (2009). Relations between emotion regulation, parenting, and psychopathology in young maltreated children in out of home care. *Journal of Child and Family Studies, 18*, 421-434.

- Rodríguez-Blanco L, Carballo JJ, & Baca-Garcia E (2018). Use of ecological momentary assessment (EMA) in non-suicidal self-injury (NSSI): A systematic review. *Psychiatry Research, 263*, 212-219.

- Rosenberg, M. (1986). Self-Concept from Middle Childhood through Adolescence. In: Suls, J. and Greenwald, A. G., (Eds.), *Psychological Perspectives on the Self*, Vol. 3, Lawrence Erlbaum, Hillsdale, 107-135.

- Rubio-Garay, F., Carrasco, M. A., & Amor, P. J. (2016). Aggression, anger and hostility: Evaluation of moral disengagement as a mediational process. *Scandinavian Journal of Psychology, 57*(2), 129-135.

- Rudd, M. D. (2006). Fluid vulnerability theory: A cognitive approach to understanding the process of acute and chronic risk, in Ellis TE, (Ed.), *Cognition and suicide: Theory, research, and therapy*. American Psychological Association, Washington, D.C., pp.355-368.

- Rudman, L. A., & Phelan, J. E. (2008). Backlash effects for disconfirming gender stereotypes in organizations. *Research in Organizational Behavior, 28*, 61-79.

- Ryan, G. (2005). Preventing violence and trauma in the next generation. *Journal of Interpersonal Violence, 20*(1), 132-141.

- Salicru, S. (2021). *Empowering people through insightful psychology results, primary vs secondary emotions: The distinction that could positively change your life forever!* pp.1-9. PTS Psychology, Canberra.

- Salovey, P., Brackett, M. A., & Mayer, J. D. (Eds.). (2004). *Emotional intelligence: Key readings on the Mayer and Salovey model.* Dude Publishing.

- Salthouse, T. A., Atkinson, T. M., & Berish, D. E. (2003) Executive functioning as a potential mediator of age-related cognitive decline in normal adults. *Journal of Experimental Psychology: General, 132*, 566-594.

- Sasse, J., Halmburger, A., & Baumert, A. (2022). The functions of anger in moral courage-Insights from a behavioral study. *Emotion, 22*(6), 1321-1335.

- Saul, L. J. (1979).《결혼과 소아기 감정양식》(최수호 역). 하나의학사. 2002.

- Schauenburg, H., Willenborg, V., Sammet, I., & Ehrenthal, J. C. (2007). Self-reported defence mechanisms as an outcome measure in psychotherapy: A study on the german version of the defence style questionnaire DSQ 40. *Psychology and Psychotherapy: Theory, Research and Practice, 80*, 355-366.

- Schimmel, C. J, & Jacobs, E. (2011). *Ten creative counseling techniques for helping clients deal with anger.* Retrieved from http://counselingoutfitters.com/vistas/vistas11/Article_53.pdf

- Seery, M. D., Holman, E. A., & Silver, R. C. (2010). Whatever does not kill us: cumulative lifetime adversity, vulnerability, and resilience. *Journal of Personality and Social Psychology, 99*(6), 1025-1041.

- Shahsavarani, A. M., & Noohi, S. (2014). Explaining the bases and fundamentals of anger: A literature review. *International Journal of Medical Reviews, 1*(4), 143-149.

- Shen, J., Kim, W. S., Tsogt, U., Odkhuu, S., Liu, C., Kang, N, I., Lee, K, H., Sui,

J., Kim, S. W., & Chung, Y. C. (2023). Neuronal signatures of anger and fear in patients with psychosis. *Psychiatry Research: Neuroimaging, 333*(S22), 111658.

- Sher, G. (2006). *In praise of blame*. Oxford University Press.

- Shields, C. (2007). Aristotle. The Routledge Philosophers.

- Shiota, M. N., & Kalat, J. W. (2012) *Emotion*. (2nd edition) Wadsworth Cengage Learning.

- Shneidman, E. S. (1985). *Definition of suicide*. New York, Wiley.

- Shneidman, E. S. (1993). Suicide as psychache. *The Journal of Nervous and Mental Disease, 181*(3), 145-147.

- Silverstone, P. H., & Salsali, M. (2003). Low self-esteem and psychiatric patients: Part I - The relationship between low self-esteem and psychiatric diagnosis. *Annals of General Hospital Psychiatry, 2*(1), 1-9.

- Siniscalo, R and Kernberg, O. (2001). Psychoanalysis in the US: Narcissism. The American contribution.: A conversation of Raffaele Siniscalo with Otto Kernberg. *Journal of European Psychoanalysis, 12-13*, 33-40.

- Smith, C. A., & Ellsworth, P. C. (1985). Patterns of cognitive appraisal in emotion. *Journal of Personality and Social Psychology, 48*(4), 813-838.

- Smith, C. A., & Lazarus, R. S. (1993). Appraisal components, core relational themes, and the emotions. *Cognition and Emotion, 7*(3-4), 233-269.

- Song, S. Y., Curtis, A. M., & Aragón, O. R. (2020). Anger and sadness expressions situated in both positive and negative contexts: An investigation in South Korea and the United States. *Frontiers in Psychology, 11*, 579509.

- Spielberger, C. D. (1999). *State-Trait Anger Expression Inventory-2*. Odessa, Fl: Psychological Assessment Resource Inc.

- Spielberger, C. D., Johnson, E. H., Russell, S. F., Crane, R. J., Jacobs, G. A., & Worden, T. J. (1985). The experience and expression of anger: Construction and validation of an anger expression scale. In M. A. Chesney & R. H. Rosenman (Eds.), *Anger and hostility in cardiovascular and behavioral disorders* (pp. 5-30). New York: Hemisphere/McGraw-Hill.

- Spielberger, C. D., Krasner, S. S., & Solomon, E. P. (1988). The experience, expression, and control of anger. In: M. P. Janisse (Eds.), *Individual differenc-*

es, stress, and health psychology (Contributions to psychology and medicine) (p.166). Springer New York. Kindle Edition.

- Stemmler, G., & Wacker, J. (2010). Personality, emotion, and individual differences in physiological responses. *Biological Psychology, 84*, 541-551.

- Stevens, L. (2001). *A practical approach to gender based violence: A programme guide for health care providers and managers.* United Nations Family Planning Association.

- Stosny, S. (1995). *Treating Attachment Abuse: A Compassionate Approach.* Springer Publishing Company; 1st edition

- Suddaby, R. (2014). Editor's comments: Why theory? *Academy of Management Review, 39*(4), 407-411.

- Sukhodolsky, D. G., Golub, A., & Cromwell, E. N. (2001). Development and validation of the anger rumination scale. *Personality and Individual Differences, 31*, 689-700.

- Swetlitz, N. (2021). Depression's problem with men. *JAMA Ethics, 23*(7), E586-589.

- Szasz, P. L., Szentagotai, A., & Hofmann, S. G. (2011). The effect of emotion regulation strategies on anger. *Behaviour Research and Therapy, 49*, 114-119.

- Tafrate, R. C., Kassinove, H., & Dundin, L. (2002). Anger episodes in high- and low-trait-anger community adults. *Journal of Clinical Psychology, 58*, 1573-1590.

- Tangney, J. P., Wagner, P., Fletcher, C., & Gramzow, R. (1992). Shamed into anger? The relation of shame and guilt to anger and self-reported aggression. *Journal of Personality and Social Psychology, 62*(4), 669-675.

- Tan, J., & Carfagnini, J. B. (2008). Self-silencing, anger and depressive symptoms in women: implications for prevention and intervention. *Journal of Prevention & Intervention in the Community, 35*(2), 5-18.

- Thiel, C. E., Griffith, J., & Connelly, S. (2013). Leader-follower interpersonal emotion management: Managing stress by person-focused and emotion-focused emotion management. *Journal of Leadership & Organizational Studies, 22*, 5-20.

- Thomas, S. A., & González-Prendes, A. A. (2009). Powerlessness, anger, and stress in African American women: Implications for physical and emotional health. *Health Care for Women International, 30*(1-2), 93-113.

- Thomas, S. P. (2002). Age Differences in Anger Frequency, Intensity, and Expression. *Journal of the American Psychiatric Nurses Association, 8*(2), 44-50.

- Thomas, S. P. (2003). Men's anger: A phenomenological exploration of its meaning in a middle class sample of American men. *Psychology of Men & Masculinity. 4*(2), 163-175.

- Thomas, S. P. (2005). Women's anger, aggression, and violence. *Health Care for Women International, 26*, 504-522.

- Thompson, J. M. (1995). Silencing the self: Depressive symptomatology and close relationships. *Psychology of Women Quarterly, 19*(3), 337-353.

- Titova, O. E., Baron, J. A., Michaëlsson, K., & Larsson, S. C. (2022). Anger frequency and risk of cardiovascular morbidity and mortality. European Heart Journal Open, 2(4), oeac050.

- Tossani, E. (2013). The concept of mental pain. *Psychotherapy and Psychosomatics, 82*(2), 67-73.

- Tucker-Ladd, C. (2013). *Anger depression: This is war*, from http://www. DepressionAnger.thisiswar.htm.

- Turner, J. H. (2009). The sociology of emotions: Basic theoretical arguments. *Emotion Review, 1*(4), 340-354.

- Underwood, M. K. (1997). Peer social status and children's understanding of the expression and control of positive and negative emotions. *Merrill-Palmer Quarterly. 43*, 610-634.

- Versella, M. V., Piccirillo, M. L., Potter, C. M., Olino, T. M., & Heimberg, R. G.(2016). Anger profiles in social anxiety disorder. *Journal of Anxiety Disorders, 37*, 21-29.

- Walker, B., & Hamilton, R. T. (2011). Employee-employer grievances: A review. *International Journal of Management Reviews, 13*(1), 40-58.

- Wang, Q. J., Wang, S., & Spence, C. (2016). Turn up the taste: Assessing the role of taste intensity and emotion in mediating cross modal correspondences between basic tastes and pitch. *Chemical Senses, 41*(4), 345-356.

- Wang, W., & Jiang, Y. (2018). Effects of emotional regulation strategy and resilience on the cognitive control of football players. *Journal of Tianjin University of Sport, 33*, 52-57.

- Wang, X., Zhao, F., Yang, J., & Gao, L. (2020). Childhood maltreatment and bullying perpetration among Chinese adolescents: a moderated mediation model of moral disengagement and trait anger. *Child Abuse and Neglect, 106*(7), 104507.

- Weiss, H. M., & Cropanzano, R. (1996). Affective events theory: A theoretical discussion of the structure, causes and consequences of affective experiences at work. In B. M. Staw & L. L. Cummings (Eds.), *Research in organizational behavior: An annual series of analytical essays and critical reviews*, Vol.18, pp.1-74. Elsevier Science/JAI Press.

- Werkmäster, M. J. (2022). Blame as a sentiment. *International Journal of Philosophical Studies, 30*(3), 239-253.

- Werner, E, & Smith, R. S. (1992). *Overcoming the odds: High risk children from birth to adulthood*. Ithaca, NY: Cornell University.

- Westheimer, R. (2000). *Encyclopedia of sex*. Jerusalem Publishing House Ltd.

- Whiteside, S. P. & Lynam, D. R. (2001). The Five Factor Model and impulsivity: Using a structural model of personality to understand impulsivity. *Personality and Individual Differences, 30*, 669-689.

- Wilkowsky B. M., & Robinson M. D. (2010). The anatomy of anger an integrative cognitive model of trait anger and reactive aggression. *Journal of Personality, 78*, 9-38.

- Williams, R. (2017). Anger as a Basic Emotion and Its Role in Personality Building and Pathological Growth: The neuroscientific, developmental and clinical perspectives. *Frontiers in Psychology, 8*, 1950.

- Wirth, J., Sacco, D., Hugenberg, K., & Williams, D., (2010) Eye gaze as relational evaluation: Averted eye gaze leads to feelings of ostracism and relational devaluation. *Personality and Social Psychology Bulletin, 36*(7), 869-882.

- Zaki, J., & Ochsner, K. N., (2011). You, me, and my brain: Self and other representations in social cognitive neuroscience. In A. Todorov, S. T. Fiske, & D. A. Prentice (Eds.), *Social neuroscience: Toward understanding the underpinnings of the social mind* (pp.14-39). Oxford University Press.

- Zapf, D. & Einarsen, S. (2011). Individual antecedents of bullying: victims and perpetrators. In S. Einarsen, H. Hoel, D. Zapf and C. Cooper (Eds.), *Bullying and harassment in the workplace: Developments in theory, research, and practice*, 2nd edn. Boca Raton, FL: CRC Press, pp.177-200.

- Zeigler-Hill, V. (2006) Discrepancies between implicit and explicit self-esteem: implications for narcissism and self-esteem instability. *Journal of Personality, 74*, 119-144.

- Zeman, J., Cassano, M., Perry-Parrish, C., & Stegall, S. (2006). Emotion regulation in children and adolescents. *Journal of Developmental & Behavioral Pediatrics, 27*(2), 155-168.

- Zhan, J., Ren, J. Fan, J. & Luo, J. (2015). Distinctive effects of fear and sadness induction on anger and aggressive behavior. *Frontiers in Psychology, 6*, 725.

- Zhang, Q., Ting-Toomey, S., Oetzel, J., & Zhang, J. (2015). The emotional side of forgiveness: A cross-cultural investigation of the role of anger and compassion and face threat in interpersonal forgiveness and reconciliation. *Journal of International and Intercultural Communication 8*(4), 1-19.

- Zinner, J. (1989). The implications of projective identification for marital interaction. In J. S. Scharff (Eds.), *Foundations of object relations family therapy*. Northvale, NJ: Aronson, pp.155-174.

분노는 어떻게 삶의 에너지가 되는가

초판 1쇄 인쇄 2024년 8월 25일
초판 1쇄 발행 2024년 8월 30일

지은이 황미구
펴낸이 오세인 | 펴낸곳 세종서적(주)

주간 정소연 | 기획·편집 이다희
표지 디자인 디자인규 | 본문 디자인 김미령
마케팅 조소영, 유인철 | 경영지원 홍성우
인쇄 탑 프린팅 | 종이 화인페이퍼

출판등록   1992년 3월 4일 제4-172호
주소   서울시 광진구 천호대로132길 15, 세종 SMS 빌딩 3층
전화   (02)775-7011
팩스   (02)776-4013
홈페이지   www.sejongbooks.co.kr
네이버 포스트 post.naver.com/sejongbooks
페이스북   www.facebook.com/sejongbooks
원고모집   sejong.edit@gmail.com

ISBN 978-89-8407-506-1   03180